应用型高校本科专业
产教融合型课程体系改革与实践
财务管理专业

代冰莹　朱会芳　霍龙炜　编著

清华大学出版社

北京

内 容 简 介

在信息化时代,财务信息的获取及处理方式发生了新的变化,信息数量更加庞大,财务管理难度日益增加,企业对于财务管理人才的需求也在不断增长。现阶段,各大高等院校在新型财务管理人才的培养方面进行了大量的探索和实践。本书以黄河科技学院财务管理专业课程体系改革和实践为例,首先对当前财务管理专业概况进行了阐述,其次具体分析了财务管理专业现状,再次详细介绍了财务管理专业课程体系构建,最后呈现了多门项目化课程和专业基础课程的知识图谱与教学设计,旨在推动财务管理人才培养向创新和先进的方向发展。

图书在版编目(CIP)数据

应用型高校本科专业产教融合型课程体系改革与实践. 财务管理
专业 / 代冰莹,朱会芳,霍龙炜编著. --北京:清华大学出版社,2025.5.
ISBN 978-7-302-69096-2

Ⅰ. G649.21
中国国家版本馆 CIP 数据核字第 2025LA0016 号

责任编辑:刘士平
封面设计:常雪影
责任校对:袁　芳
责任印制:刘　菲

出版发行:清华大学出版社
　　　　网　　　址:https://www.tup.com.cn,https://www.wqxuetang.com
　　　　地　　　址:北京清华大学学研大厦 A 座　　　　邮　　编:100084
　　　　社 总 机:010-83470000　　　　邮　　购:010-62786544
　　　　投稿与读者服务:010-62776969,c-service@tup. tsinghua. edu. cn
　　　　质量反馈:010-62772015,zhiliang@tup. tsinghua. edu. cn
印 装 者:大厂回族自治县彩虹印刷有限公司
经　　销:全国新华书店
开　　本:185mm×260mm　　　印　　张:16.5　　　字　　数:317 千字
版　　次:2025 年 7 月第 1 版　　　　　　　印　　次:2025 年 7 月第 1 次印刷
定　　价:59.00 元

产品编号:109530-01

　　课程是教育教学活动的基本依据,是实现教育目标的基本保证,是学校一切活动的中介。课程教学是师生共存的精神生活过程,自我发现和探索真理的过程,生命活动和自我实现的方式。具体而言,课程的重要性体现在 4 个结合点:第一,课程是学生和学校的结合点,学校提供课程,学生学习课程;第二,课程是学校和社会的结合点,社会对人才(学生)的不同要求通过课程结构和内容的改变来实现;第三,课程是教学和科研的结合点,科研促进教学,载体是课程;第四,课程是学生个体文化和社会文化的结合点,是学生社会化的重要渠道。课程是学校最重要的事,同时也是最容易被忽视的事。学校领导往往认为,课程教学是教师们的事;教师则容易将自己的研究、关注点放在学术上,忽视对课程的研究。实则,课程是一个开放体系,与政治、文化、经济、民族、语言、性别、制度、学科等紧密相连;课程教学是一项合作的事业,需要政府、社会、大学、领导、教师、学生、职员广泛参与。

　　黄河科技学院是一所高度重视课程建设的大学。我与该校董事长胡大白先生、执行董事兼校长杨保成教授有过多次交流。2024 年 10 月,我和我们院校研究团队师生到该校进行了为期两天的考察学习。同年 11 月,我指导的一位博士生又到该校进行了为期一周的调研学习。黄河科技学院的课程建设给我留下了极为深刻的印象。

　　黄河科技学院遵从党中央“全面提高人才自主培养质量”的要求,从“让每个学生都享有公平而有质量的教育,使具有不同禀赋和潜能的每一个人都得到充分发展”出发,积极开展课程改革。在课程改革中,学校立足为地方和产业发展培育应用型人才的人才培养目标,开展大样本、全覆盖的专业岗位需求调研。通过调研,抓住在应用型人才培养中存在的“产教融合不够深入、师资实践应用能力不够、课程体系与市场需求无法紧密衔接”等问题,探索能够满足中国式现代化发展需求,以提升学生的岗位胜任力、就业适应力和职业发展力为目标的应用型本科教育模式。在这一课程改革过程中,影响深远、成效显著的当属创造性地提出并推进项目化教学体系改革。

　　项目化教学以能力目标为导向,以企业岗位任务为课程载体,通过真实的项目来促进学生主动学习。项目化教学具有真实性、实践性、探究性和创新性。实施项目化教学有利于增强学生知识整合和应用能力,有利于提升学生综合能力,有利于培养学生职业能力。从我们的考察中了解到,黄河科技学院从2018年开始推动项目化教学体系改革。在改革的过程中,学校做了大量工作。

(1)营造课程建设和改革的制度环境。学校积极营造有利于课程建设和改革的制度环境,出台相关支持政策。首先,开展覆盖全校的课程立项工作,制定各类课程建设标准,每门课给予相应的立项经费支持,累计投入了3000多万元支持全校1300多门课程的建设和改革。其次,实行优课优酬的制度,根据课程评估结果,给予教师们最高五倍课酬的课时费。最后,给予学校教师横向项目20%的配套经费,支持教师们将科研成果、横向项目转化落地、公司化、市场化,落地后给予10万~15万元的经费支持,并鼓励教师们将这些成果积极转化,反哺到课程教学中。

(2)构建课程建设和改革的组织机构。大学产教融合课程体系的改革需要联合各个教学单位、职能管理部门和一线教师进行互动合作,逐步构建一个有利于产教融合型课程体系建设的组织机制。首先,学校进行了体制机制改革,在学校职能部门层面进行"大部制"改革,将原来的13个处级单位整合成教师中心、教育教学中心、学生中心三大中心,以及思政工作部、科技发展部、资源保障部等五个大部,实现了职能部门的扁平化管理,大大提高了职能部门服务课程建设和改革的效率。在教学单位进行"学部制"改革,将12个学院整合成工学部、艺体学部、商学部、医学部四个学部,打通了院系壁垒,整合了学科、专业、师资和平台等各类资源,为课程改革提供了有力支持。其次,学校创建了上下协同的组织机制。自上而下,主管校领导、教育教学中心组织项目化和产教融合型课程体系建设研讨会,激发和启蒙教师对于课程建设的热情和想法,鼓励教师投入课程改革实践,并通过咨询和课程指导推进课程改革的进行和完善。首批试点课程建设完成后,引导优秀教师利用教学学术思维进行研讨、反思和改进,并作为导师培训其他教师开展课程改革,起到了自下而上的效果。上下协同,推进产教融合型课程体系建设的良好发展。

(3)提供课程建设和改革的资源条件。资源条件包括软件条件和硬件条件。其中,软件条件是指利于课程建设和改革的"人"的资源,主要关注产教融合课程教学团队师资建设。聘请国家教育行政学院刘亚荣教授牵头的专家团队,主管校长亲自带队,通过多种方式对学校管理人员和教师进行培训,制定各类课程评估标准,掌握课程知识建模方法;定期组织课程改革交流工作坊,供教师们学习、研讨和互动;鼓励和动员教师到企业挂职锻炼,提高教师们的实践能力,更好地服务产教融合课程改革。硬件条件是指利于课程建设和改革的基础资源,主要包括项目实践场所、项目设计和实施物资以及产业和企业资源的支持。学校主动协调联系校内资源和企业资源,创办大学科技园、创客工厂、众创空间、各类工程实训中心等场所,并保证各类工具和物资的供应,为课程设计和实施提供条件。学校层面和学部层面都设有产教融合办公室,积极联系和对接企业,进行沟通合作,帮助教师们开拓更广泛的企业资源,保证课程植根于产业并最终走向社会。此外,学校还自主研发了集智能管理、智慧教学和数智评价于一体的数字化课程建设平台,为课程建设和改革提供了优质高效的数字化资源保障。

在实施项目化教学的同时,学校倒推整个课程体系的调整和改革,最终构建了"2+1+1"(基础+实践+应用)的产教融合型课程体系。在学校构建的产教融合型课程体系中,前两年的基础课阶段聚焦学生基本能力的养成,设置基础性课程,通过一些综合性项目,让学生"见过"和"做过";大三的实践阶段,通过项目化教学课程对接企业实践工作岗位的真实项目,培养学生实践创新能力,让学生能够"做成";大四的应用阶段,设置应用型课程,教师直接带领学生进入企业生产一线,通过企业委托项目,让学生能够"做好"。

黄河科技学院课程体系改革已经取得了丰硕成果,产生了广泛的社会影响。学校在教育教学改革后的师生满意度调查中,总体满意度高于98%。在改革的过程中,全校师生积极参与,共同创造,凝聚改革共识,产教融合走向深入,教师、学生能力显著提升,人才培养与行业企业岗位需求的对接愈发紧密,课程教学质量有了明显提升。改革成果受到省内外高校和社会的广泛关注,130多所高校、240多家企事业单位到校交流;课程改革总体设计者、负责人杨保成教授,应邀在国内各类教育学术研讨会及多所高校介绍改革的做法和经验。

现在,学校以"应用型高校本科专业产教融合型课程体系改革与实践"为题,在清华大学出版社结集出版系列图书,十分有意义。一方面,为应用型高校深化教育教学改革、创新人才培养模式、优化课堂教学方式方法、开展常态化课程评价、全面提升育人水平提供了参考。另一方面,为专业负责人、任课教师如何改革课程结构、改进教学方法,特别是在项目化教学中如何将企业的真实任务或者项目与专业课知识真正融合,以构建一门与人才培养目标相匹配、内容适度的课程等提供了借鉴。综上,我十分高兴地向高校同人们推荐系列图书。

黄河科技学院的"应用型高校本科专业产教融合型课程体系改革与实践"属于规范的院校研究。他们在立足本校课程体系改革的院校研究中,体现出了热心教育、关爱学生的奉献精神;学习教育理论、探索教育规律的科学精神;"勇立潮头,敢于破局",在突破难点、痛点中不断奋进的坚韧不拔的精神,值得我们学习。期望高校同人像黄河科技学院那样开展院校研究,通过院校研究推进学校的建设和发展。

是为序。

华中科技大学原党委副书记
中国高等教育学会院校研究分会创会会长

2024 年 12 月 8 日

序 二

党的二十大报告明确提出了"全面提高人才自主培养质量"的要求,党的二十届三中全会在此基础上审议通过的《中共中央关于进一步全面深化改革 推进中国式现代化的决定》进一步提出了"分类推进高校改革"的要求。为构建高质量的人才自主培养体系,教育部提出了具体的技术路径,包括编制学科专业知识图谱、能力图谱,推动项目式、情景式和研究式教学等深度探索,实现从"知识中心"到"能力中心"的转变。河南省教育厅出台的《河南省本科高等学校深化产教融合促进高质量发展行动计划》,紧密结合本省传统产业提质发展、新兴产业培育壮大、未来产业谋篇布局,全力推动人才培养供给侧和产业需求侧结构要素全方位融合,为加快构建河南现代产业体系,确保高质量建设现代化河南、确保高水平实现现代化河南提供强有力的人才和智力支撑。

作为高等教育体系的重要组成部分,应用型本科高校是形成产教良性互动、校企优势互补的产教深度融合发展格局的高等教育主要生力军,为全面建设社会主义现代化国家提供强大的人力资源支撑,在推进中国式现代化进程中扮演着至关重要的角色。然而,当前应用型本科人才培养体系改革存在很多堵点、痛点和难点,其中以下三个方面尤为关键。

其一,产教融合不够深入。高校与企业合作存在合作浅层化、利益差异化、供需不对接等问题,高校难以准确把握产业需求和企业的实际需求,服务产业发展和行业企业技术升级的能力不够,企业参与高校人才培养过程的积极性、主动性不够。

其二,师资实践应用能力不足。大部分教师毕业后直接到高校授课,理论知识丰富扎实,但缺乏行业经验和企业实践经验,难以紧跟行业最新发展趋势,在解决企业实际问题方面的实践应用能力不足。

其三,课程体系与市场需求无法紧密衔接。现有课程体系没有从市场导向出发进行系统设计,与市场需求衔接不紧密,课程教学目标、内容、评价方法不能有效促进应用型人才培养目标的实现,导致课程体系对人才培养目标的支撑力不够,学生能力与企业岗位任务要求出现脱节。

习近平总书记在 2024 年 9 月召开的全国教育大会上的重要讲话,向全党全社会发出了"建成教育强国"的动员令,系统部署了全面推进教育强国建设的战略任务和重大举措。习近平总书记指出,建设教育强国是一项复杂的系统工程。中共教育部党组在《人民日报》发表文章强调,面对新一轮科技革命和产业变革对全球秩序和发展格局带来的深远影响,能不能建成教育强国、为加快实现高水平科技自立自强提供支撑,能不能培养出世界一流人才和经济社会发展所需的大批高素质建设者,是摆在我们面前的重大课题。如何让每个学生都享有公平而有质量的教育,使具有不同禀赋和潜能的每一个人都能得到充分发展,是每一个教育工作者长期努力、不断改革的方向。

黄河科技学院作为全国第一所民办普通本科高校,肩负着为地方和产业发展培育应用型人才的使命。在新时代全面推进教育强国建设的背景下,学校清醒地认识到,要想真正实现面向未来培养人才,必须勇立潮头,敢于破局,重新规划未来学校发展定位,重构全新的产教融合人才培养体系,并且在专业层面、课程层面、课堂教学层面层层深入、彻底落实。教学改革改到深处是课程,改到痛处是教师。办学理念再好,体系设计再先进,没有教师的落地实施,人才培养成效是无法见真章的。为此,黄河科技学院从2018年开始,以英语课程和体育课程为破局起点,通过创新探索,让教师们初试初尝"以学生学习成长为中心"的课程和教学模式改革小成功的喜悦和红利;继而通过体制机制重构,全面触发和激励更深层次的人才培养体系创新和方法论创新;通过构建思想引路、问题导向、自我学习探索以及专家咨询等一系列行动学习式的有组织学习,推动全校所有专业所有教师,共同构建和实施了全新的人才培养体系。

人才培养是一个系统复杂的工程,体现在目的—目标体系的多层次和复杂性。具体而言,宏观层面必须以党和国家的意志和要求为根本遵循,即落实立德树人根本任务,培养德智体美劳全面发展的社会主义建设者和接班人;中观层面要体现区域需要,即精准对接国家战略和河南省"7+28+N"产业链群,深度聚焦发展新质生产力要求;微观层面,学校明确提出,要以学生的成长发展,提升学生的岗位胜任力、就业适应力和职业发展力为目标。

为实现上述目的—目标体系,学校以支撑目标实现的课程体系改革为突破口,构建了以能力逐级进阶提升为导向的"2+1+1"(基础+实践+应用)产教融合型课程体系(见图1)。其中,立德树人的课程思政点作为每一门课的育人目标,纳入教学设计要求。课程体系中的"2"代表本科阶段的大一、大二聚焦学生"基本能力"养成,设置基础性课程。学生通过基础性课程学习专业基础知识和技能,实现"见过"和"部分做过",为后续学习与实践筑牢坚实的理论基础和技能基础。中间的"1"代表大三基于企业真实项目和市场评价标准,创设基于培养实践和创新能力的项目化教学课程,设置就业、创业、应用型研究三个方向,实施分类培养。学生可根据职业发展方向自由选择,实现个性化发展。学生在参与项目化教学课程的学习与实践中,将理论知识与实际项目紧密结合,有效提高实践能力和创新能力,实现"做成"。最后一个"1"代表大四开设应用型课程,教师带领学生直接进入企业生产一线,直接参与工作实践,在获取工作报酬的同时接受职业应用性评价,更深入地了解职业需求,为未来职业发展做好充分准备,进一步提升职业发展力,实现"做好",同时为即将步入职场的学生增强信心与竞争力,铺就应用型人才成长之路。学校创新课程体系的最终目的是实现应用型人才的高质量培养,助力学生实现高质量就业。

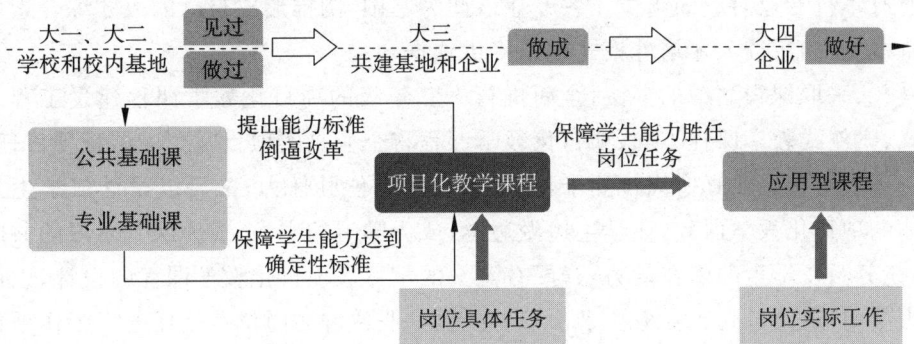

图1 黄河科技学院"2+1+1"(基础+实践+应用)产教融合型课程体系

之所以进行这样的课程体系设计,是基于学校在多年产教融合的探索实践中发现,教师按照基于学习产出的教育(outcomes-based education,OBE)理念构建课程和课程模块,将能力作为课程目标,其背后的假设是"课程直接可以支撑能力目标",实际上在操作层面较难实现;而把行业企业的真实岗位任务或工程项目、技术研发项目转化为项目化的课程,其背后的假设是"能力内含在操作真实任务的过程中"。因此,将项目化教学课程作为能力培养的真实载体,教师更容易操作。教师可将自己做过的项目转化为课程,用任务承载真实能力训练,学生完成任务即受能力训练,且培养的能力可在任务结果中体现并进行评价。当然,其难点在于如何将企业的真实任务或者项目与专业基础课程知识真正融合,以构建一门与人才培养目标相匹配、内容适度的课程。在此实践逻辑基础上,学校以此类课程为起点,倒推整个课程体系的改革、调整和融合。产教融合型课程体系构建涉及学校及教职工的办学理念层面、工作系统方法层面、落实行为层面和办学效果评价反馈等,是一个复杂的系统工程。为构建这套全新的产教融合型课程体系,学校做了以下基础性改革工作。

一、抓住关键环节,重构人才培养体系

其一,大样本、全覆盖的专业岗位需求调研。由学校商学部人力资源专业团队牵头,专业设计调研方案,培训所有参与调研的专业负责人和教师。学校所有的专业负责人组队深入到学生就业的主要用人单位,开展产业、企业、岗位调研,利用调研数据进行工作分析,最终建立就业数据库:产业—行业—企业分类标准、产业链人才需求标

准、专业人才培养质量标准。学校编制了人才需求能力标签，构建了职位标签等，以便更精准地匹配人才与市场需求。学校紧跟产业需求，将这些标签全部纳入自主研发的数字化平台，形成产业、行业、用人单位就业信息数据库。这些标签都是企业人力资源部门熟悉的用人标签，用人单位后续能够在平台上更新和组合自己的就业数据标签，进而发布就业信息。开放的就业信息数据库能够吸引越来越多的用人单位进驻，逐步覆盖所有本科专业对应的岗位。各专业以此为基础，倒推形成自己的人才综合素质能力评价模型，为后续人才培养模式改革提供依据。

其二，采取课程立项的办法，全面推行大三年级的项目化教学课程建设工程。与项目式、案例式教学课程不同，项目化教学课程将企业真实项目"化"为课程项目任务，既可以无缝对接企业真实岗位要求，提升学生的岗位胜任力；又可以设计成学生是学习主体的项目化教学课程，让学生边做边学，成为学习的主人，成为课堂学习的共同设计者，充分激发学生的内在动力，开展有意义的学习。项目化教学课程的设计，以市场需求为导向，从岗位真实任务要求出发，先提取"职位群—岗位典型任务—工作项目"，然后优化这些项目所需要的专业知识图谱，将专业知识图谱与工作项目融合，形成一种新型的项目化教学课程的知识图谱。在此基础上，确定课程教学目标、项目任务、教学内容、课上课下学习任务等。学校制定了项目化教学课程的建设标准：一是强调项目"真实性"，必须是来源于企业的实际项目，可以是即时性项目或延时性项目，按照岗位任务逻辑，将项目任务、项目流程、项目能力、常见错误和解决办法编排成学习任务单元；二是建立对接企业行业的项目资源库，及时更新，确保项目的延续性和内容的有效性；三是制定以成果为导向、市场直接评价或仿真评价的三级评价标准，学生考核合格即能达到课程对应的岗位任务要求，胜任岗位工作。项目化教学课程是"2+1+1"产教融合型课程体系中的核心环节，具有承上启下的关键作用。这个环节不进行改革，其他课程改革都只是理念，无法真正落地实施。因此，学校将大三的项目化教学课程的改革作为整个课程改革的切入点，以分批立项的方式完成了大三所有的课程改革。

其三，依托数字化学习平台，基于知识建模、课程教学设计的技术方法全面重构课程体系。作为课程改革的突破口，学校在全面实施项目化教学课程后，开始倒逼前修专业基础课程改革，支撑大四的应用型课程建设。前修基础课程需在目标制定、内容选择、教学模式和评价考核等方面提供有力支撑，以确保知识的系统性和连贯性。同时，项目化教学课程也为大四学生直接参与用人单位的真实项目和工作，提供更具技术性和实用性的知识，以及解决实际问题能力和创新能力的基础。为此，学校邀请国家教育行政学院刘亚荣专家团队，以课程知识建模为基础，全面重构公共基础课程和专业基础课程。一是绘制所有课程的知识建模图。本科专业的全部课程绘制知识建模图为新型人才培养体系搭建坚实的知识体系基础。二是重构基础课程。从支撑项目化教学课程或后续专业基础课程的需要入手，倒推专业基础课和公共基础课的知识容量和结构,全面梳理项目化教学课程所需的知识、能力和素质,将知识点进行详细分解、重新组合,重塑现有的知识体系,对前修专业基础课程的知识、能力、素质主模块进行组合,形成新的专业基础课和公共基础课。三是明确课程建设标准,推动新版教学设计和课程大纲的制定。基于课程知识建模图,重新制定1206门本科课程的教学设计和课程大纲,每门课的教学设计都重新设计和匹配了"以学生学习为中心"的各种教学、学习资源,包括线上课程、作业练习、各种学习评价工具等。四是建设数字化学习平台系统。所有课程的教学、学习资源都实现了线上师生共享,有效满足了教师教学和学生学习对各种学习资源和工具即时性、便利性的需求;解决了公共基础课学生基数大、师生互动难等问题;也解决了教考分离、多维评价、客观证据翔实的教学和学习评价真实难题;真正实现了学生随时可学,不受限于学期和专业,学完即可结业的泛在学习理念。

其四,基于市场真实评价的应用型课程建设。作为学校"2+1+1"产教融合型课程体系的最后环节,应用型课程是对应用型人才培养效果的有效检验和直接体现。学校指导各本科专业开展高质量充分就业调研分析,通过定性与定量相结合,从知识能力素质要求、工作岗位经验、职业资格证书考取等维度对毕业生高质量充分就业的本质属性进行画像,提出高质量充分就业标准,并落实到应用型课程目标中。应用型课程的设计基于实际的产业发展和市场需求,由教师承接研发创新类等高质量真实市场项目,通过相应的教学设计(如学分、教学安排、课程考核等)赋予其课程要素,从而转换为课程。教师带领学生承接真实的市场项目,接受市场评价,产生经济与社会效益。在此过程中,教师的实践教学能力得以显著提高,逐步向"双师型"教师队伍转型。学生通过岗位任务从合格的入职者变成优秀的入职者,实现从"做成"到"做好",直接实现高质量充分就业。

其五,建立优秀本科生荣誉体系。为引领学生积极进取、全面发展,持续提升学生德智体美劳综合素养,进而激励学生追求卓越、奋发向上,营造"逢一必争,逢金必夺"的优良校园氛围,学校以德智体美劳全面发展为导向重构本科生荣誉体系,促进学生成长成才。一方面,学校表彰在学习、创新创业等方面表现突出的学生。他们或项目成果获企业采纳,实现高质量充分就业目标;或创新创业能力强,勇启创业征程;或勤奋好学,有一定学术成果。学校为他们颁发"全能英才奖""创新创业奖""学业卓越奖",激发学生的内在潜能和创新精神,促进学生更加积极主动地投入到学习和实践中,不断挑战自我,追求更高的目标。另一方面,学校表彰积极参与学校产教融合工作并做出努力和贡献的优秀毕业生。他们或积极牵线搭桥,为学校与企业搭建合作桥梁,不断拓展合作渠道;或参与学校课程设计,将企业实际需求与行业最新动态有机融入教学内容,助力学校构建贴合市场需求的人才培养模式;或为在校生创造大量实习与实践机会,促使学生在实践中茁壮成长。学校为他们颁发"杰出校友奖",对其做出的贡献和取得的成就给予充分肯定。同时,学校激励在校学生努力提升自己,力争成长为创新引领型人才。

黄河科技学院"2＋1＋1"产教融合型课程体系不同于传统学科逻辑下的本科人才培养体系,也不同于当前很多应用型大学倡导的校企合作的本科人才培养体系。三种人才培养体系对比分析见图2。传统高校人才培养体系根植于学科逻辑,偏重知识传授,为学生筑牢坚实的理论基础。然而,在对接企业实际工作所需的应用技能培养方面却极为薄弱,使得传统本科教育的毕业生大多呈现出"眼高手低"的特点,必须经过培训期后才能适应岗位任务要求。在知识匮乏、缺乏信息技术传播知识的时代,这种培养方式是大学的不二选择。但在信息技术时代,知识可以泛在获取,这种人才培养体系已经不能再作为任何大学人才培养的基本方式。

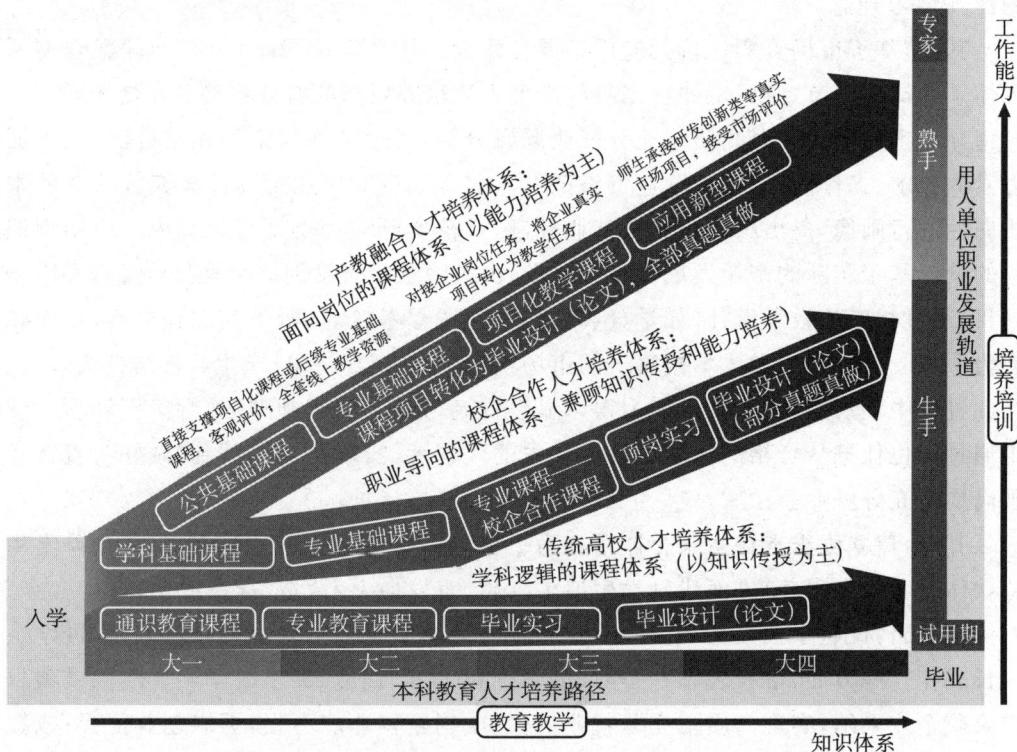

图 2 三种人才培养体系对比分析

校企合作人才培养体系以职业为导向,设置校企合作课程、顶岗实习及毕业论文真题真做等实践类课程和环节,既注重知识传授,又兼顾能力培养,尤其强调实践与应用,对提高学生实践能力和职业技能有较大帮助。但是也存在四方面的主要问题:一是课程体系内容衔接度不够。校企合作课程与前端的基础课程以及与企业真实岗位要求之间都缺乏有效衔接,导致课程体系连贯性欠佳,人才培养与市场需求不匹配。

二是师资队伍实践应用能力不足。教师因缺乏行业经验与企业实践经验,难以有效解决企业实际问题。三是校企合作课程个性化程度不高。课程多由企业研发,雷同性强,与学校办学特色联系不紧密,无法满足学生的个性化发展需要和市场的多样化需求。四是校企合作课程覆盖领域不广泛。合作项目往往依托"订单式"人才培养开设,局限于企业所需的特定岗位,未能全面覆盖专业面向的所有岗位。

我校的产教融合人才培养体系,从锚定岗位需求出发,重新梳理了人才培养的学习逻辑。在未来的人才培养中,一旦产业中的工程师和学校的教师都具备课程领导力,便能够突破产业和学校的界限,随时将岗位的需求转化为培养的课程。届时,学校将成为任何产业人才随时获取学习机会的场所,也将成为产业孕育未来科技产品的场所。

二、强化支持保障,全面推进综合改革

人才培养体系改革是牵一发而动全身的系统工程,外部需要全社会方方面面的配合与支持,内部也涉及体制机制、数字化平台、课程建设、教学质量评价与持续改进等全要素多维度的支撑和保障。为此,学校主要从以下几方面进行了衔接配套改革。

其一,自主研发数字化平台,实现评价与建设全流程智能化。搭建集智能管理、智慧教学、数智评价于一体的课程建设数字化平台,统筹全校课程资源,对外实现各高校课程资源共建共享,对内实现课程数据与教师数据、学生数据互联互通,协同推进课程建设与评价、学生服务和师资培养;构建基于质量标准、全量化采集、大模型分析的智能化课程评价支持体系,通过统一规划、统一建设、统一管理、统一评价,优化课程结构、明确课程规格、分析课程目标达成度、智能化提供课程画像、过程性规范课程准入与退出,保障一流应用型课程的优质、高效、充足供给。

其二,评价牵引,推进课程高质量建设。学校与国家教育行政学院共同研创课程评价指标体系。分类研创教学设计、教学实施、教学产出评价标准,重点关注课程知识建模的完整性、教学活动目标与任务的一致性、师生交互过程的有效性、教学评价的客观性。聚焦教学设计、教学实施、教学产出三个关键环节,实现课程评估精准化。一是聚焦教学设计。考察 OBE 理念在每个任务和活动设计中的体现,强调选取活动的目标、交互、成果及评价标准的一致性,课程知识建模的完整性等。二是聚焦教学实施。评价教学过程与教学设计的一致性,重点考查学生是否进行高阶思考、是否积极参与各项学习活动、知识能力是否达到预期目标。三是聚焦教学产出。将课程考核评价标准、企业评价标准、企业采纳证明等纳入课程成果重点考察,将教师教学能力提升、课改论文发表等作为教师成果进行评价,将学生考核结果、学生作品、创作等作为学生成果重点考察评价。学校充分利用大数据技术,将日常教学动态数据与专家评估相结

合,建立线上线下相互支持,专业、学部、学校三级进阶式评价机制,实现常态化全覆盖"课程＋教师团队"评价。通过线上审阅课程资源和评审材料、深入课堂随机听课、组织课程答辩汇报、强化反馈改进四步骤,构建评价闭环,促进课程评价"反哺"课堂教学,推动全部课程锻优提质。评价结果打破职称定课酬惯例,实行优课优酬,最高给予5倍工作量奖励。

其三,深化体制机制改革,推动教学改革落地生根。学校充分利用体制机制灵活、行动决策迅速等优势,深入开展"大部制""学部制"体制机制改革,推动高校与产业、行业、企业资源共享、深度融合、协同发力、共同育人。在职能部门推行"大部制"改革,通过整合13个处级单位,成立教师中心、教育教学中心、学生中心三大中心,以及思政工作部、科技发展部、资源保障部等五个大部,提高职能部门服务教育教学工作的效能度和协同性。在教学单位积极推动"学部制"改革,打破原有的"校—院—系—教研室"多层级结构,将12个学院整合为工学部、艺体学部、商学部、医学部四个学部,依据专业集群下设科教中心,赋予其资源配置的自主权力。通过体制机制改革,充分汇聚学科、专业、师资、平台等各类优势资源,实现了以下三方面的提升。一是教师中心的成立,为教师提供了更专业的发展平台。鼓励教师深入企业实践,提升实践教学能力与专业素养,提供更多职业发展机会和激励机制,打造高素质、专业化、创新型教师队伍。二是教育教学中心的成立,有利于整合教育教学资源,推动产教深度融合。通过搭建教学平台,教师与企业专家共同设计与实施课程、共同制定并修订人才培养方案,促使专业设置紧密贴合产业需求,大幅提升专业与市场对接的精准度与紧密性。同时,引导教师将行业最新动态和技术及时引入课堂,促进教学方法创新,增强教学的针对性和实效性,为培养具有扎实专业知识和较强实践能力的应用型人才筑牢坚实基础。三是学生中心的成立,为学生提供了更多实践机会和职业发展指导。开展职业规划、职业咨询服务、优秀本科生表彰以及行业专家和成功校友经验分享等丰富多彩的活动,为学生在职业选择和发展中遇到的困惑提供个性化指导和建议,进而提升学生的就业竞争力和职业适应能力。

三、发挥改革效能,凸显人才培养成效

学校始终秉持"办一所对学生最负责任的大学"的办学愿景,全心全意为教师服务,全心全意为学生服务,人才培养新体系改革得到广大师生的高度认可和肯定。

学校采用调查问卷、访谈等多种形式开展了教育教学改革后的师生满意度调查。结果显示,总满意度高于98％。教师董菲菲分享村庄规划授课感悟时谈道:"当学生真正成为课堂的主人时,他们便不再是学习的被动承受者,而是积极投身于教学活动之中,化身为学习的主动探索者与协同合作者。他们的学习热情空前高涨,思维也更加活跃。"教师杨颖分享道:"投身于学校课程改革实践,我深切认识到,卓越的教学绝

非因循守旧,而在于大胆创新、勇于实践。身为一线教育工作者,我们不只是知识的传播者,更是变革的推进者。课改给予我宽广的舞台,使我能尝试新教学理念与方法。我将项目化、合作学习等理念融入课堂,激发学生兴趣与创造力,实现师生平等互动、共同发展。"学生崔锴洁分享了自己在服装与品牌设计课程中的体验:"在这门课程里,同学们模拟不同岗位,大家分工协作,展现出极强的团队协作精神和学习热情,我能深切地感受到有一股强大的力量推动着我在交叉创新的道路上不断向前。"学生司双颖谈道:"项目化教学课程风景园林规划与设计具有很强的实践性、应用性和挑战性。在一次次的项目构思与创作过程中,我被激发出全身心投入学习的热情,对这门课程产生了浓厚的兴趣。特别是当自己设计的园林方案被采纳并且最终得以建成的时候,之前所有的辛苦付出都转化为满满的成就感,那种激动和自豪难以用言语来表达,感觉所有的努力都是非常值得的!"

回顾6年的改革历程,学校聚焦人才培养模式改革、课程体系构建、课程开发、课程设计以及课程评价等关键环节,先后召开了主管教学部(院)长、科教中心主任、骨干教师等不同层面人员参与的研讨会300余场,投入3000余万元用于1300多门课程的建设。在此过程中,教师们对于人才培养模式改革理念、思路及步骤等有了更清晰、更深刻的认知。在全体师生的充分认可与深度参与下,全校上下已然凝聚起改革共识,产教融合持续走向深入,教师队伍的能力得到显著提升,人才培养与行业企业岗位需求的对接愈发紧密,课程教学质量有了明显提升。改革成果受到省内外高校和社会的广泛关注,130余所高校、240余家企事业单位等到校交流;受邀在中国高等教育学会、国家教育行政学院等举办的院校研究高端论坛,郑州大学、成都大学等高校做主题报告28次;成果在第61届、第62届中国高等教育博览会上展出,获得省内外高校教学管理人员和一线教师的高度好评;办学成效被中央电视台《新闻联播》、新华社、《光明日报》《中国教育报》等广泛报道。

斗转星移,岁月如梭,黄河科技学院在时光的长河中稳健前行。2024年5月,学校迎来了辉煌的四十华诞。值此之际,我们集结学校人才培养新体系改革成果,分专业出版"应用型高校本科专业产教融合型课程体系改革与实践"系列图书,为应用型高校深化教育教学改革、创新人才培养模式、优化课堂教学方式方法、开展常态化课程评价、全面提升育人水平提供有效借鉴和参考。这一本本沉甸甸的册子,凝聚着全校教师在课改历程中的智慧与汗水,折射出全体教师的睿智与灵性,更满溢着全体教师"以学生为中心"的教育理想与不懈追求。

此举,一为抚今追昔,以文字铭刻学校波澜壮阔的发展历程,为辉煌历史留存厚重见证;二为激励莘莘学子奋发图强,在知识的海洋中砥砺前行,以拼搏之姿努力成才,为未来铸就璀璨华章;三为鼓舞吾辈同人不忘初心,励精图治,以昂扬斗志勇攀高峰,在教育的新征程上再创佳绩,为国家培养更多栋梁之材,为时代书写更壮丽的教育诗篇。

回顾往昔,那些奋斗的足迹、拼搏的身影,皆是前行的动力源泉。展望未来,我们深感责任重大、使命光荣。我们定会牢记为党育人、为国育才的初心使命,不负重托,与时俱进,努力谱写无愧于前人、无负于时代的璀璨新篇章。

黄河科技学院执行董事、校长

杨保成

2024 年 10 月 16 日

现阶段,人工智能等新兴技术为企业经营活动中的会计信息处理提供了更全面、更及时、更准确、更高效的手段,这使会计核算更加规范、便捷,也预示着高校会计类专业人才培养定位和教育理念面临着新的挑战,会计类专业教学模式必定要进行改革和创新。当前,社会急需的是技能型、应用型、创新型和复合型的财会人才,这要求学生在掌握批判性思维和创造性思维的同时,还需具有较高的应变能力、创新能力及获取和分析信息的能力。所以,高校在进行财务管理专业课程体系构建时,需要充分考虑会计人才培养目标和社会岗位需求的匹配度。现阶段,大多数高校仍然偏重传统的人才培养模式,课程体系大多是静态的、固化的,未能与时俱进,核算型课程设置得较多,重知识而轻能力,忽视对学生综合技能的培养。

本书作者代冰莹长期致力于财务管理专业一线教育教学与管理的研究,编写团队成员对财务管理领域有着丰富的研究经验,朱会芳、霍龙炜、雷舒靓、石洁滢参与编写,全书由代冰莹组织撰写并负责统稿。

首先,我们在课程体系的设计与建设中明确课程教学目标,即明确学生在完成课程教学后会做什么、能做什么。以教学成果的产出为导向,根据毕业要求对课程学习进行考核与评价。其次,设计创新式项目化教学,进行主题项目实践,在实践环节中以团队为单位,共同完成项目,各部分由学生自主完成,培养学生的团队合作与实践能力,能够运用所学知识解决一些实际问题。再次,确定课程改革体系,应用型人才的能力包括理解和掌握理论知识的能力、创新能力和社会实践能力。因此,教学内容应以实践为导向,拓宽基础,提高能力,重视应用。最后,完善第三方考核体系,传统考核仍然是记忆型的理论知识学习,缺乏对专业知识实际应用的考核和技能考核,培养模式不科学、不系统。在教学中引入 OBE 理念,使学习效果成为目标和课程内容设置的方向,可以较好地避免上述问题。我们着重从理论上丰富应用型人才培养模式改革的路径,同时探索应用型人才培养模式的优化方案和保障措施,从而提高地方高校人才培养质量。

我们在对高校财务管理专业的历史和现状进行剖析的基础上,打破了原有理念,从岗位需求出发,进行课程体系的优化设计,针对专业定位与课程设置做出了改革和实践探索,期冀各高校财务管理专业的建设者能从中得到相应的启迪,全面提升财务管理专业人才培养水平。

由于编者水平有限,书中难免有不足之处,恳请各位读者批评、指正。我们相信,有各位专家、学者和广大教师、学生的关心与支持,本书一定会逐渐趋于完善。在编写本书的过程中,我们参考了相关文献,在此向这些文献的作者深表感谢。

代冰莹

2025 年 4 月

目　录

第1章　财务管理专业概况 ·· 1

1.1　财务管理专业内涵 ·· 1

1.2　财务管理专业发展历程 ······································ 2

1.3　专业相关职业资格证书 ······································ 3

1.4　财务管理专业发展趋势 ······································ 4

  1.4.1　行业发展趋势 ·· 4

  1.4.2　财务管理职能转型趋势 ································ 4

1.5　专业就业现状 ·· 6

  1.5.1　专业就业岗位去向 ···································· 6

  1.5.2　专业就业薪酬 ·· 7

1.6　当前财务管理专业人才培养面临的问题 ······················ 8

  1.6.1　人才培养目标较为单一 ································ 8

  1.6.2　缺乏高质量的教师团队 ································ 8

  1.6.3　课程教学评价标准和手段落后 ·························· 8

第2章　财务管理专业现状 ·· 9

2.1　专业定位 ·· 9

2.2　培养规格 ·· 9

  2.2.1　知识结构要求 ·· 9

  2.2.2　能力结构要求 ·· 9

  2.2.3　素质结构要求 ······································· 10

2.3　培养依据 ··· 10

  2.3.1　以企业需求为导向 ··································· 10

  2.3.2　以教学改革为手段 ··································· 10

　　　2.3.3　以应用型学生培养为中心 ………………………………… 10

　2.4　专业特色 ………………………………………………………… 11

　　　2.4.1　办学目标明确 …………………………………………… 11

　　　2.4.2　创新"2＋1＋1"(基础＋实践＋应用)产教融合型课程体系 … 11

　　　2.4.3　加大课程实训和学科竞赛结合 ………………………… 11

　　　2.4.4　突出技能培养特色,实行"考证"项目化 ………………… 11

　　　2.4.5　加深产教融合,提升学生能力 ………………………… 11

　　　2.4.6　采用第三方教学评价模式,满足个性化人才培养需求 …… 12

　2.5　独特优势 ………………………………………………………… 12

　2.6　面临的挑战 ……………………………………………………… 13

第3章　财务管理专业课程体系构建 …………………………………… 14

　3.1　开展专业人才需求调研 ………………………………………… 14

　　　3.1.1　企业对财务管理专业人才岗位的需求 ………………… 14

　　　3.1.2　企业对财务管理专业人才的职业资格的需求 ………… 14

　　　3.1.3　企业对财务管理专业人才基本素质的需求 …………… 15

　　　3.1.4　企业对财务管理专业人才能力的需求 ………………… 15

　3.2　岗位任务分析 …………………………………………………… 15

　3.3　基于岗位任务设计项目化教学课程与应用型课程 …………… 16

　3.4　构建"2＋1＋1"(基础＋实践＋应用)产教融合型课程体系 …… 18

　　　3.4.1　财务管理专业"2＋1＋1"课程体系 …………………… 18

　　　3.4.2　重塑人才培养方案 ……………………………………… 18

第4章　财务管理专业课程知识建模 …………………………………… 22

　4.1　项目化教学课程知识建模 ……………………………………… 22

　　　4.1.1　税务会计与纳税筹划课程知识建模 …………………… 22

　　　4.1.2　中小企业会计实践课程知识建模 ……………………… 25

　　　4.1.3　企业财务分析课程知识建模 …………………………… 29

　　　4.1.4　财务报表审计实践课程知识建模 ……………………… 32

　4.2　专业基础课程知识建模 ………………………………………… 34

　　　4.2.1　财务共享理论与实务课程知识建模 …………………… 34

　　　4.2.2　财务管理学课程知识建模 ……………………………… 37

　　　4.2.3　成本与管理会计课程知识建模 ………………………… 39

　　　4.2.4　税法课程知识建模 ……………………………………… 44

　　　　4.2.5　财务模型与设计课程知识建模 ················· 48

　　　　4.2.6　公司战略与风险管理课程知识建模 ············· 50

　　　　4.2.7　内部控制课程知识建模 ····················· 53

第 5 章　基于 OBE 理念的教学设计 ···························· 55

　　5.1　以项目化教学为核心的教学设计思路 ················· 55

　　　　5.1.1　主要思路 ······························· 55

　　　　5.1.2　主要目标 ······························· 55

　　　　5.1.3　具体路径 ······························· 56

　　5.2　项目化教学课程教学设计实例 ····················· 57

　　　　5.2.1　税务会计与纳税筹划教学设计实例 ············· 57

　　　　5.2.2　企业财务分析教学设计实例 ·················· 101

　　5.3　专业基础课程教学设计实例 ······················ 138

　　　　5.3.1　财务共享理论与实务教学案例设计 ············· 138

　　　　5.3.2　成本与管理会计教学案例设计 ················ 176

结语 ··· 230

参考文献 ·· 234

附录 A　知识建模法 ································· 236

附录 B　专业课外拓展资源 ···························· 239

第 1 章

财务管理专业概况

1.1　财务管理专业内涵

　　财务管理在"新高考"改革实行之前属于文理兼招的专业。据统计,在实行"3+1+2"的省份中有 94.8% 的大学对财务管理专业都无选课要求,仅有 3.3% 的高校要求考生必须选择物理才可报考,0.5% 的高校要求考生必须选择历史;在实行"3+3"选科模式的省份中,85.4% 的高校无选课要求,4.8% 的高校要求考生必须选择物理。全国开设财务管理专业的院校共计 443 所,我们所熟知的有上海财经大学、南开大学、清华大学、南京大学等。

　　财务管理工作主要是对资金运动进行管理规划,以期达到企业收益最大化。这一工作涉及前期的融资和预算、中期的经营与分析,以及后期的财务危机应对等,因此需要从业者具备跨专业的知识,财务管理的主要功能具体如图 1-1 所示。

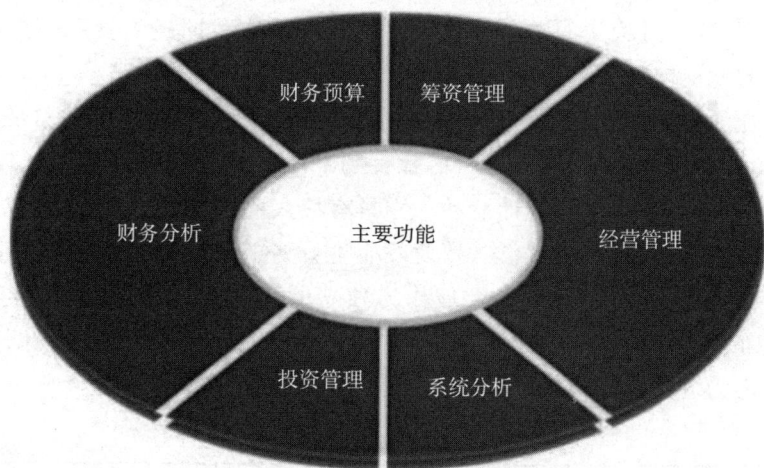

图 1-1　财务管理的主要功能

　　财务管理专业旨在培养适应国家和区域经济社会发展需要,掌握管理学、经济学、法律和财务、会计等方面的基本知识、基本理论和基本技能,具备财务、金融管理等方面的能力,能够运用财务技术手段与数据分析方法进行业务分析与操作,适应财务数据化、信息化、智能化要求,具有科学管理意识、创新思维与团队协作精神,能够在工商企业、金融企业、事业单位及政府部门从事财务、金融管理及教学、科研方面工作的复合型、创新型高素质人才。

1.2　财务管理专业发展历程

在世界范围内,管理科学的发展已有百余年的历史,早在 20 世纪初,管理科学就被引入中国;但工商管理在中国得到真正发展是在改革开放之后。随着经济体制改革的不断深化,我国迫切需要培养大量高层次的经营管理人才,工商管理类的人才培养也因此得到重视。自中国经济加速融入全球经济一体化进程以来,中国资本市场日益成熟、企业治理结构不断完善,财务管理的重要性也随之日益凸显,其功能不断拓展,这对企业财务管理工作提出了更高、更专业的要求。进入 21 世纪,数字经济时代已悄然到来,企业的商业模式也随之发生改变,这对企业财务管理人才的素质提出了更高要求。

1998 年,教育部颁布了《普通高等学校本科专业目录和专业介绍》,首次将"财务管理"专业列为工商管理学科下的一个本科专业,从原来的会计学专业中分离出来并单独设置。同年,教育部又颁布了《普通高等学校本科专业设置管理办法》,至此为普通高等本科院校在财务管理专业的招生与人才培养方面奠定了政策性基础,形成了规范性的框架。从 1992 年国家教委在高校专业目录中正式设置该专业,到 1998 年更名为"财务管理",这一过程说明财务管理专业的开设适应我国经济发展的实际需要,而且具有广阔的发展前景。

财务管理活动是企业管理体系的一个重要组成部分,它是对资金进行筹集、投入、控制、分配的一项管理活动。在西方,尽管直到 20 世纪 50 年代才形成比较规范的现代财务理论,但是财务管理与会计活动一样具有悠久的历史。早在 15 世纪末至 16 世纪初,地中海沿岸的许多城市就已开始萌发企业财务管理,通过合理预测并有效筹集资本推动了经济发展。然而,财务管理作为独立的职业领域,直到 20 世纪才得以确立。20 世纪的 100 年时间是财务管理发展的新世纪,其间经历了五次飞跃性的变革,我国学者称之为五次发展浪潮(见表 1-1)。

表 1-1　财务管理历史沿革

时　　间	阶　　段	特　　点
20 世纪初至第二次世界大战期间	筹资管理理财阶段	资金市场不成熟,金融机构不发达,筹集资金困难。 理论和方法:筹资理论和方法迅速发展,为现代财务管理理论的产生和完善奠定了基础

续表

时　间	阶　段	特　点
第二次世界大战后至 20 世纪 60 年代初期	资产管理理财阶段	企业内部普遍实行有效的内部控制,内部的财务决策被认为是财务管理最主要的问题。 理论和方法:各种计量模型的应用
20 世纪 60 年代中期至 70 年代中期	投资管理理财阶段	投资管理受到空前重视。 理论和方法:建立了科学的投资决策指标、科学的投资决策方法、投资组合理论和资本资产定价理论
20 世纪 70 年代后期至 80 年代中期	通货膨胀理财阶段	大规模的通货膨胀,使企业资金需求不断膨胀,货币资金不断贬值,资金成本不断升高,成本虚降,利润虚增,资金周转困难。 理论和方法:根据通货膨胀的状况调整筹资决策、投资决策、资金日常调度决策、股利分配决策的方法
20 世纪 80 年代后期至 20 世纪末	国际经营理财阶段	国际企业涉及多个国家,要在不同制度、不同环境下做出决策,应解决特殊问题。 理论和方法:国际财务管理的理论和方法迅速发展和应用

1.3　专业相关职业资格证书

财务管理专业相关职业资格证书介绍如表 1-2 所示。

表 1-2　财务管理专业相关职业资格证书介绍

名　称	考试机构	发证机关	考试时间	报考条件
初级会计师	财政部、人力资源社会保障部	财政部、人力资源社会保障部	每年 5 月	具有高中毕业(含高中、中专、职高和技校)及以上学历
初级审计师	审计署、人力资源社会保障部	审计署、人力资源社会保障部	每年 9 月	具有高中毕业(含高中、中专、职高、技校)及以上学历
注册会计师	财政部注册会计师考试委员会	省级财政厅	每年 8 月	具有高等专科以上学校毕业学历,或者具有会计或相关专业中级以上技术职称
证券从业资格	中国证券业协会	中国证券业协会	每年四次	大专及以上学历;或具有高中或相当于高中文化程度,且有三十六个月以上的工作经历
CMA(美国注册管理会计师)	美国管理会计师协会	美国管理会计师协会	每年三次	具有三年制大专(包括自考、函授、脱产和业余等群体)或以上学历(包括本科、研究生,本科以学位证书为准),专业不限

续表

名　　称	考试机构	发证机关	考试时间	报考条件
ACCA（国际注册会计师）	英国特许公认会计师公会	英国特许公认会计师公会	每年四次	具有教育部认可的大专以上学历或高等院校在校生（本科在校），完成大一课程考试

1.4　财务管理专业发展趋势

1.4.1　行业发展趋势

我国会计行业正经历着深刻的变革：从原始的手工记账到会计电算化再到如今的财务智能化。2020年,中兴新云与南京大学智能财务研究院、厦门大学会计学系联合发布2020年财务未来发展报告《财务的自动化　智能化　数字化》,报告指出在数字经济浪潮下,财务的角色正在被重塑——基于共享服务完成信息化再造,进而逐步迈向自动化、智能化和数字化。

传统财会人才已无法满足新文科背景下社会和经济的发展需要。首先,业务和财务一体化融合趋势促使企业采用财务共享等新会计组织模式,使得会计核算型工作的重要程度日益降低,财务工作重点从核算转向了财务分析和决策。其次,只有充分掌握对海量数据进行收集、处理、分析、呈现的大数据技术,财会人才才能较好地履行其预测、决策、控制与监督的相关职能。财务管理已进入共享财务、业务财务、战略财务加财务专家团队的"3+1"的智能财务时代。

显然,经济越发展,财会越重要。2024年1月22日公布的《研究生教育学科专业简介及其学位基本要求》（试行版）将根据各学科专业建设、发展进程不断调整完善。值得一提的是,在本次修订中,将市场营销、财务管理和人力资源管理正式列为工商管理学科下设的二级学科。工商管理一级学科目前主要包括以下二级学科:会计学、企业管理、旅游管理、技术经济与管理、市场营销学、财务管理、人力资源管理等。这意味着财务管理正式从企业管理中独立出来,成为备受瞩目的二级学科。如此一来,在工商管理一级学科下,设有会计学和财务管理两个二级学科,更加凸显了财会学科在工商管理领域的重要地位。

1.4.2　财务管理职能转型趋势

以人工智能为引领的大数据、移动互联网、云计算、物联网、区块链等新兴技术正以风卷残云之势改变着财务工作的岗位、流程、内容和模式,甚至整个财会行业的生态格局。在国家政策指引和技术创新迭代的影响下,人工智能与财务的融合已从理论研究迈向了实践应用的广阔舞台,呈现出多元化、蓬勃发展的状态。

自 2016 年以来,我国企业财务部门以及运营比较成熟的财务共享服务中心,已经开始考虑将人工智能应用到会计核算、财务报表、费用报销、财务稽核、预算管理、资金管理、绩效管理、成本管理、风险管理、投融资管理、管理会计报告等财务工作中,并不断地将财务价值链向业务、财务、管理等企业经营价值链的流程延伸。

大数据技术支撑了新商业模式和业态,而且加速了企业财务从信息化向智能化方向发展,并促使财务工作向价值发现和价值创造的核心角色转变。这也对财务中高端人才的综合能力提出了更高要求,他们不仅要掌握业财融合、战略财务决策能力,更要成长为适应数字化商业生态模式的创新型、复合型、管理型财会人才(见图 1-2)。

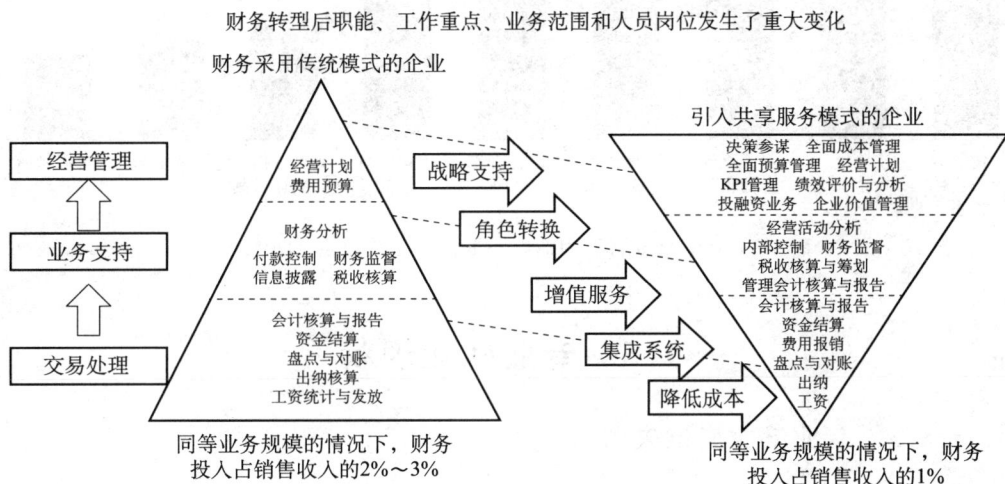

财务转型后职能、工作重点、业务范围和人员岗位发生了重大变化

财务采用传统模式的企业

引入共享服务模式的企业

决策参谋　全面成本管理
全面预算管理　经营计划
KPI管理　绩效评价与分析
投融资业务　企业价值管理

经营活动分析
内部控制　财务监督
税收核算与筹划
管理会计核算与报告
会计核算与报告
资金结算
费用报销
盘点与对账
出纳
工资

经营管理 → 业务支持 → 交易处理

经营计划
费用预算

财务分析
付款控制　财务监督
信息披露　税收核算

会计核算与报告
资金结算
盘点与对账
出纳核算
工资统计与发放

战略支持
角色转换
增值服务
集成系统
降低成本

同等业务规模的情况下,财务投入占销售收入的2%~3%

同等业务规模的情况下,财务投入占销售收入的1%

图 1-2　财务职能转型

目前,企事业单位会计决策系统与会计专家系统相互集成,共同孕育出一种新型会计智能系统。智能报销模式使员工借助自然语言处理(NLP)等人工智能技术在系统里自动完成出差申请,借助影像、OCR、专家系统等人工智能技术完成发票电子化、智能稽核、智能记账、智能付款等会计处理。数字经济时代企业所处的市场环境更加复杂多变,对财务管理人员履行其决策职能提出了更高的要求,财务管理人员需要作出合理决策,关键在于能够面向未来进行准确的分析预测。这要求财务管理人员不仅要熟悉企业的生产经营活动与财务管理相关的知识,还要能够熟练运用计算机科学的新技术来获取适当的信息,进而全面、综合地对企业发展作出分析预测,并作出正确的决策,以促进企业的可持续发展。我国财务管理专业作为复合型人才培养的典型专业,强调对运用财务数据和非财务数据作出商业决策能力的训练与培养。在智能财务专业建设上,我国的速度和进度均远快于英国,部分高校已在此领域进行了积极的探索。

一项全球高级管理人员调查结果显示,60％的受访者将数字技术作为2022年企业发展的主要驱动力,59％的受访者将其作为企业发展的重心。参加调研的首席财务官一致认为:构建财务业务伙伴关系(50％)、在财务规划和预测中引入预测性模型和情景分析(48％)、业务流程自动化与智能化(39％)、降低财务成本(30％)是财务数字化转型的重点(见图1-3)。

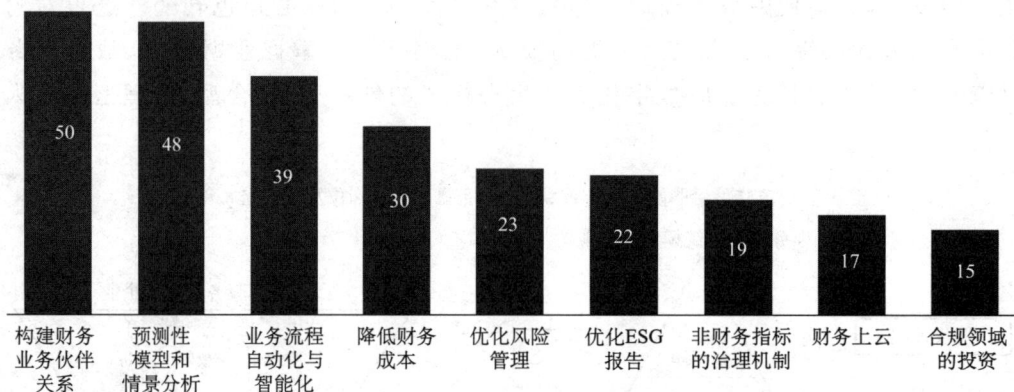

图 1-3　首席财务官认为的财务职能的工作重点(单位:％)

1.5　专业就业现状

1.5.1　专业就业岗位去向

财务管理专业毕业的学生可获得管理学学位。对于选择财务管理专业的学生而言,在本科毕业生毕业之后直接就业是大部分人的选择。具体而言,地方本科院校毕业生毕业后近八成直接就业;"双一流"院校近六成毕业生毕业后直接就业,近四成毕业生毕业后选择升学深造和计划升学。毕业生的具体就业方向包括会计、出纳、风控主管、内审主管、融资主管、财务分析经理等。毕业生可以按照自己的偏好和专长选择岗位,目前财务管理专业毕业生的就业岗位具体如图1-4所示。

到目前为止,财务管理专业的毕业生在就业市场上仍然具有优势,但随着科学技术的发展,不少财务岗位正面临被人工智能所取代的风险。不久前,四大会计师事务所之一的德勤推出的"德勤财务机器人"引起了广泛关注。机器人走进会计师事务所是一个必然的发展趋势,对于一些大型企业,随着规模不断扩大、销售业务不断拓展,现有财务部门的工作压力也日益加大。"财务机器人"可以快速"阅读"数千份复杂文件,比普通的员工具有更高的效率。当然,这并不意味着财务管理专业相关的人员会就此被就业市场淘汰。比如,上海财经大学目前已经开设有财务管理智能化的本科生课程,结合数据库、大数据分析、财务建模、智能财务等前沿专题的专业知识,培养具备

"国际化、专业化、智能化"特征的高层次财务管理人才。

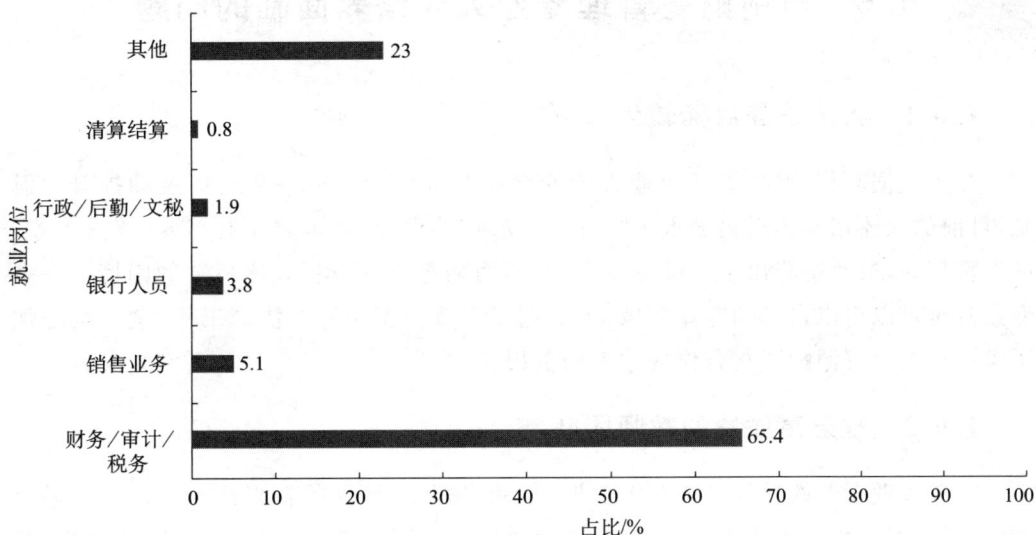

图 1-4 就业岗位分布图

1.5.2 专业就业薪酬

根据麦可思研究院发布的《2019 年中国大学生就业报告》,财务管理等工商管理类专业毕业生毕业半年后、三年后、五年后的平均月收入分别为 5268 元、7404 元、10116 元,与同期全国本科生毕业半年后、三年后、五年后的平均月收入 5440 元、7881 元、近万元基本持平(见图 1-5)。

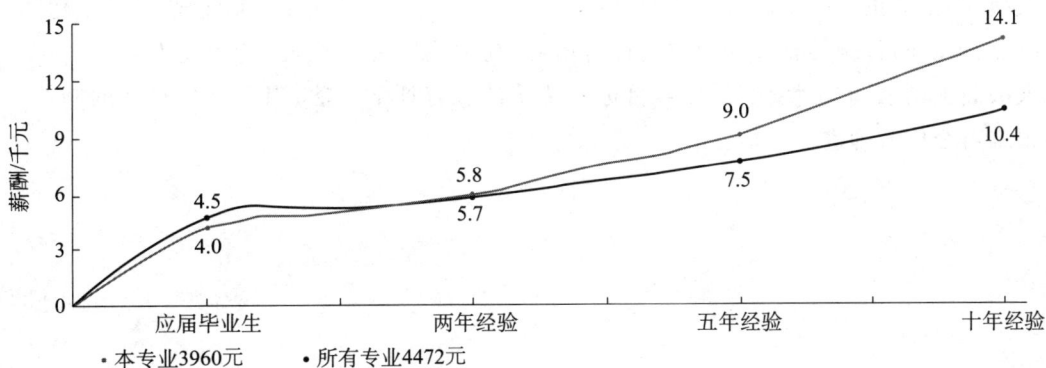

图 1-5 就业薪酬趋势图

1.6 当前财务管理专业人才培养面临的问题

1.6.1 人才培养目标较为单一

在大数据时代,财务管理专业人才的素质要求得到了进一步的扩展和提升。但是,目前的人才培养体系仍侧重于"一门一技通"的理念,并未建立起培养"跨界人才"的教育模式,虽然培养出了一批专门人才,但面临着"全能型"人才短缺的困境。许多专家甚至难以走出自己的专业领域,无法完成多个知识领域的协同工作,这无疑增加了雇主在人力资源配置与合作成本上的负担。

1.6.2 缺乏高质量的教师团队

财务管理专业的教师必须对大数据、移动终端、云计算等新兴技术进行系统学习和应用,只有这样才能将学生所需的、与大数据时代相适应的专业知识传授给学生,并助力学生培养出与之相适应的专业能力。这就要求高等院校的财务管理专业的教师要对新兴技术有一个深刻的认识和把握,同时要紧跟时代步伐,对原有的知识体系进行更新,用新的教学方法和资源来整合现有的知识体系,以适应新的教育需求。

1.6.3 课程教学评价标准和手段落后

传统的教学评估都是在宏观的群体层面上进行的,其目标是对教师提高学生综合能力的程度进行评估,以教材的选择、授课的方式、教学成果的获奖情况、学生的考试成绩、师生的论文的发表等为主要指标。该方法具有观察方便、结果直观、易于量化的特点。然而,传统的教育评价主要针对培养"高素质""能力相近"的专业人才,而在个人层面上则强调"个性化"的培养目标。传统的教育评估方法,因受科技水平的制约,很难对个体教师进行评估。

第 2 章

财务管理专业现状

黄河科技学院财务管理专业开设于 2005 年,目前在校生规模为 560 余人,经过近 20 年的发展,财务管理专业已经成为比较成熟的专业。在培养方案、教学计划、课程体系、岗位需求等方面已经形成了成熟的体系。

2.1 专 业 定 位

本专业面向传统制造业和智能制造业等领域,专注于服务中小企业,致力于河南区域经济发展,适应数字时代对数据分析、风险控制、税务筹划和管理决策的需求,培养具备良好人文素养、科学精神、诚信品质和创新能力,专业基础扎实,学科交叉融合能力强的创新型、复合型、应用型财务管理专业人才。

2.2 培 养 规 格

学生标准修业年限为四年,应修满 160 学分,毕业授予管理学学士学位。

2.2.1 知识结构要求

(1)熟练掌握本专业所需的数学、计算机、数据库技术与应用等基础学科的理论和方法。

(2)系统掌握管理学、管理学原理、经济学、经济法、金融学、会计学、财务管理学、成本管理会计、大数据财务分析、中小企业会计实践、税务会计与纳税筹划、财务共享理论、资产评估等专业理论知识与方法。

(3)具备一定的哲学、社会学、心理学、法学、科学技术、语言文学、健康艺术、职业发展等方面的通识性知识。

2.2.2 能力结构要求

(1)能够运用科学的方法,通过课堂、文献、网络、实习实践等渠道获取知识。

(2)能够应用财务管理理论和方法分析并解决理论与实践问题,适应岗位需求。

（3）具有较高的数学运用、英语读写及应用、计算机和信息技术应用能力。

（4）具有较强的组织沟通能力与探索性、批判性思维能力。

（5）具有国际视野，综合运用所学知识解决现实问题的能力。

2.2.3 素质结构要求

（1）具有良好的职业道德和社会公共道德。

（2）掌握扎实的专业基础知识，能够运用经济学理论、管理学方法，以及计算机大数据分析工具，系统地分析、解决组织的财务管理问题。

（3）具有较高的审美情趣、文化品位、人文素养。

（4）具有健康的体魄和良好的心理素质。

2.3 培 养 依 据

2.3.1 以企业需求为导向

民办高校培养的学生最终都要走向社会，因此分析不同行业对人才的需求是高校人才培养需要重点关注的内容。为了使高校培养的学生能够更好地适应不同行业的需求，需要对学生进行及时引导，使他们树立全方位、多层次的就业意向，并针对不同行业分类需求修订人才培养方案，使人才培养既要满足一般财务管理专业的知识体系，又要分模块满足不同行业的特定课程，同时融入新的适应人工智能的课程体系，全方位培养应用型财务管理专业人才，使高校输出的人才真正为企业所用。

2.3.2 以教学改革为手段

为顺应教育改革，实现教育理念转型升级，民办高校需要深入贯彻全国教育大会精神，始终坚持"以学生为中心"，教师要由传统课堂中的主体地位转变为组织者、设计者、指导者与参与者，引进线上线下教学、微课、慕课、翻转课堂、对分课堂、云课堂等多种现代化教学方法。可以成立财务管理教学改革领导小组，从课程体系、教学模式、课程资源、师资培训等多方面持续推进教育教学改革。

2.3.3 以应用型学生培养为中心

在大数据时代，民办高校财务管理专业应突出应用型人才培养理念，从大一至大四不间断地开展课内实验、课内外实践、认知实习、专业实习、毕业实习等多种实习方式。同时，鼓励企业导师进课堂、学校教师进企业，组建师资库，真正全方位、立体化地开展实践活动，培养适应社会所需的应用型人才。

2.4　专业特色

从适应社会对财务专业人才需要的角度出发,力求实现高校与社会的无缝对接。现代社会不再是单纯的"以需定求"的社会,而是更加侧重供给方的产品质量是否被消费者所接受。作为输出高等人才的高校,同样是这个道理。高校应了解目前社会的最新动态,融入新的财务管理元素,创新教师思维,改变传统的教学理念,在基础教学工作的基础上,更加侧重于管理人才的培养,瞄准目标市场定位,针对企业需求进行有针对性的教学改革。通过提升财务管理专业学生的基本素质和专业素质,进一步培养其决策能力,提高其创新能力,以实现财务管理专业教育与企业岗位需求的无缝对接。

2.4.1　办学目标明确

以制造会计为主,培养适应社会经济发展需要,能够独立从事各类经济主体财务会计核算、提供财务会计信息的,为经济主体的计划、控制和决策服务的职业型专门人才。

2.4.2　创新"2＋1＋1"(基础＋实践＋应用)产教融合型课程体系

以专业基础课为基础,以项目化教学课程为主导,以市场需求为导向,以岗位需求为任务,进行项目化教学课程和应用型课程的开发、设计、教学,以提升学生实践应用能力。

2.4.3　加大课程实训和学科竞赛结合

我们制定了完善的以工业会计为主、商业会计为辅的实训体系,对学生进行大量的"仿真"实训,提高学生的动手能力。积极指导学生参与学科竞赛,学习学科前沿技能,使学生毕业后即可投入到企业的经营管理工作中。

2.4.4　突出技能培养特色,实行"考证"项目化

我们坚持以应用型职业岗位所需要的理论与技能为本位,培养符合岗位素质要求的应用型人才,将学历教育、职业技能、职业证书三者紧密结合起来,把教学重心放在培养学生能力上。

2.4.5　加深产教融合,提升学生能力

一方面,教师可充分借助本校的内部资源,利用大数据技术对各层次的财务管理专业课程体系进行分析与评估,并根据大数据深度分析的数据及结果,开设本校的实

训教室,为学生提供基础性训练及实践岗位训练。让学生在课余积极参与各种财务管理专业的实训活动,在实训活动中对财务专业理论知识有更好的认知与理解,能理论联系实践,有效提升学生的实践能力。另一方面,为了让财务管理专业学生有更好的岗位适应能力,学校可与校外企业构建密切的合作关系,积极开设校外实训基地,让学生获得更多的实训机会,从而在财务管理专业领域获得更全面的成长及发展空间。良好的校企合作关系能够实现学校、企业及学生之间的互惠互利。学校可为企业培育高素质的财务管理人才;企业可为学生提供合适的工作岗位,让学生在实践过程中学会运用理论知识去处理实际问题,进一步提升学生的财务管理专业能力。

2.4.6　采用第三方教学评价模式,满足个性化人才培养需求

在大数据时代,由于认知计算能力的提高,人类对数据的检测和分析能力得到了极大的提高,难以测量的因素也得到了量化。借助先进的科技手段,评价指标也从宏观向微观转变。在对教师教学行为的评价中,在传统的评价方法的基础上,将课程的内容、教学方法、学生的满意度及师生关系的和谐程度作为比较重要的衡量标准。与此同时,教师也应该改革学业成绩的评价模式。除了传统的考试成绩外,教师应把专业学习能力、带领学习小组的能力、合作能力、沟通能力等作为重要的内容来考虑。

2.5　独　特　优　势

在数字经济蓬勃发展的时代背景下,工科类高校在本科财务管理专业的建设中,凭借其较早开展计算机相关课程等信息化教育的独特优势,显得尤为突出。2020 年 11 月 3 日发布的《新文科建设宣言》中提到,新文科教育需要融合发展,不仅需要加强文科专业之间的深度融通,还需要加强文科与理、工、农、医的交叉融合。在"互联网＋"、大数据等新技术的影响下,工科高校更容易将计算机科学与技术等信息技术类工科专业课程与管理类课程相融合,将相关专业知识迁移整合到财务管理专业中,有利于将现代信息技术融入文科教育中,以应对数字经济时代的各种新挑战。

(1)工科高校可将工程思维与财务管理专业教育相融合,培养工程思维能提高财务管理人员解决复杂问题的能力。首先,通过财务管理活动帮助企业实现价值创造,应当被视为一个复杂的工程实现问题,而不是一个科学求解问题。其次,企业经营活动的总体目标是实现企业的利润最大化、股东财富最大化或公司价值最大化。财务管理活动关注的焦点应当是如何帮助企业创造价值,成长、回报和风险是影响企业价值实现的三大重要因素,在制定企业经营中的重大决策时,需要综合考虑如何驱动这三大因素及其影响。通过财务管理活动帮助企业实现价值创造是个复杂问题,它需要借助综合、整合、系统集成多种相关知识来解决,这是培养财务管理专业人才的核心重点。

（2）工科学校应当重视培养财务管理专业学生的工程思维，培养财务管理专业学生在其职业生涯中能主动通过标准化、模块化和流程化的系统集成，将"可能"转化为"现实"的能力。运用工程思维解决复杂财务管理问题时要体现标准化、流程化与模块化。首先是标准化。项目的运转必须遵守客观自然规律、人的活动规律与科学技术标准、财务管理的基本方法通常要符合客观理论的要求。其次是流程化。可以将财务管理活动视为一个完整的流程，从规划、设计、决策、实施到最终结果的实现，是一个环环相扣、不断行进的过程。最后是模块化。将一个大财务管理项目拆分成互相联系、互相依赖的小项目的过程就是模块化，一个模块能够实现一个特定的功能，将任务区分为不同的模块，不仅能够避免重复操作，提高人员效率，还有利于流程的梳理，便于项目的实施。

（3）财务管理专业人才要掌握交叉性和综合性知识，要深度融合工科专业与财务管理专业的教育资源。通常，工科高校的工科专业实务发展历史较久，工科高校通常在计算机、智能技术、通信技术等工科专业方面有一定的学科积累，其中的某些学科能够帮助财务管理人员迅速作出科学决策，能够为发展时间相对较短的财务管理专业建设提供助力。

2.6　面临的挑战

以人工智能、区块链、云计算、大数据为代表的新兴技术的广泛使用，使会计核算对象、成本核算方法、会计管理方式、会计报告要求、会计考核评价等发生了很大变化，同时也影响着财务管理专业的发展方向。《教育部关于深化本科教育教学改革　全面提高人才培养质量的意见》（教高〔2019〕6号）指出，高校应调整优化专业结构，提升专业内涵，打造特色优势专业，升级改造传统专业，促进各专业领域创新发展。为适应形势发展，民办高校应不断完善财务管理专业的人才培养方案、教学大纲、课程建设等，探索财务管理专业本科教学改革创新工作思路，提升教育教学质量与水平。但在优化专业建设中也存在着极大的挑战。

黄河科技学院财务管理专业目标定位为应用型人才的培养，具有办学机制灵活、办学理念先进等办学优势。随着市场经济的发展，财务管理专业目前面临很大的机会，如大数据的快速发展、法律政策的支持与鼓励、高等教育的大众化进程等，同时也面临更大的挑战。首先，企业需求的准确定位给高等教育提出了更高的要求。其次，大数据和人工智能的发展给财务管理专业的发展也带来了更大的冲击，专业建设和发展面临很大的挑战。最后，技术的发展，使企业基层财会人员被淘汰，普通的财会人才已然很难得到社会的认同，传统的财务人才的培养标准与社会需求的契合度不高。因此，财务管理专业建设和学科教育正在面临巨大的变革机遇和挑战。

第 3 章

财务管理专业课程体系构建

3.1　开展专业人才需求调研

每个专业首先通过不少于 1000 个招聘启事的网络调研,形成初步的岗位群及岗位要求标签;其次通过不少于 20 家的用人单位访谈调研和不少于 50 个对口就业毕业生的深度调研,继续完善岗位群和岗位要求标签;最后通过对不少于 100 名近 3 年毕业的毕业生(专业与岗位对口)及不少于 20 家用人单位的调研,获取专业对口岗位群的岗位任务。

3.1.1　企业对财务管理专业人才岗位的需求

调研发现,企业对财务经理、财务分析师、投融资管理、财务助理岗位的需求占比为 54%;企业对审计管理岗位的需求占比为 6%;企业对会计主管岗位的需求占比为 10%;企业对一般财务人员岗位需求占比为 30%。企业更需要的是懂财务、会资金管理的人才,因此我们应培养掌握财务管理基础知识,具备会计核算操作能力、会计信息系统应用能力,以及投资理财、财务分析、税务筹划等专业技能,能在企事业单位、金融机构和各类中介机构中从事会计核算、投资理财、财务分析和投资项目评估等工作的人才。

3.1.2　企业对财务管理专业人才的职业资格的需求

通过调研了解到,基本上,企业都会对人才提出职业资格的要求,超过 85% 的企业明确要求财务管理专业人才需持有初级会计资格证书,其中 50% 提出了对于拥有中级会计资格的人才会优先考虑。通过调研发现,企业对财务管理人才的需求广泛,岗位分工更加明确和细化;财务管理人员在企业管理方面的地位越来越突出,企业对于财务管理人才的学历教育要求更高;企业非常注重财务管理人员的综合素质和团队协作能力;在知识方面,企业更需要懂得资金管理知识的人才;企业对财务管理专业人才在会计信息技能和财经法规的要求也在不断提高,更需要理论和实践技能同时发展的高水平、创新型的财务管理专业人才。

3.1.3　企业对财务管理专业人才基本素质的需求

通过调研了解到,企业对财务管理专业人才基本素质的需求主要表现在职业道德、敬业精神、责任感、业务素质等方面。其中:职业道德占 26％,敬业精神占 21％,责任心占 20％,业务素质占 22％,其他素质占 11％。

3.1.4　企业对财务管理专业人才能力的需求

通过调研了解到,企业要求财务管理专业人才具备数字分析能力、良好的沟通表达能力和团队协作意识、创新发展能力。其中:团队协作能力占 30％,分析决策能力占 26％,创新应变能力占 23％,自我发展能力占 14％,沟通交流能力占 7％。

3.2　岗位任务分析

结合调研结果及本校学生实际就业情况,我们匹配了适合的岗位及对应的岗位任务(见表 3-1)。

表 3-1　财务管理专业岗位任务

岗位名称	岗位描述	岗位任务
会计助理	进行公司日常业务处理、辅助相关税务处理	期初建账
		会计凭证的填制
		企业账簿的登记
		会计报表的编制
		纳税申报
会计主管	进行公司期末业务结账、对账、审账等工作	会计工作的合法性分析
		年度报告的编制
		重大会计事项的处理
税务会计	进行公司纳税申报相关工作	增值税会计与筹划
		企业所得税会计与筹划
		个人所得税会计与筹划
		其他税种会计与筹划
审计助理	协助第三方审计提供资料,控制企业审计风险	收集审计项目信息,协助签约,制订审计计划
		开展风险评估工作,并填写相关审计工作底稿
		开展风险应对工作,并填写相关审计工作底稿
		协助审计经理出具审计报告、对审计资料归档

续表

岗位名称	岗位描述	岗位任务
报表分析专员	进行公司财务状况、利润状况、现金流分析,为管理层提供数据信息和决策支持	确定财务分析的对象,明确财务分析的目的
		选择财务分析方法
		企业基本情况及背景分析
		企业重大事项分析
		企业风险分析(依据会计信息的分析)
		企业财务能力分析
		撰写财务分析报告
财务预算专员	进行预算编制、调整、控制相关工作	目标企业全面预算制度调研与战略底稿制定
		目标企业销售预算编制
		目标企业生产预算编制
		目标企业资金预算编制
		目标企业预算财务报表编制
资金管理专员	进行公司项目融资和投资等资金管理	制定财务战略和年度财务计划
		开展融资项目分析
		开展投资项目分析
		创业项目分析

3.3　基于岗位任务设计项目化教学课程与应用型课程

以学生高质量就业为目标,组织各专业团队研讨,根据岗位任务设计项目化教学课程体系。项目化教学课程对应大三年级,内容全部由企业的真实岗位任务或工程项目转化而来。此类课程的特点如下:尽可能是真实项目、真实场景;必须有客观评价标准、市场标准;必须具有综合性、创新性和挑战性。大四开发应用型课程,由导师带领学生直接参与市场活动,让学生得到更进一步的检验和锻炼。

首先,专业基础课的设置,旨在紧密支撑项目化教学课程所需的知识、技能和素质。对现有课程内容进行重组改造、重建课程,核心课程包括会计学、财务会计、财务管理学、税法、成本管理会计、审计学等。其次,项目化教学课程基于岗位任务,围绕教学目标、项目实施和评价标准等建设开发,初步考虑建设开发的课程有中小企业会计实践、税务会计实践、大型企业会计实践、大数据财务分析、财务报表审计实践、大数据财务分析、企业财务预算、投融资管理。最后,对于应用型课程是项目化教学课程的,该课程能否有效开展、学生能否直接接受市场的考验,项目化教学课程质量起着至关重要的作用。目前,初步考虑设置的应用型课程为财务审计综合实践和会计与税务综合实践,具体见表 3-2。

表 3-2　"2＋1＋1"课程体系概况

岗位名称	岗位任务	项目化教学课程	专业基础课	应用型课程
会计助理	期初建账	中小企业会计实践	会计学 财务会计 税法 会计信息系统	财务审计综合实践
	会计凭证的填制			
	企业账簿的登记			
	会计报表的编制			
	纳税申报			
会计主管	会计工作的合法性分析	大型企业会计实践	财务会计 公司战略与风险管理 财务共享	
	年度报告的编制			
	重大会计事项的处理			
报税员	增值税申报、会计与筹划	税务会计实践	税法 会计学 财务会计	
	企业所得税申报、会计与筹划			
	个人所得税申报、会计与筹划			
	其他税种申报、会计与筹划			
审计助理	收集审计项目信息,协助签约,制订审计计划	财务报表审计实践	审计学 财务会计 会计信息系统	投融资管理
	开展风险评估工作,并填写相关审计工作底稿			
	开展风险应对工作,并填写相关审计工作底稿			
	协助审计经理出具审计报告、对审计资料归档			
报表分析专员	确定财务分析的对象,明确财务分析的目的	大数据财务分析	财务会计 税法 成本管理会计	
	选择财务分析方法			
	进行企业基本简介及背景分析			
	企业重大事项分析			
	企业风险分析(依据会计信息的分析)			
	企业财务能力分析			
	撰写财务分析报告			

续表

岗位名称	岗位任务	项目化教学课程	专业基础课	应用型课程
财务预算专员	目标企业全面预算制度调研与战略底稿制定	财务预测与企业估值	会计学 财务管理学 公司战略与风险管理	会计与税务综合实践
	目标企业销售预算编制			
	目标企业生产预算编制			
	目标企业资金预算编制			
	目标企业预算财务报表编制			
资金管理专员	制定财务战略和年度财务计划		财务管理学 公司战略与风险管理	
	开展融资项目分析			
	开展投资项目分析			
	创业项目分析			

3.4 构建"2＋1＋1"(基础＋实践＋应用)产教融合型课程体系

黄河科技学院财务管理专业在岗位任务、项目化教学任务、专业基础知识体系整理的基础上,初步形成"2＋1＋1"产教融合型课程体系。按照紧密支撑项目化教学课程的要求来改革专业基础课,从而倒逼整个课程体系的改革。

3.4.1 财务管理专业"2＋1＋1"课程体系

专业基础课改革注重客观评价标准和线上学习系统,从而推动教学模式转型。最终形成的"2＋1＋1"课程体系,对应"基础＋实践＋应用"三个学习阶段。通过对整个体系的学习,能够实现学生"见过—做过—做成—做好"的目标。大一要给学生做好职业生涯规划,告诉学生本专业未来的就业岗位和岗位任务,让学生"见过";大二通过小项目实践,让学生"做过";大三通过开展"真实性"项目的教学,使学生能把一个个岗位任务"做成";大四学生以市场的标准将项目"做好",从而实现高质量就业,如图 3-1、表 3-3、表 3-4 所示。

3.4.2 重塑人才培养方案

黄河科技学院财务管理专业全方位、多视角地进行人才培养方案的修订。为全面贯彻党的教育方针政策,适应高等教育发展的新形势,落实产出导向(OBE)教育理念,提高人才培养与区域经济社会发展的契合度,应不断探索新形势下应用型本科人才培养体系,创新人才培养模式。在理念、模式和内容上与专业认证对接,处理好突出特色与符合规范二者之间的关系。在遵循基本理念、满足基本要求的基础上,结合财务管理专业实际,彰显财务管理专业在培养方向、培养模式及课程设置等方面的特色,深化专业综合改革,建立完善的课程体系,优化人才培养方案。

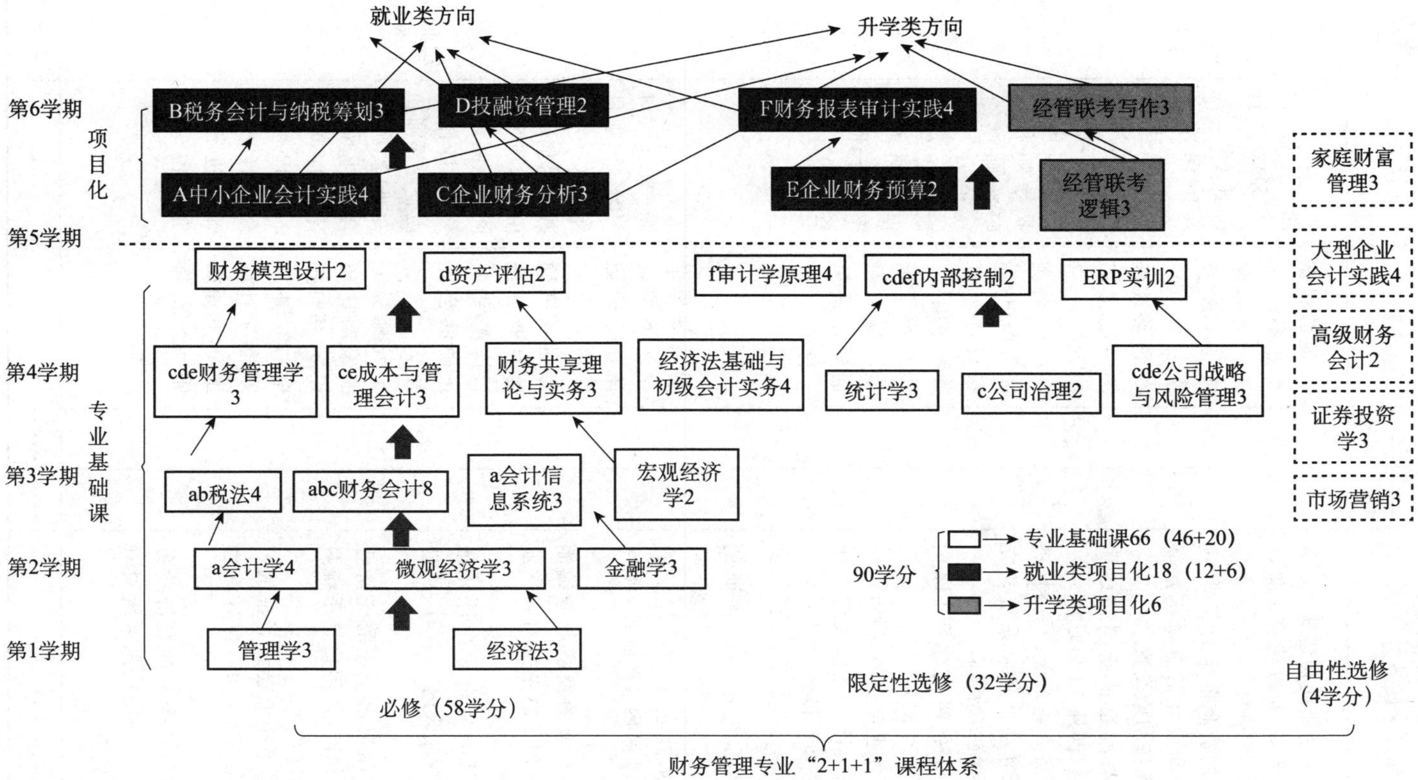

图 3-1　课程体系形成图

注：课程前字母为项目化及支撑其的课程群。

财务管理专业 "2+1+1" 课程体系

自由性选修
（4学分）

限定性选修（32学分）

90学分

专业基础课66（46+20）
就业类项目化18（12+6）
升学类项目化6

必修（58学分）

家庭财富管理3

大型企业会计实践4
高级财务会计2
证券投资学3
市场营销3

升学类方向

经管联考写作3

经管联考逻辑3

F财务报表审计实践4

E企业财务预算2

就业类方向

D投融资管理2

C企业财务分析3

B税务会计与纳税筹划3

A中小企业会计实践4

cde公司战略与风险管理3

ERP实训2

cdef内部控制2

c公司治理2

统计学3

f审计学原理4

经济法基础与初级会计实务4

宏观经济学2

金融学3

经济法3

财务共享理论与实务3

a会计信息系统3

d资产评估2

ce成本与管理会计3

abc财务会计8

微观经济学3

财务模型设计2

cde财务管理学3

ab税法4

a会计学4

管理学3

第6学期
第5学期
第4学期
第3学期
第2学期
第1学期

项目化
专业基础课

表 3-3　专业课程体系结构图（部分示例）

岗位任务	项目化任务	学时		标准要求	测试方法	专业基础课程主模块
		课内	课外			
期初建账	项目 X1：目标企业期初建账工作 任务一：制造业期初建账（课内 6 学时，课外 12 学时） 根据所给某制造业企业的资料，进行手工建账和会计信息系统建立账套、信息系统初始设置 任务二：商品流通企业期初建账（课内 6 学时，课外 12 学时） 根据所给商品流通企业的资料，进行手工建账和会计信息系统建立账套、信息系统初始设置 任务三：服务业期初建账（课内 4 学时，课外 8 学时） 根据所给服务业企业的资料，进行手工建账和会计信息系统建立账套、信息系统初始设置	16	32	① 能够根据企业类型选择合适的账簿种类及格式 ② 能够准确填写账簿启用页、目录页；开立各类账册账户；对账页进行准确顺序编号 ③ 能够准确填写期初余额到账簿第一行	课堂研讨（40%）＋项目作业（60%），其中课堂研讨由小组成员之间相互测评打分，项目作业由企业导师和专职教师结合学生对建账流程的熟悉程度和准确率进行评价，各占 50%	Z1 会计学总论 Z2 会计要素与会计等式
会计凭证的填制	项目 X2：目标企业会计凭证的填制 任务一：制造业企业会计凭证的填制及录入（课内 12 学时，课外 24 学时） 根据所给制造业的经济业务编制记账凭证，并用信息系统对日常业务进行处理 任务二：商品流通企业会计凭证的填制及录入（课内 8 学时，课外 16 学时） 根据所给商品流通企业的经济业务编制记账凭证，并用信息系统对日常业务进行处理 任务三：服务业企业会计凭证的填制及录入（课内 4 学时，课外 8 学时） 根据所给服务业企业的经济业务编制记账凭证，并用信息系统对日常业务进行处理	24	48	① 能够根据业务类型选择合适的记账凭证 ② 能够准确地对业务进行核算，编制正确的会计分录 ③ 记账凭证的编制比较规范，项目齐全，填制准确，数字计算正确，和原始凭证保持一致	课堂研讨（40%）＋项目作业（60%），其中课堂研讨由小组成员之间相互测评打分，项目作业由企业导师和专职教师结合学生对会计凭证填制的合理性和合规性及准确率进行评价，各占 50%	Z14 资产业务核算
……	……	……	……	……	……	……

表 3-4　专业课程知识结构体系(部分示例)

专业基础课程主模块	所需知识、素质、能力		学时		标 准 要 求
			课内	课外	
Z1 会计学总论	知识	① 会计的产生、发展、概念及分类	1	2	能清晰阐述会计的概念与分类
		② 会计的基本职能、财务会计的目标	1	2	能清晰阐述会计基本职能与财务会计目标
		③ 会计核算的基础	1	2	能运用权责发生制判断本期收入与费用
		④ 会计基本假设	1	2	能根据会计基本假设的运用来判断会计工作是否符合基本假设
		⑤ 会计信息质量要求	1.5	3	能运用会计信息质量要求规范会计信息质量
		⑥ 会计核算方法与会计循环	0.5	1	能运用会计方法和会计循环对经济业务进行账务处理
	能力	具备运用会计基本理论进行案例分析的能力			能运用会计基本职能、会计核算基础、会计基本假设、会计信息质量要求等基本理论进行案例分析,判断会计工作是否符合会计基本准则
	素质	掌握基本会计理论,为后续学习打下基础			通过会计基本理论学习,具备基本会计思维
Z2 会计要素与会计等式	知识	① 会计要素	2	4	能将会计对象的内容确认为会计六要素
		② 会计等式	2	4	能判断经济业务对会计等式的影响
	能力	掌握会计要素的含义、内容、特征,以及会计等式及其转化形式,准确判断经济业务的变化类型			能将会计对象确认为会计要素,清晰阐述会计等式的基本原理
	素质	掌握财务会计核算对象,为后续学习打下基础			通过会计要素和会计等式的学习,具备会计基本知识
……	……	……			……

第 4 章

财务管理专业课程知识建模

4.1 项目化教学课程知识建模

4.1.1 税务会计与纳税筹划课程知识建模

增值税其他相关事项的会计处理知识建模如图 4-1 所示。

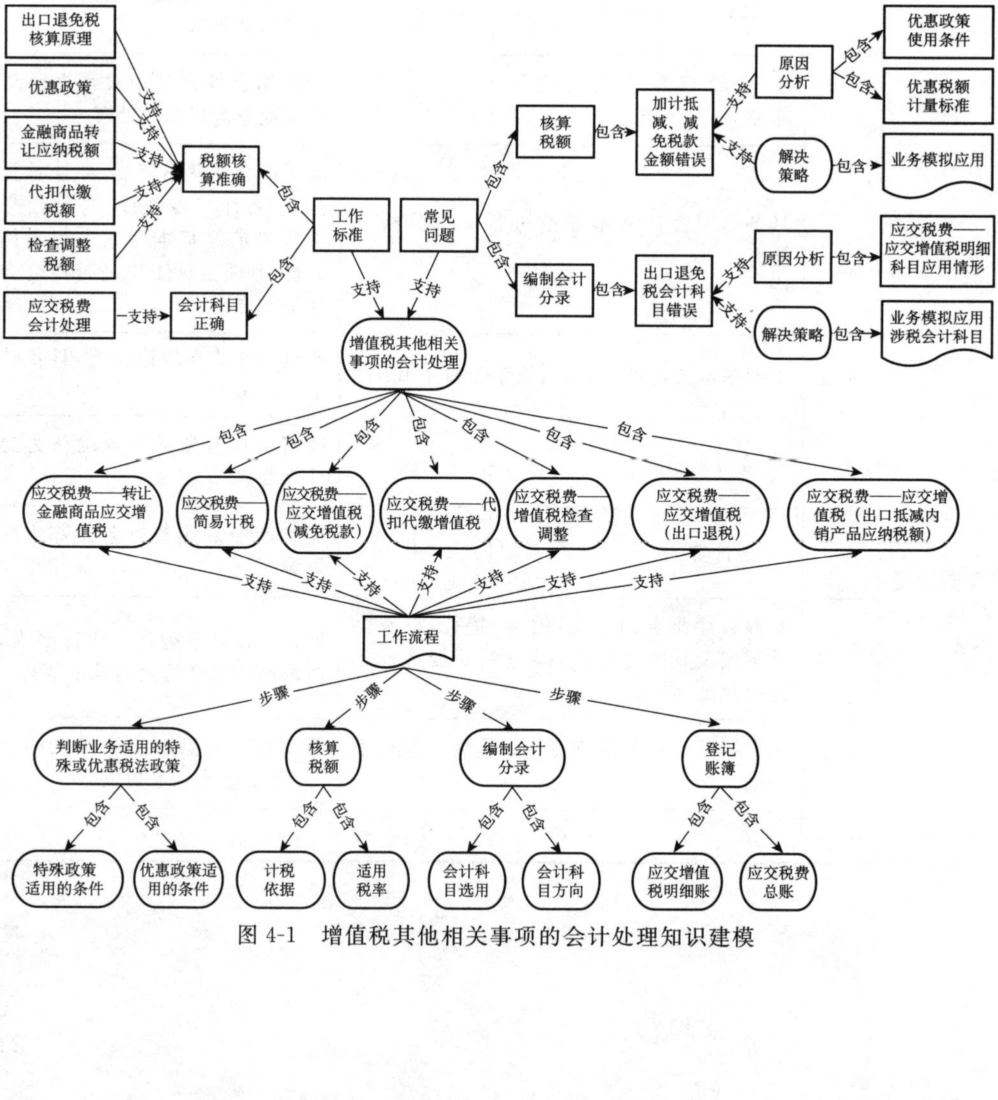

图 4-1 增值税其他相关事项的会计处理知识建模

增值税结转的会计处理知识建模如图 4-2 所示。

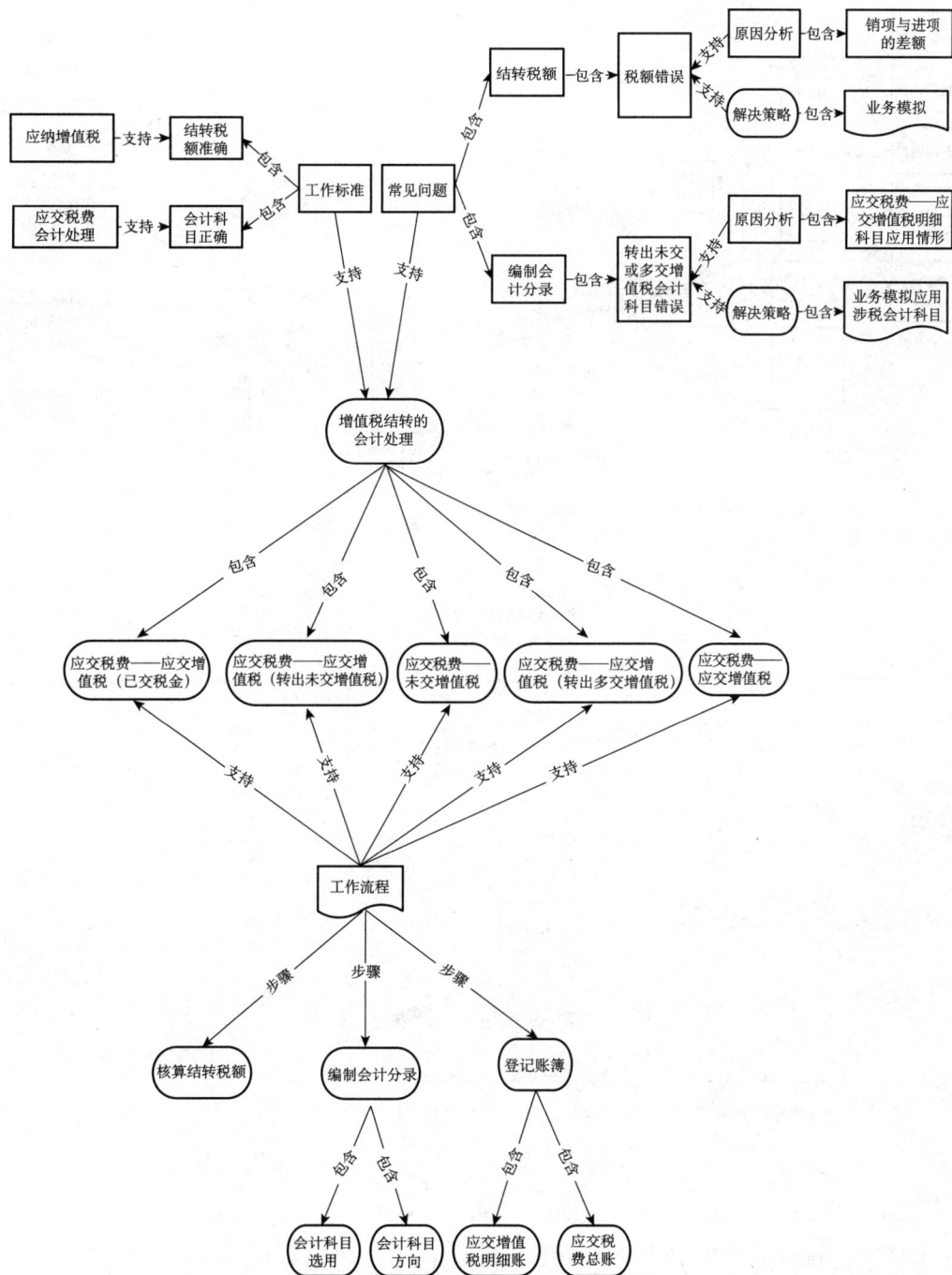

图 4-2　增值税结转的会计处理知识建模

销售事项相关的增值税会计处理知识建模如图 4-3 所示。

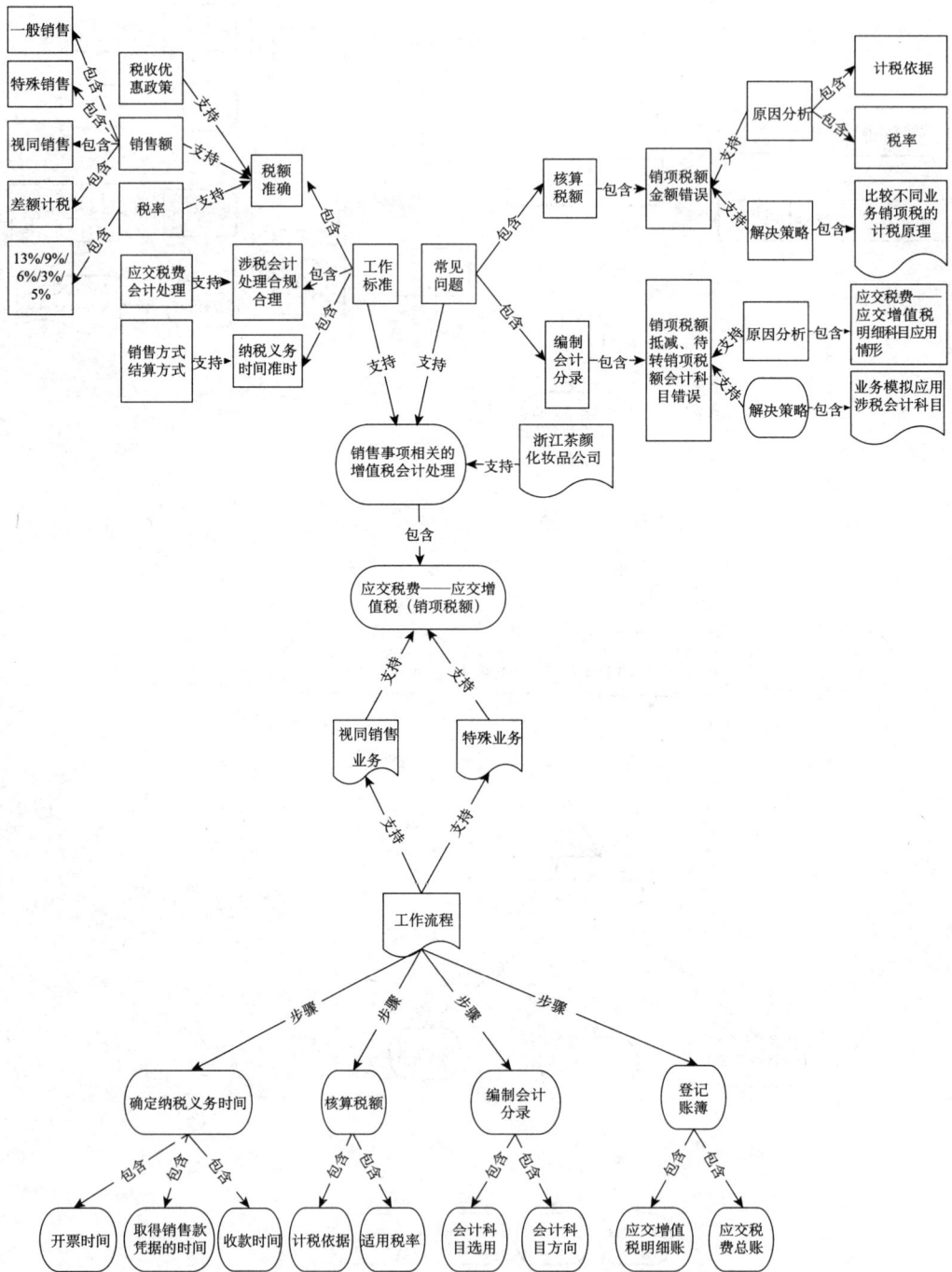

图 4-3　销售事项相关的增值税会计处理知识建模

4.1.2　中小企业会计实践课程知识建模

制造业手工账初始建账知识建模如图 4-4 所示。

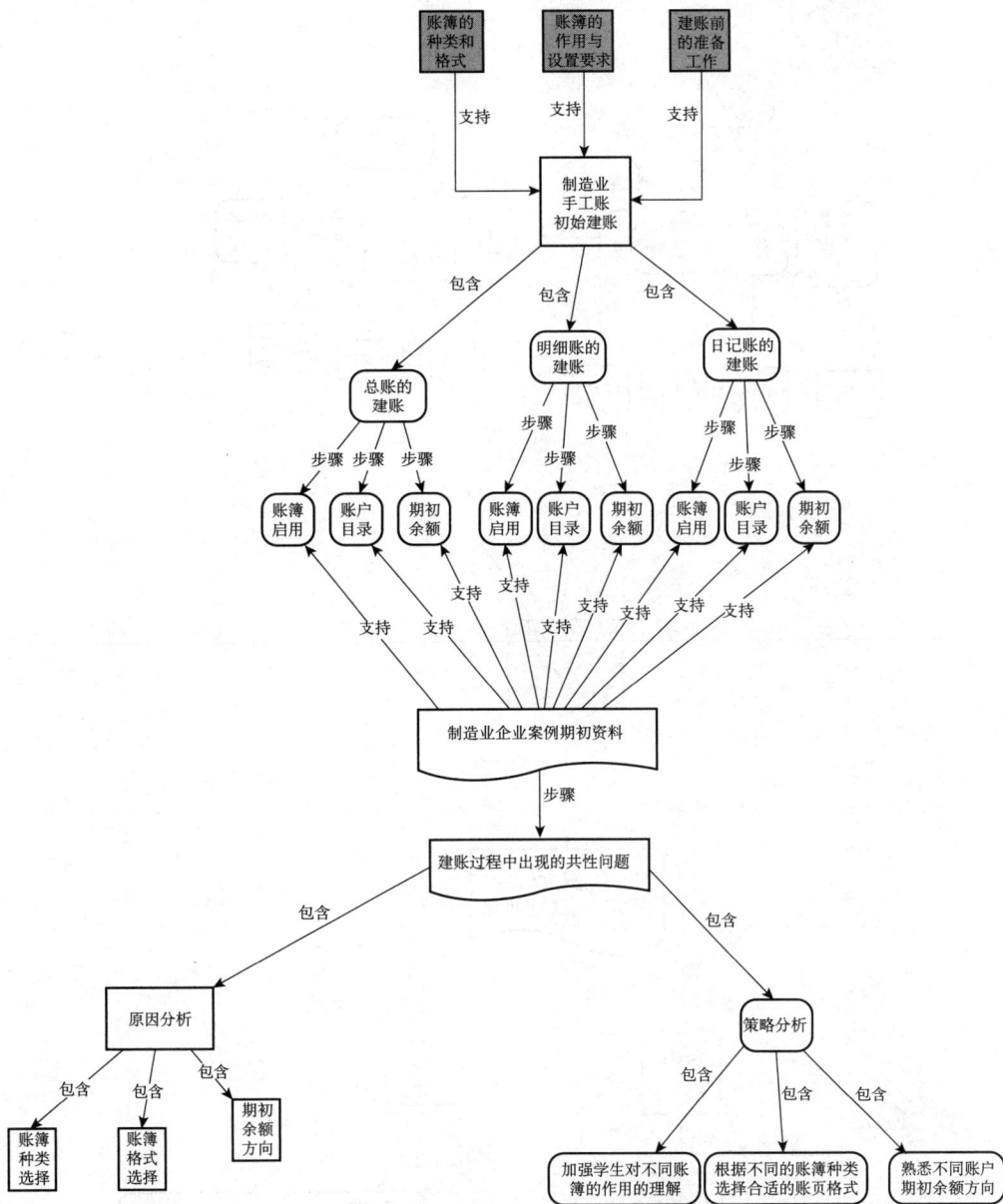

图 4-4　制造业手工账初始建账知识建模

制造业记账凭证的填制与审核知识建模如图 4-5 所示。

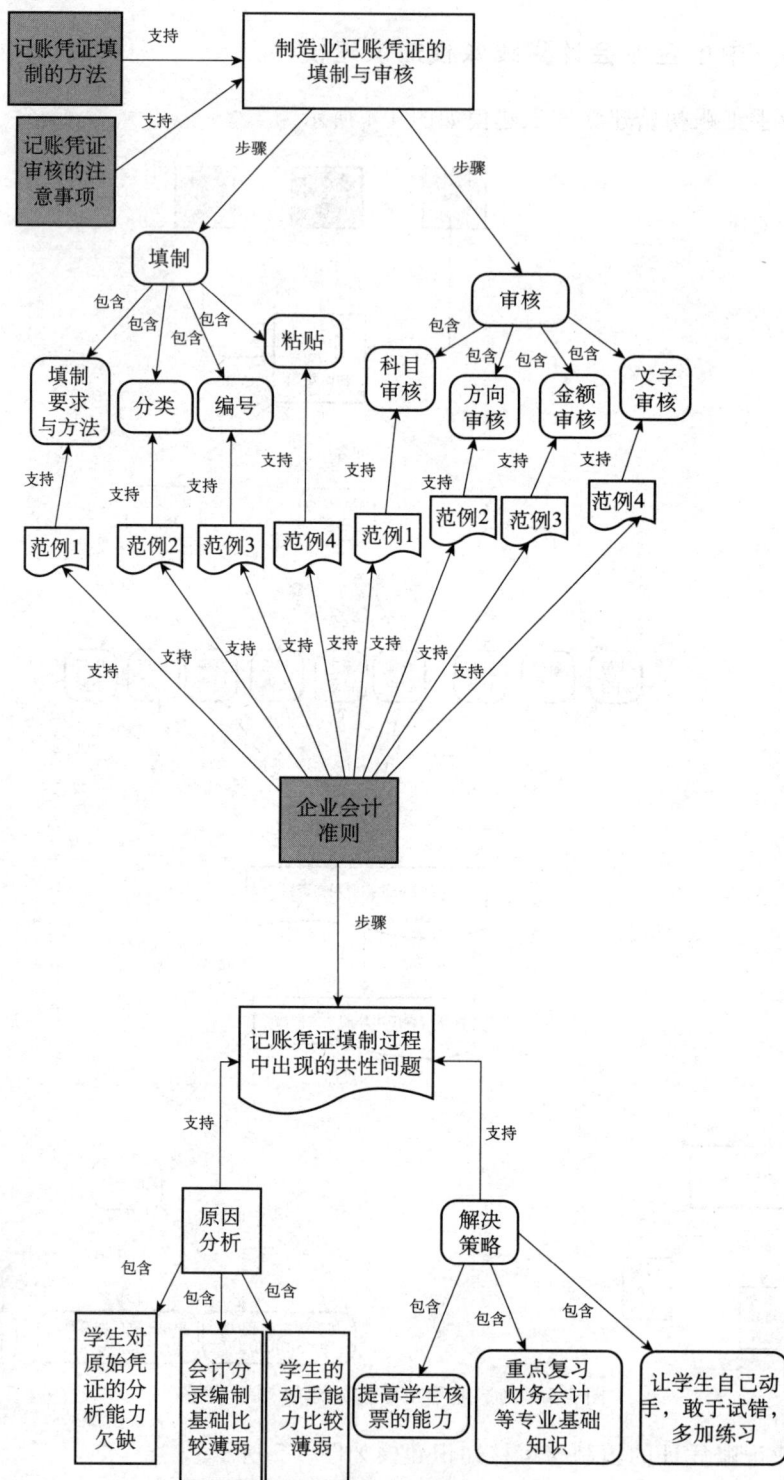

图 4-5 制造业记账凭证的填制与审核知识建模

制造业账簿的登记知识建模如图 4-6 所示。

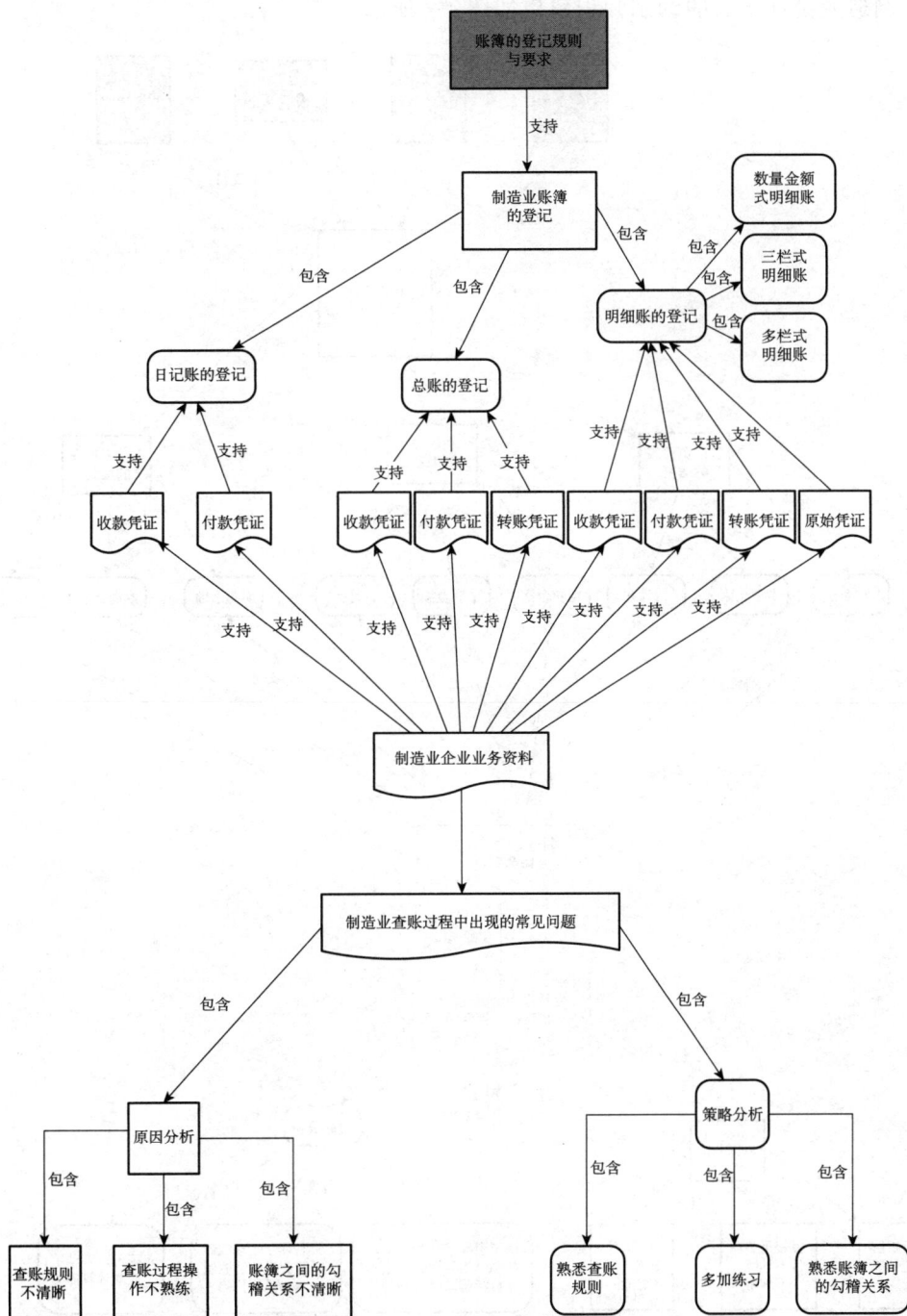

图 4-6 制造业账簿的登记知识建模

制造业会计报表的编制知识建模如图 4-7 所示。

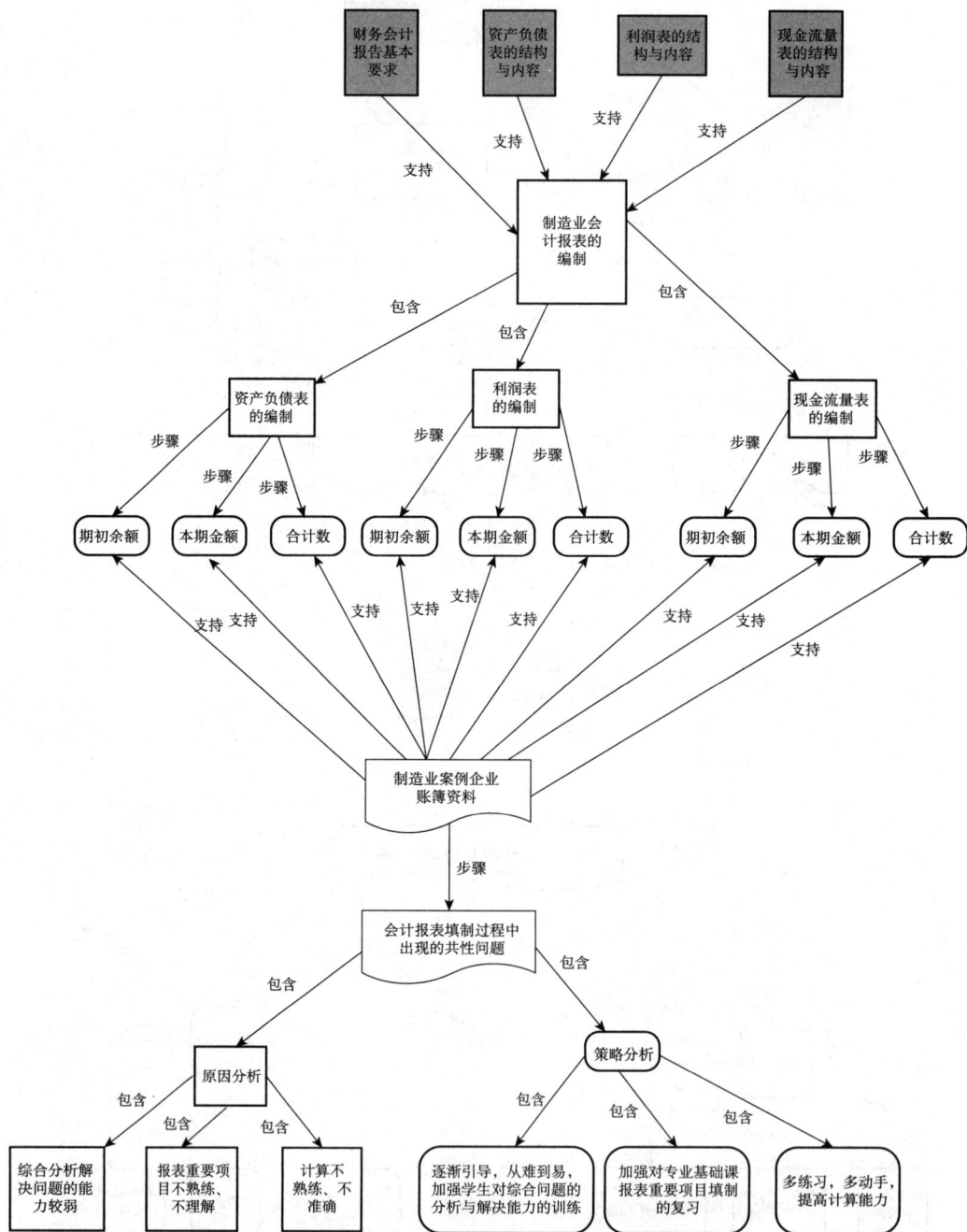

图 4-7 制造业会计报表的编制知识建模

4.1.3　企业财务分析课程知识建模

风险分析(基于会计信息)知识建模 1 如图 4-8 所示。

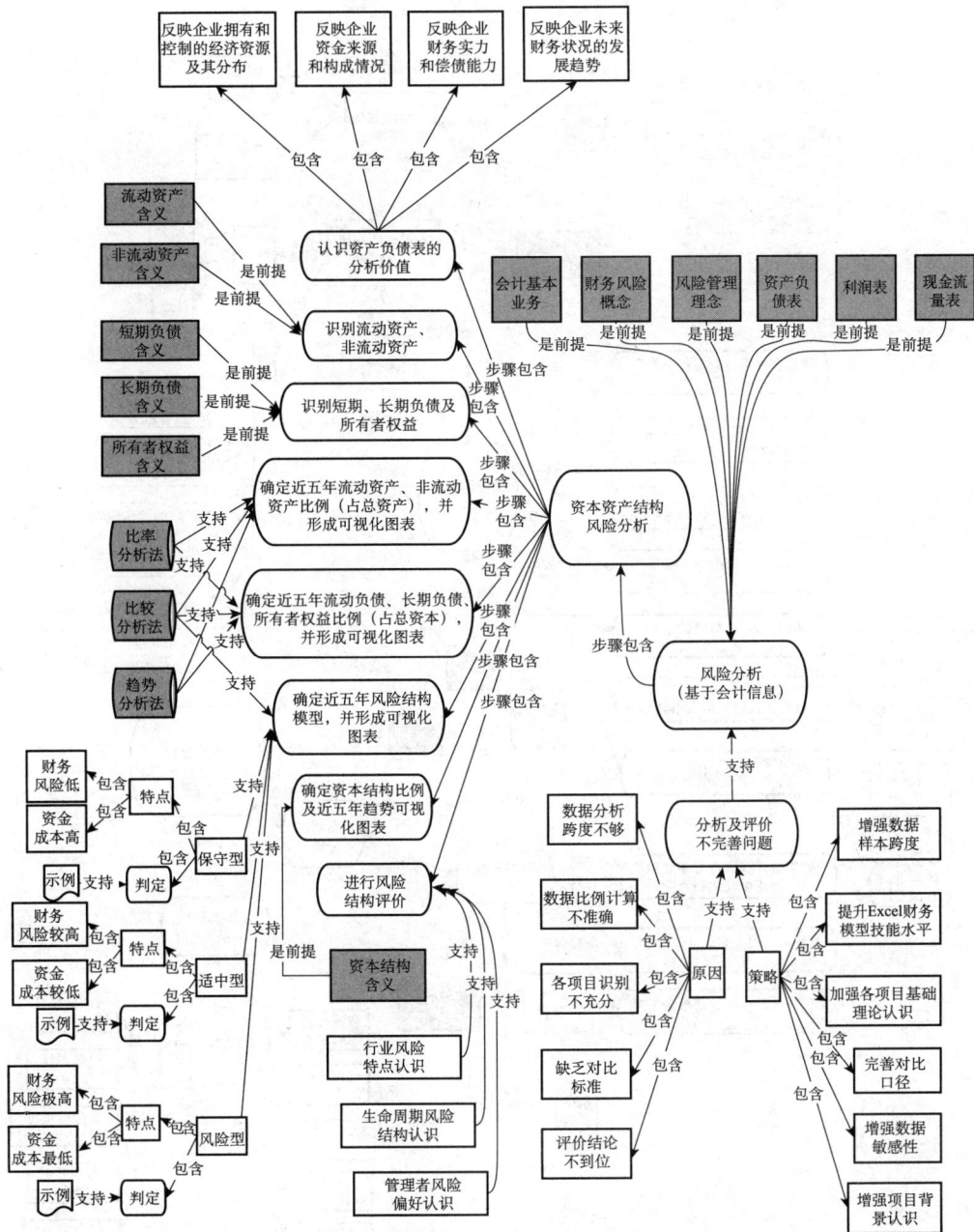

图 4-8　风险分析(基于会计信息)知识建模 1

风险分析(基于会计信息)知识建模 2 如图 4-9 所示。

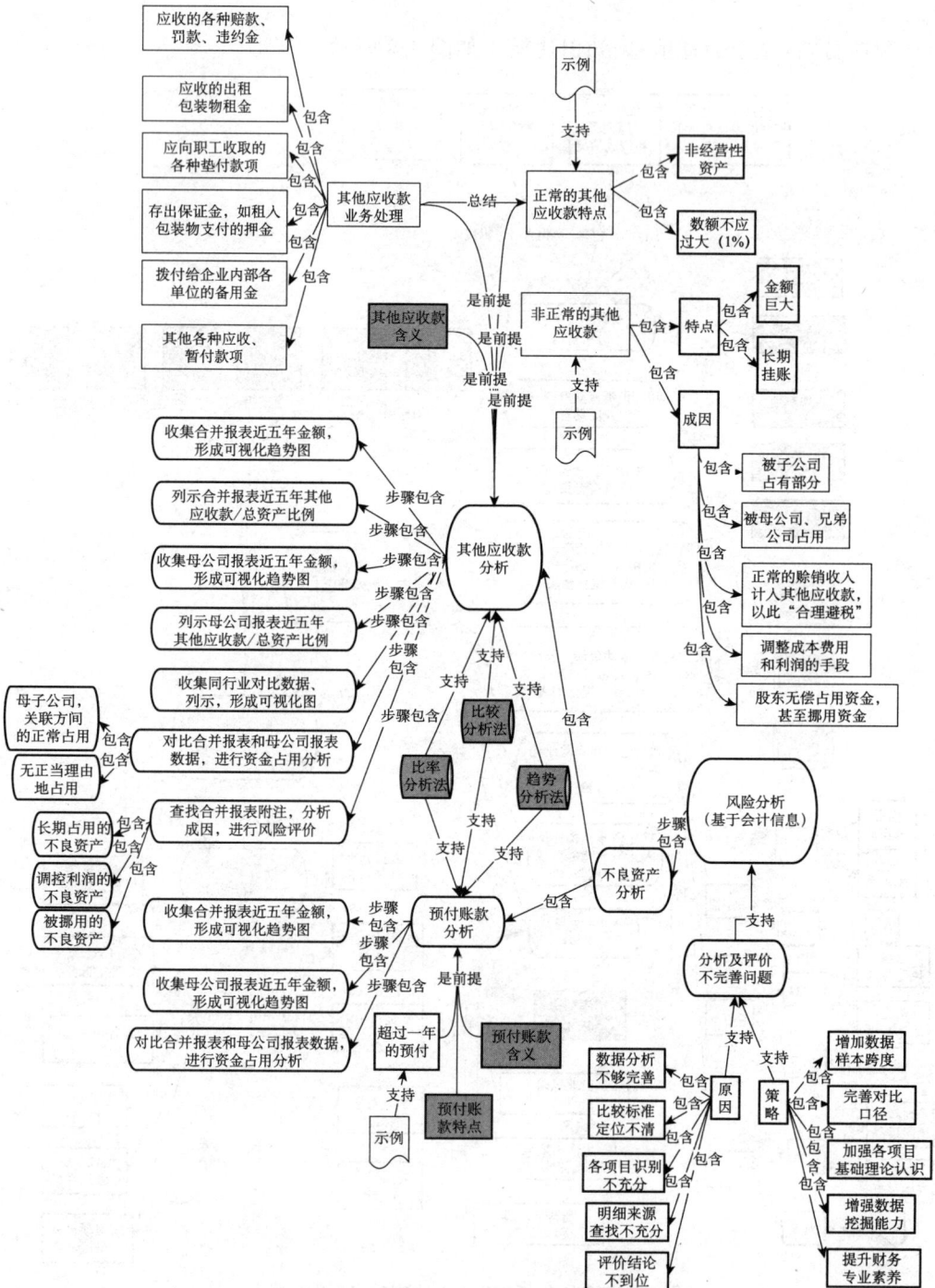

图 4-9 风险分析(基于会计信息)知识建模 2

利润质量分析知识建模如图 4-10 所示。

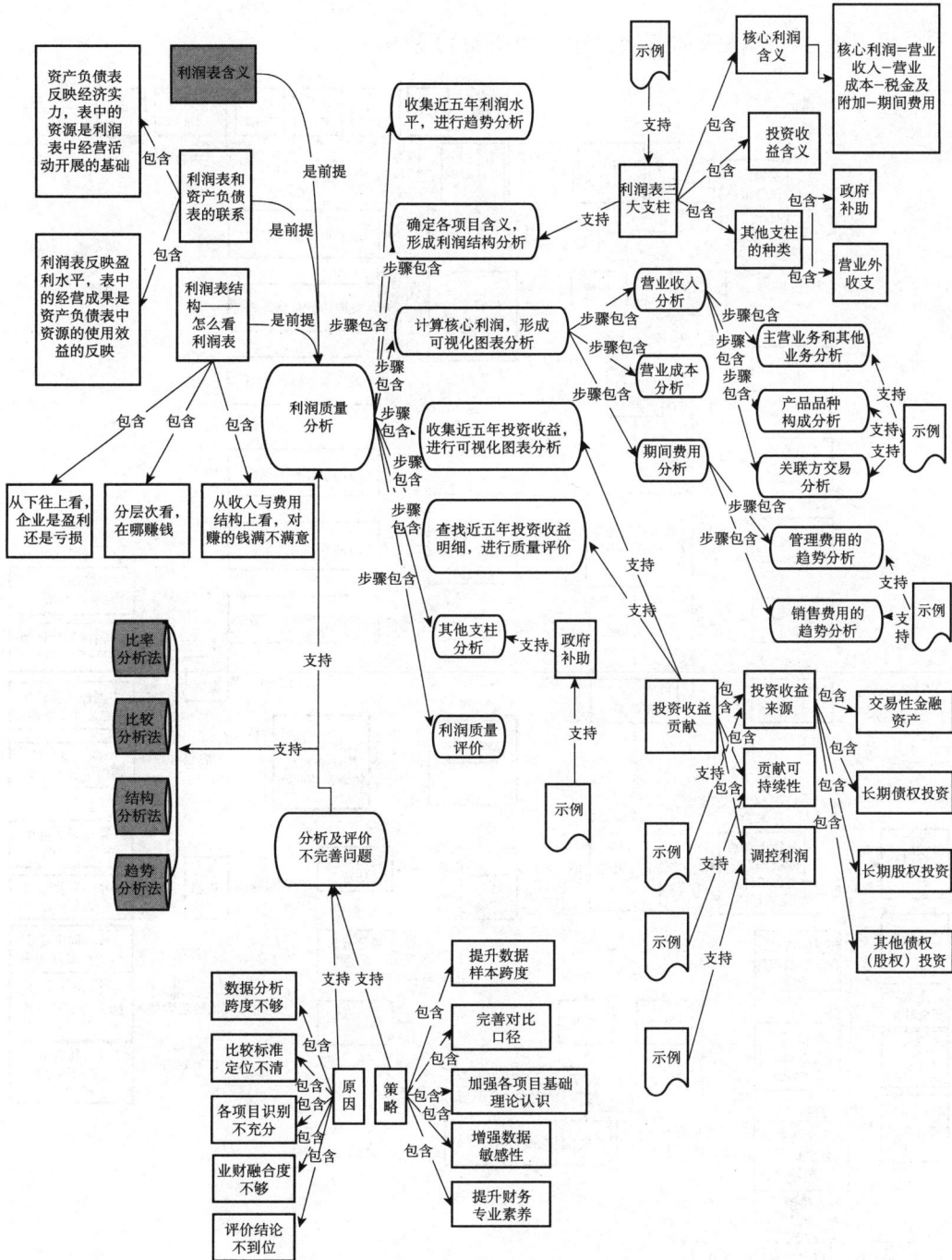

图 4-10　利润质量分析知识建模

4.1.4　财务报表审计实践课程知识建模

我国审计法律法规体系知识建模如图 4-11 所示。

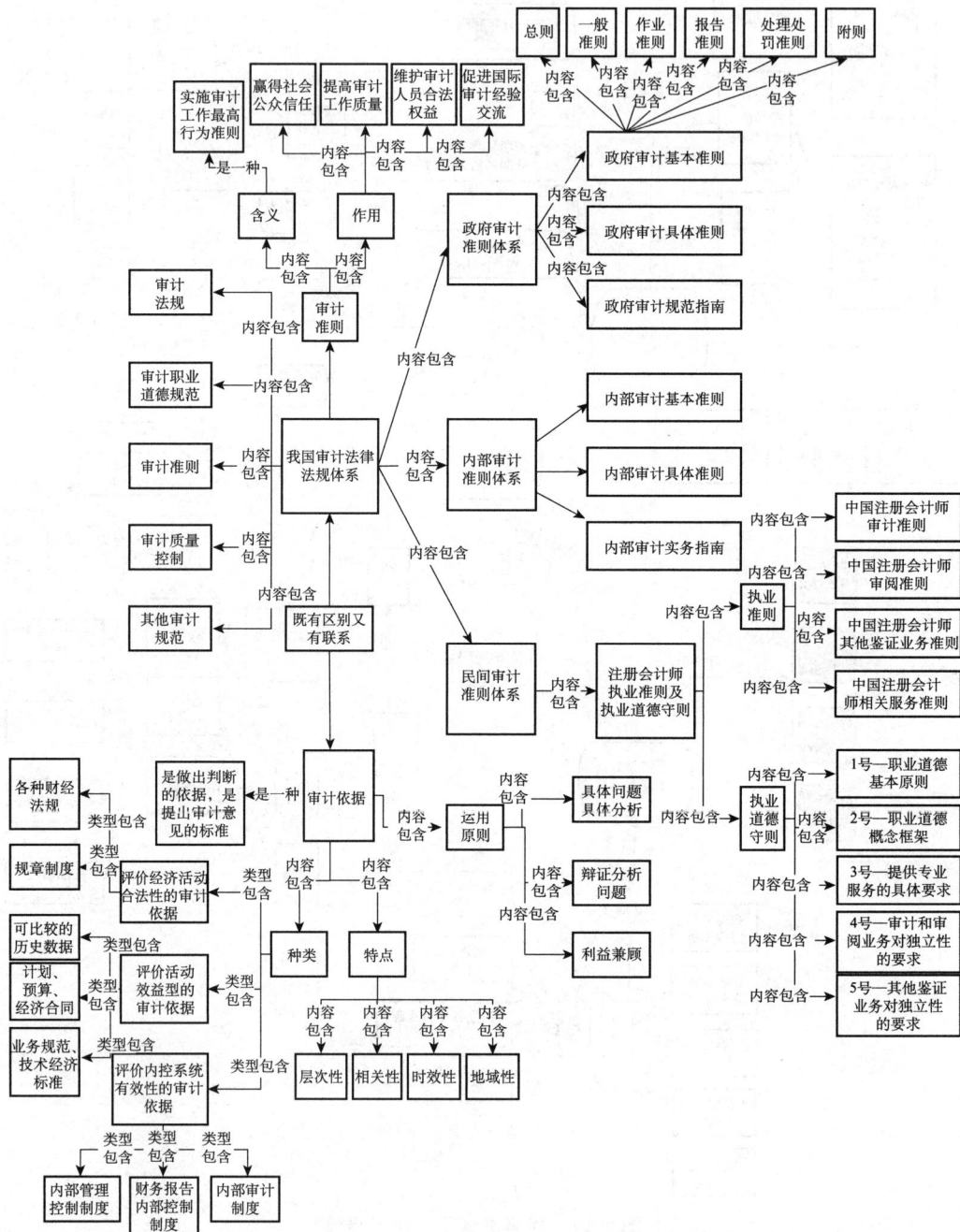

图 4-11　我国审计法律法规体系知识建模

风险评估程序表知识建模如图 4-12 所示。

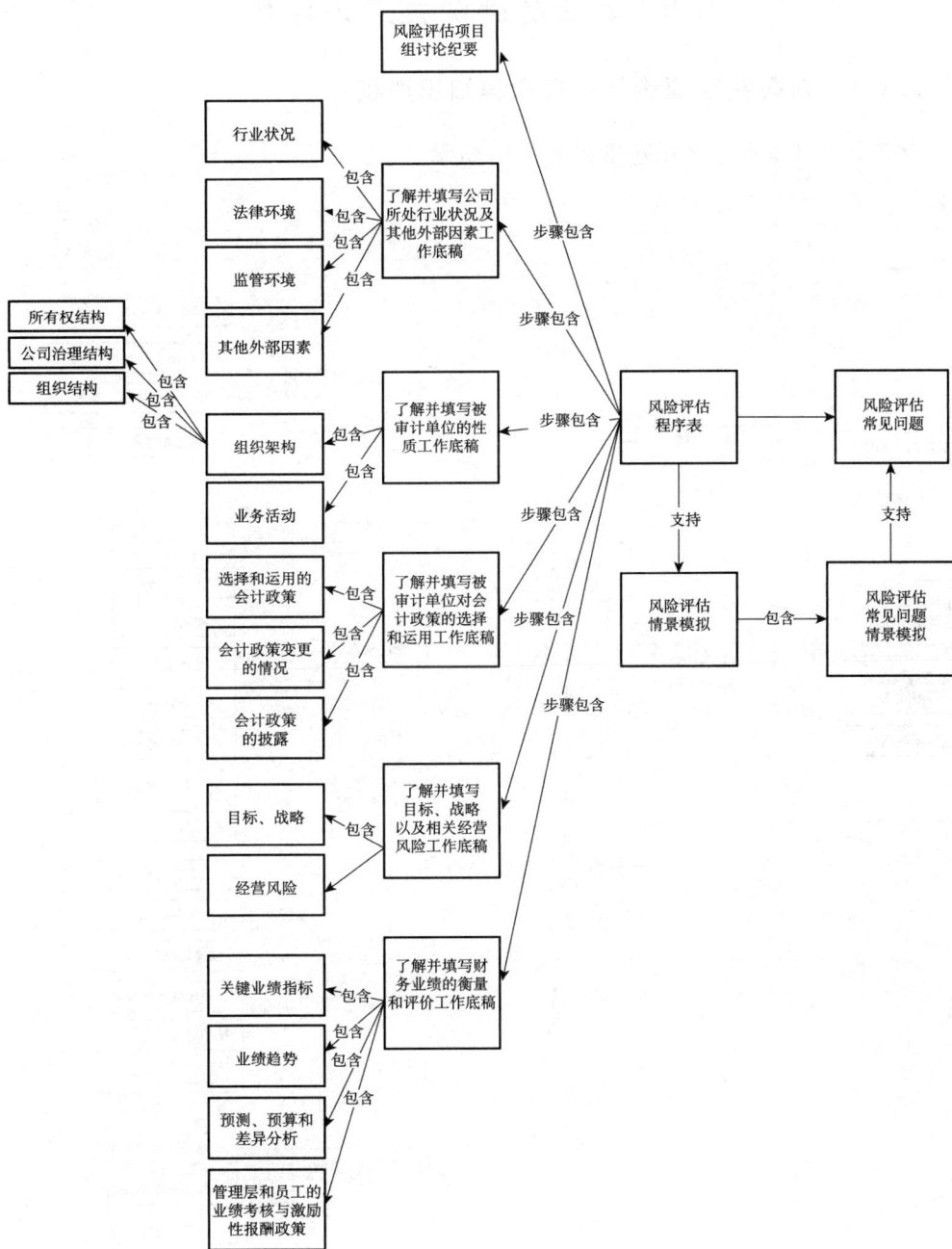

图 4-12　风险评估程序表知识建模

4.2 专业基础课程知识建模

4.2.1 财务共享理论与实务课程知识建模

财务共享基本理论知识建模如图 4-13 所示。

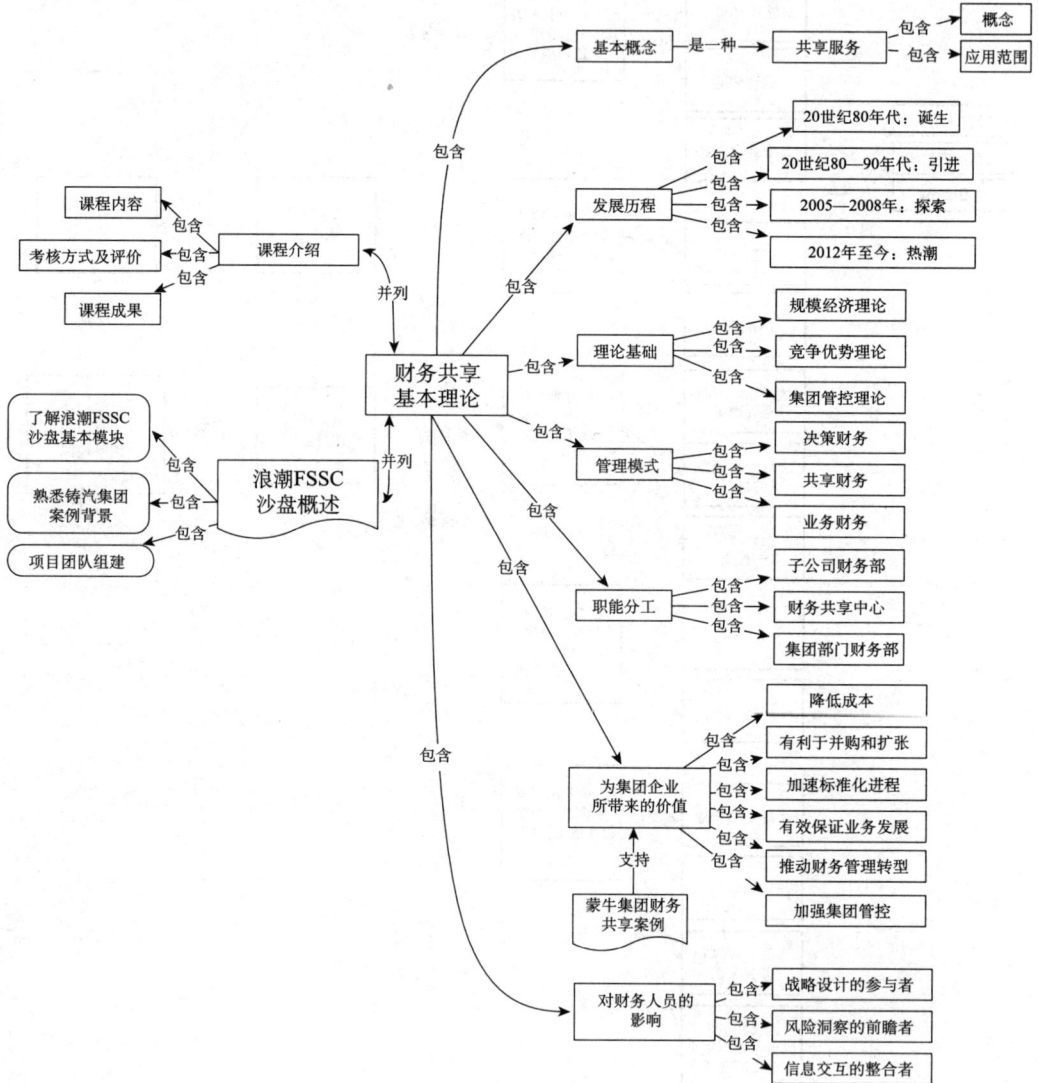

图 4-13 财务共享基本理论知识建模

战略定位知识建模如图 4-14 所示。

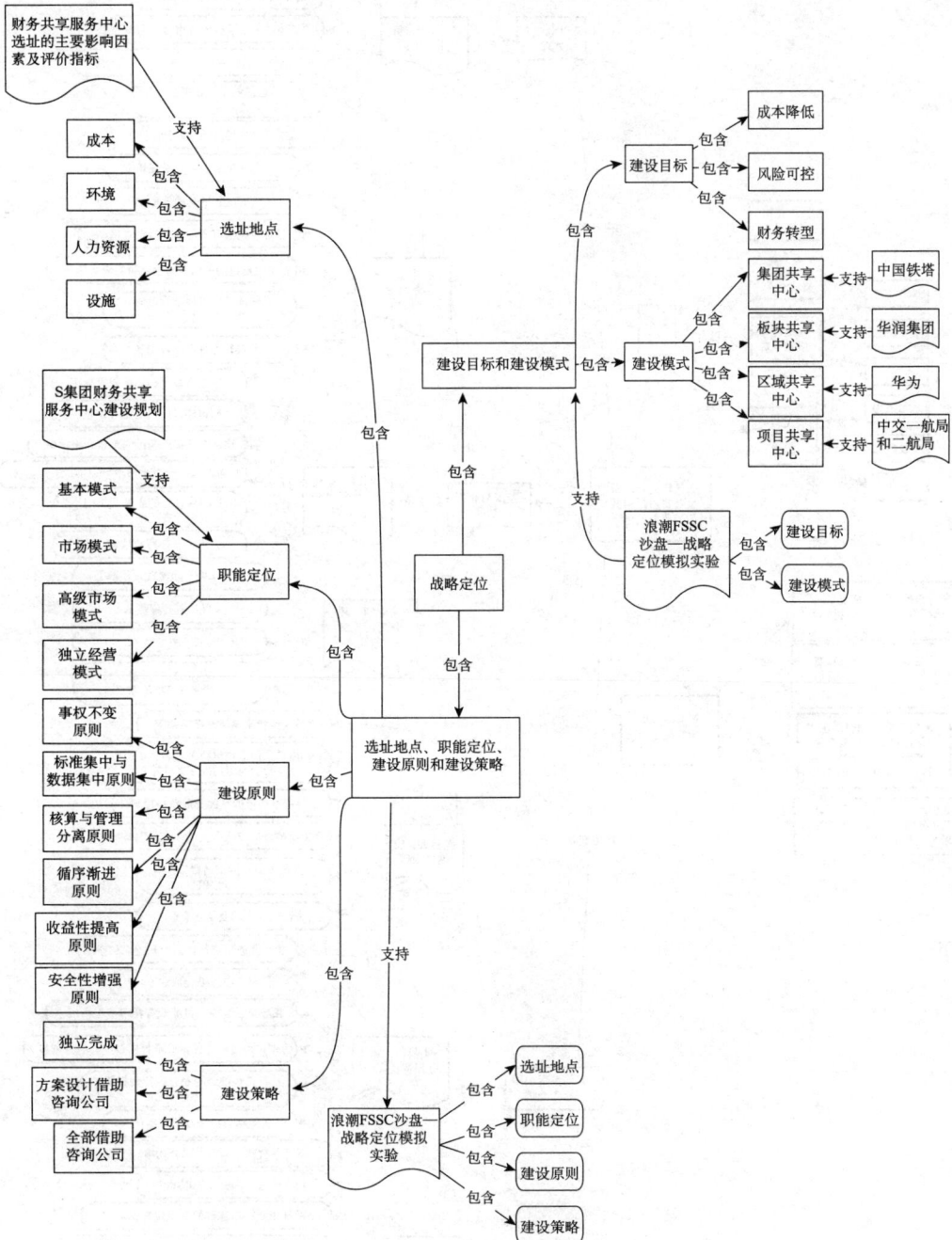

图 4-14　战略定位知识建模

备用金及费用报销共享业务处理知识建模如图 4-15 所示。

实验一：备
用金申请 —包含→ 填写备用金申请单并提交初审
　　　　　　—包含→ 申请单初审通过后提交领导审批
　　　　　　—包含→ 领导审批初审通过的备用金申请单
　　　　　　—包含→ 将审批通过的备用金申请单进行财务稽核
　　　　　　—包含→ 将稽核通过的备用金申请单生成记账凭证
　　　　　　—包含→ 进行结算办理及结算确认

备用金业务
处理 ←支持—

实验二：无
借款差旅费
报销 —包含→ 填写差旅费报销单并提交初审
　　　　　　—包含→ 初审通过后提交领导审批
　　　　　　—包含→ 领导审批初审通过的差旅费报销单
　　　　　　—包含→ 将审批通过的差旅费报销单进行财务稽核
　　　　　　—包含→ 将稽核通过的差旅费报销单生成记账凭证
　　　　　　—包含→ 进行结算办理及结算确认

费用报销
业务定义 ←包含—
费用报销
业务内容 ←包含—

基本流程 ←包含—
主要特点 ←包含— 传统财务
模式下费
用报销 ←包含— 基本
理论

评价 ←包含—

基本流程 ←包含—
主要特点 ←包含— 财务共享
中心费用
报销 ←包含—

评价 ←包含—

教学任务一：备用
金及费用报销共享
业务处理 —内容包含→

差旅费业务
处理 ←支持—

实验三：有
借款差旅费
报销 —包含→ 填写差旅费报销单并提交初审
　　　　　　—包含→ 初审通过后提交领导审批
　　　　　　—包含→ 领导审批初审通过的差旅费报销单
　　　　　　—包含→ 将审批通过的差旅费报销单进行财务稽核
　　　　　　—包含→ 将稽核通过的差旅费报销单生成记账凭证
　　　　　　—包含→ 进行结算办理及结算确认

实验四：超
预算差旅费
报销 ←支持—
　　　—包含→ 新建单据"差旅费报销单"
　　　—包含→ 填报差旅费报账单
　　　—包含→ 提交初审
　　　—包含→ 差旅费超出部门月度预算，系统提示拒绝窗口

财务稽核时，"结束日期"
选择为"今天"，再单击
"查找" ←包含—

凭证生成时，"结束日期"
选择为"今天"，再单
击"查找" ←包含— 实训中常见
问题及解决办法

单位结算办理时，在
"单位付款"界面填写
完整信息后，单击"保
存"后才能"提交" ←包含—

实验四超预算差旅费报销，
费用分摊项目为"销售费
用——差旅费" ←包含—

基本
理论 —支持→

实训中常见
问题及解决办法 ←内容包含—

其他费用类型
业务处理 ←内容包含—

实验五：交
通费报销 —包含→ 填写交通费报销单并提交初审
　　　　　—包含→ 扫描并上传报销相关原始凭证影像，初审通过后提交领导审批
　　　　　—包含→ 领导审批初审通过的交通费报销单
　　　　　—包含→ 将审批通过的交通费报销单进行财务稽核
　　　　　—包含→ 将稽核通过的交通费报销单生成记账凭证
　　　　　—包含→ 进行结算办理及结算确认

实验六：业
务招待费报销 —包含→ 填写业务招待费报销单并提交初审
　　　　　　　—包含→ 初审通过后提交领导审批
　　　　　　　—包含→ 领导审批初审通过的业务招待费报销单
　　　　　　　—包含→ 将审批通过的业务招待费报销单进行财务稽核
　　　　　　　—包含→ 将稽核通过的业务招待费报销单生成记账凭证
　　　　　　　—包含→ 进行结算办理及结算确认

实验七：手
机费报销 —包含→ 填写手机费报销单并提交初审
　　　　　—包含→ 初审通过后提交领导审批
　　　　　—包含→ 领导审批初审通过的手机费报销单
　　　　　—包含→ 将审批通过的手机费报销单进行财务稽核
　　　　　—包含→ 将稽核通过的手机费报销单生成记账凭证
　　　　　—包含→ 进行结算办理及结算确认

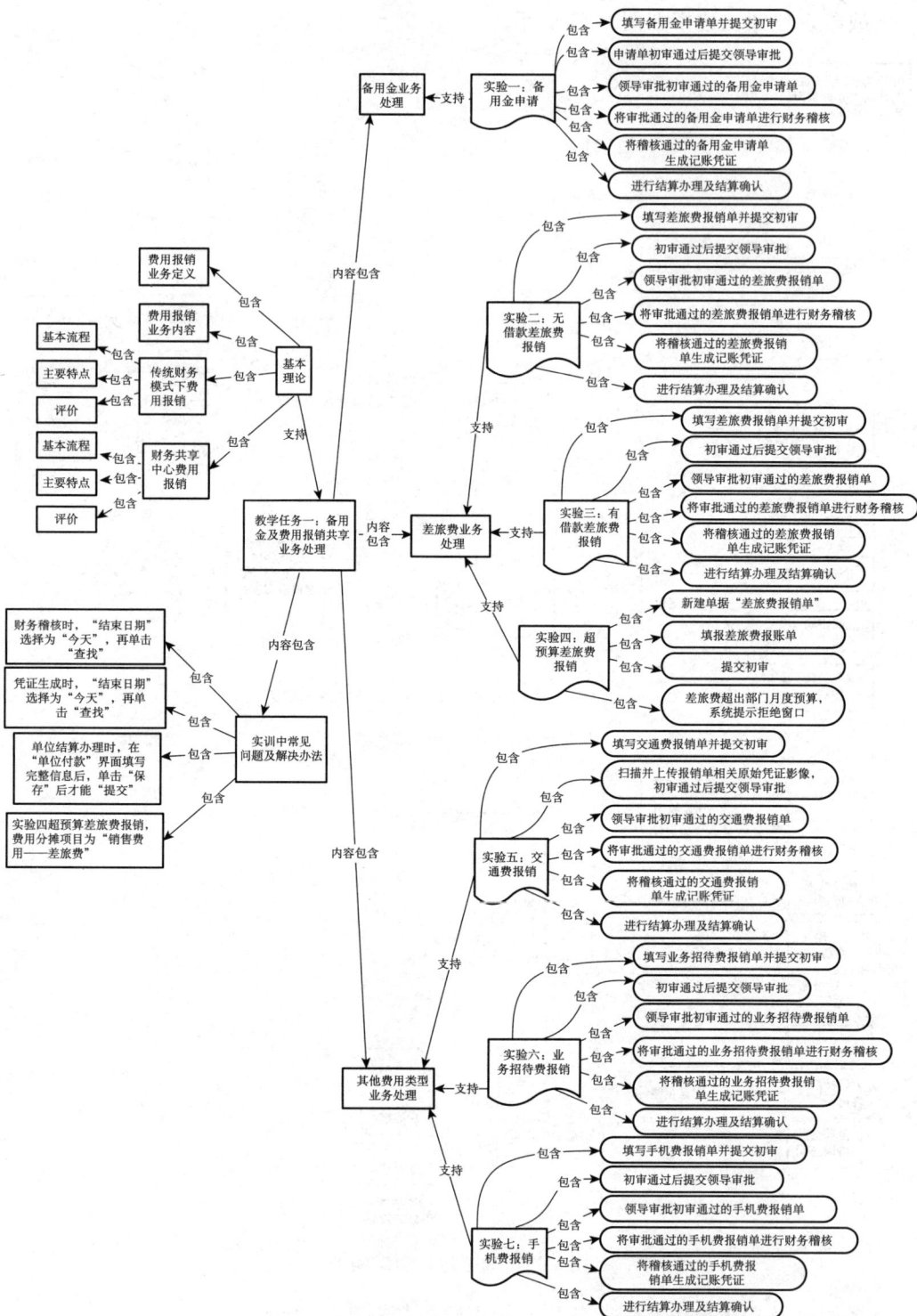

图 4-15　备用金及费用报销共享业务处理知识建模

4.2.2　财务管理学课程知识建模

风险与收益知识建模如图 4-16 所示。

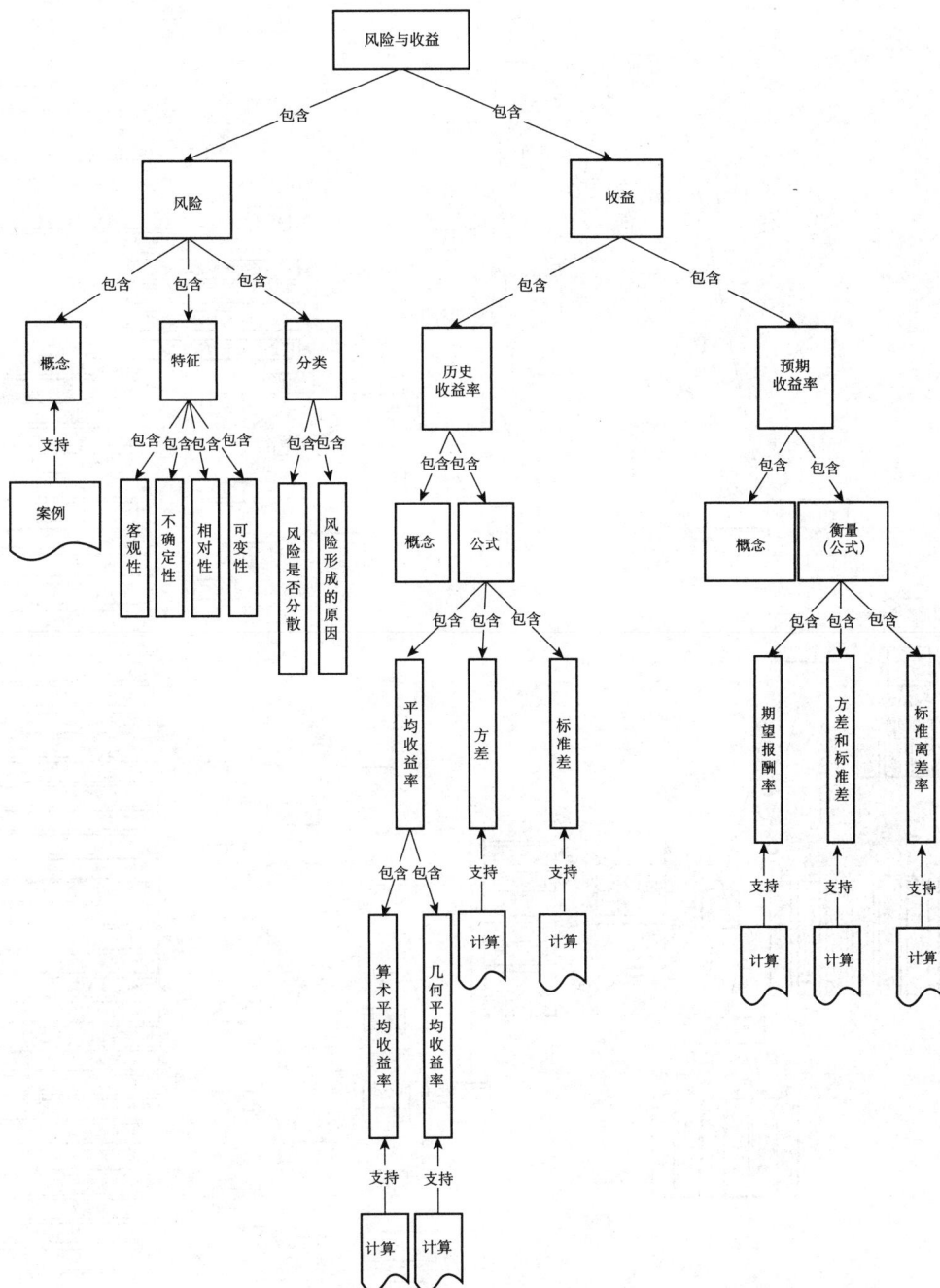

图 4-16　风险与收益知识建模

长期资金的筹措知识建模如图 4-17 所示。

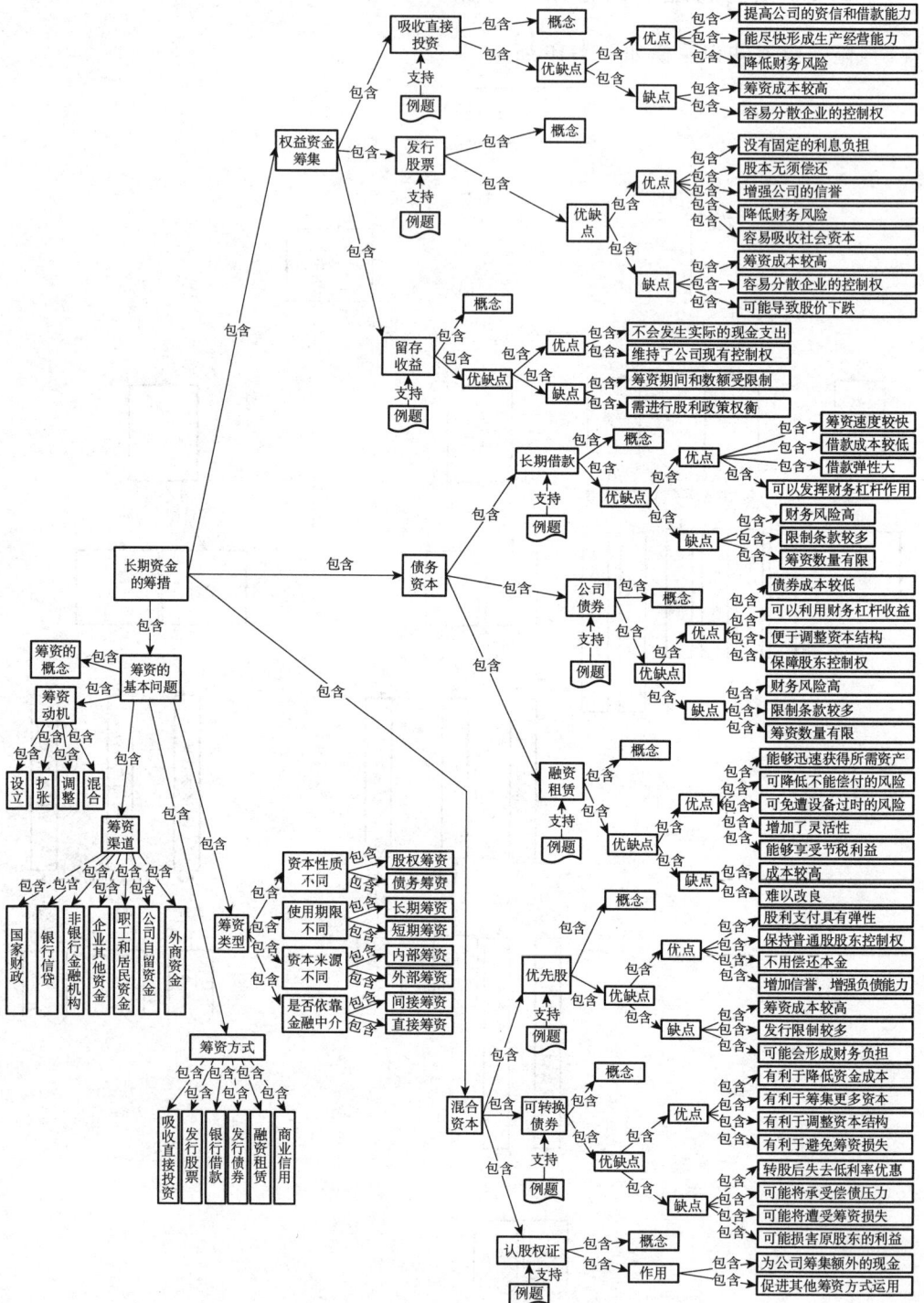

图 4-17　长期资金的筹措知识建模

资本要素与成本计算知识建模如图 4-18 所示。

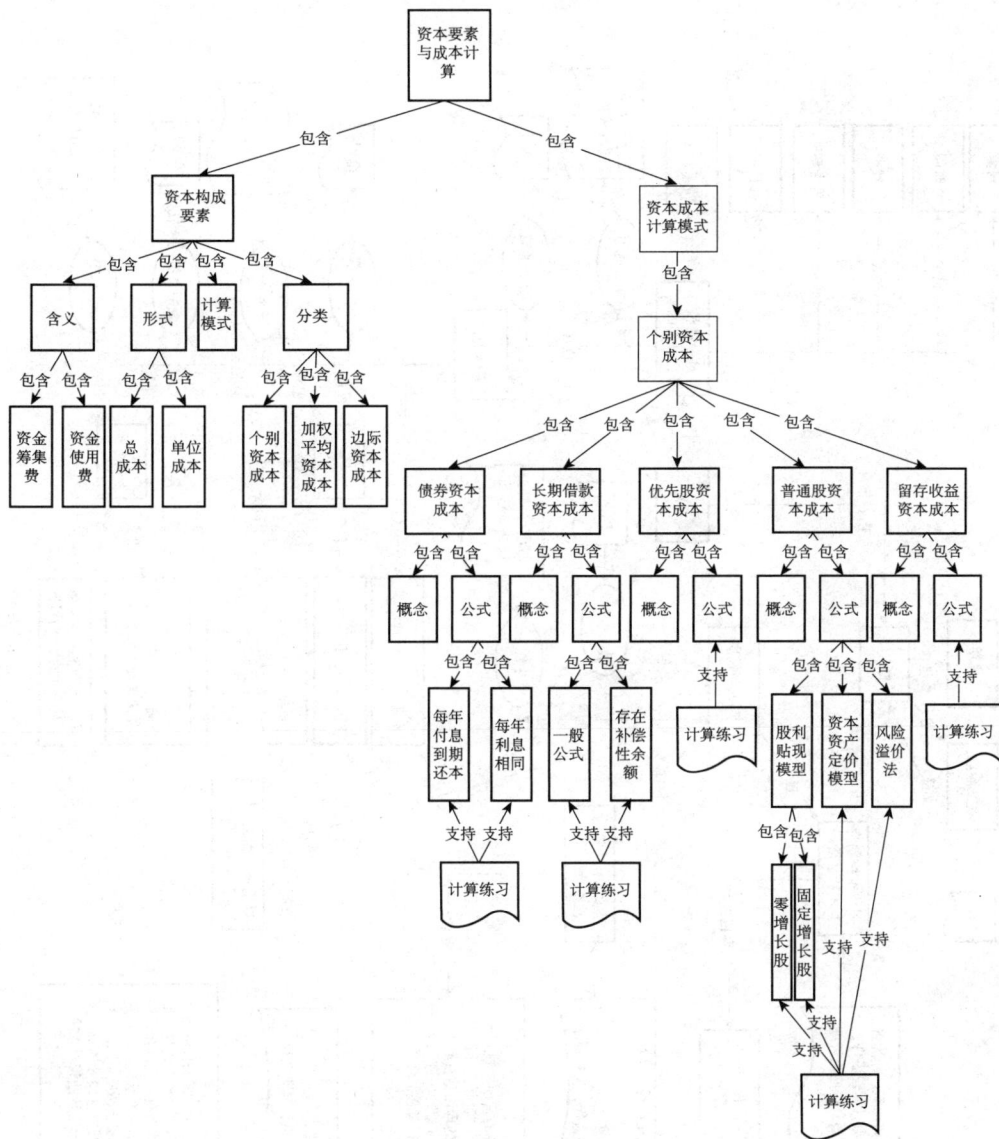

图 4-18　资本要素与成本计算知识建模

4.2.3　成本与管理会计课程知识建模

总论知识建模如图 4-19 所示。

按经济用途分类知识建模如图 4-20 所示。

要素费用的归集和分配知识建模如图 4-21 所示。

变动成本法知识建模如图 4-22 所示。

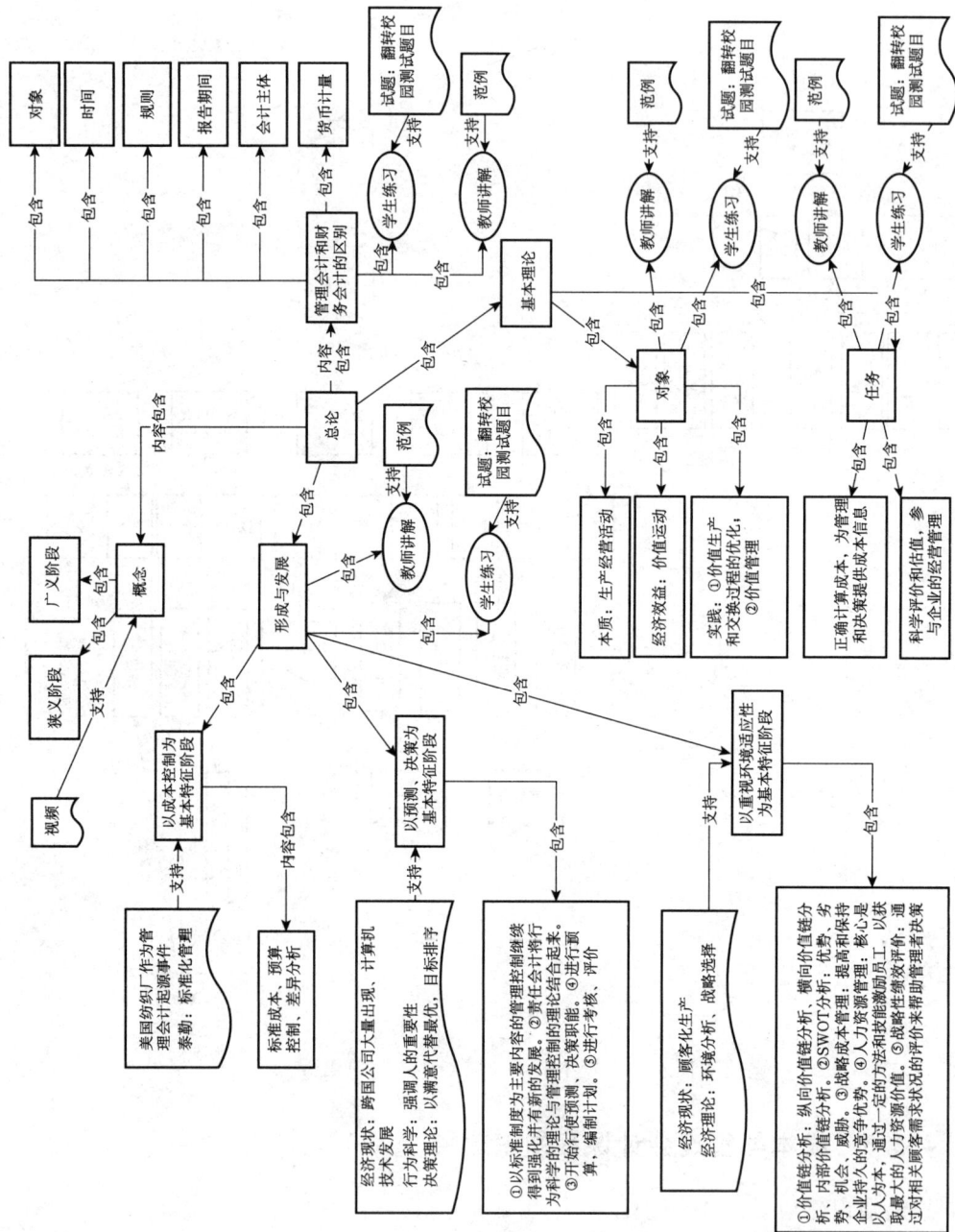

图 4-19 总论知识建模

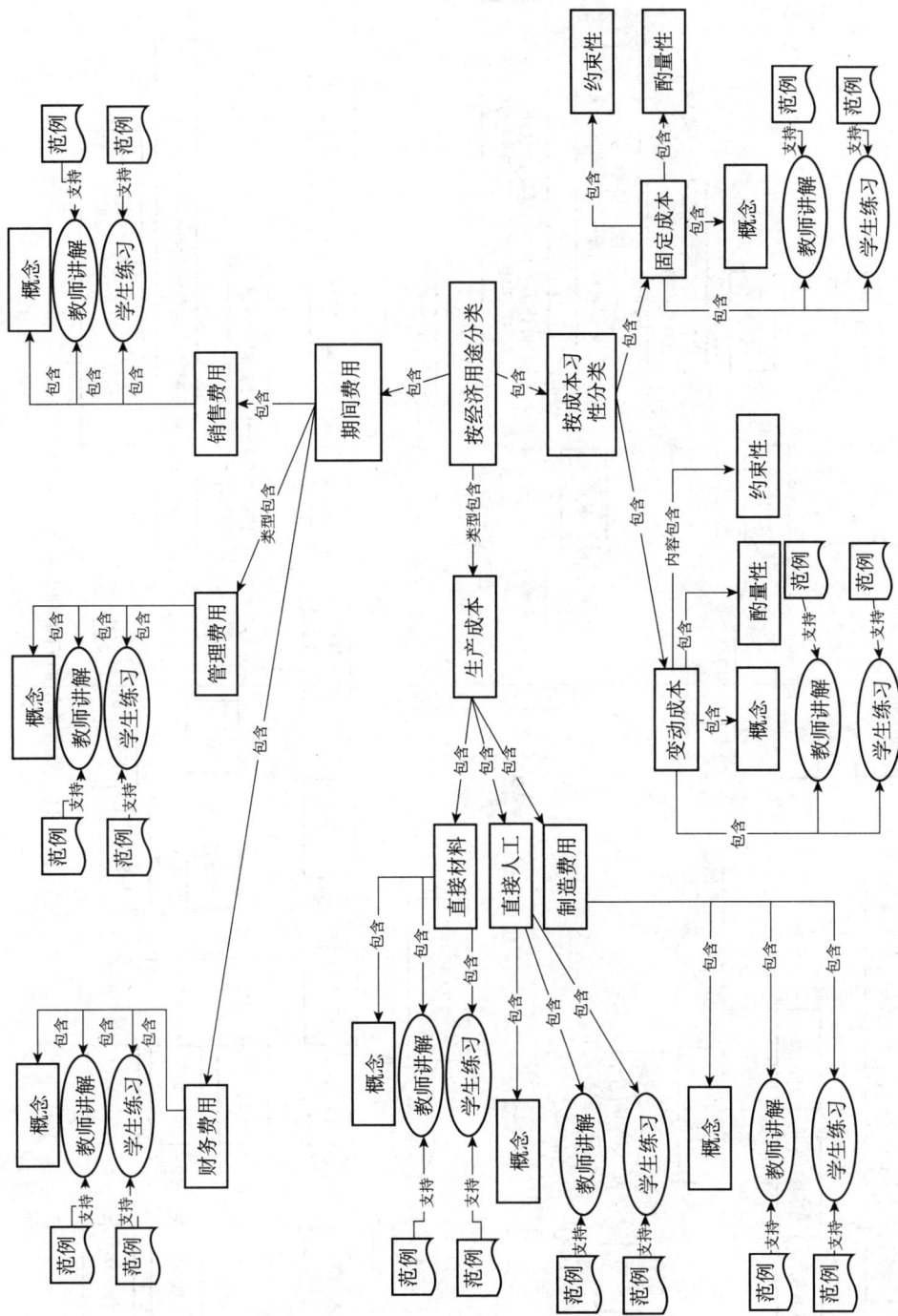

图 4-20 按经济用途分类知识建模

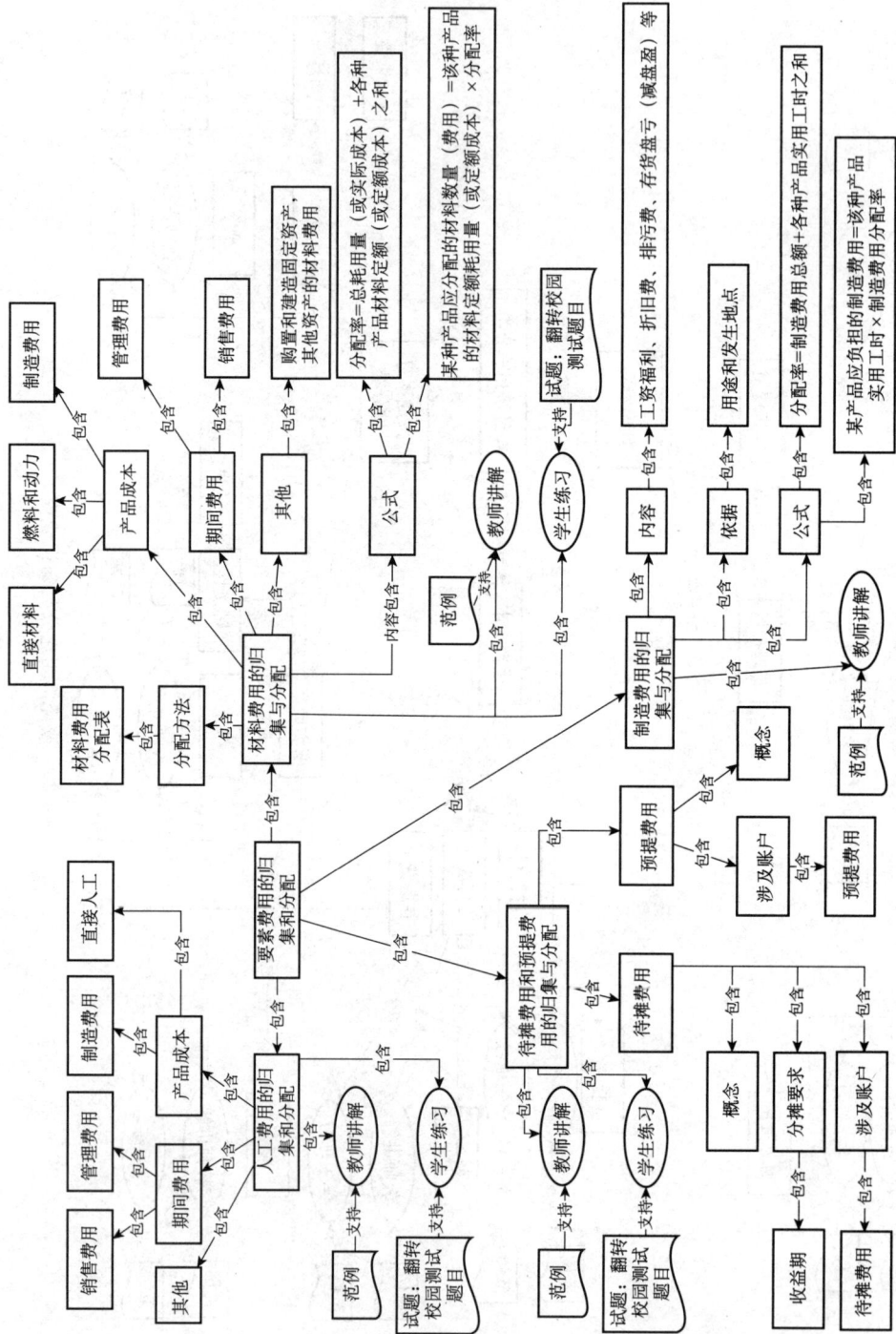

图 4-21 要素费用的归集和分配知识建模

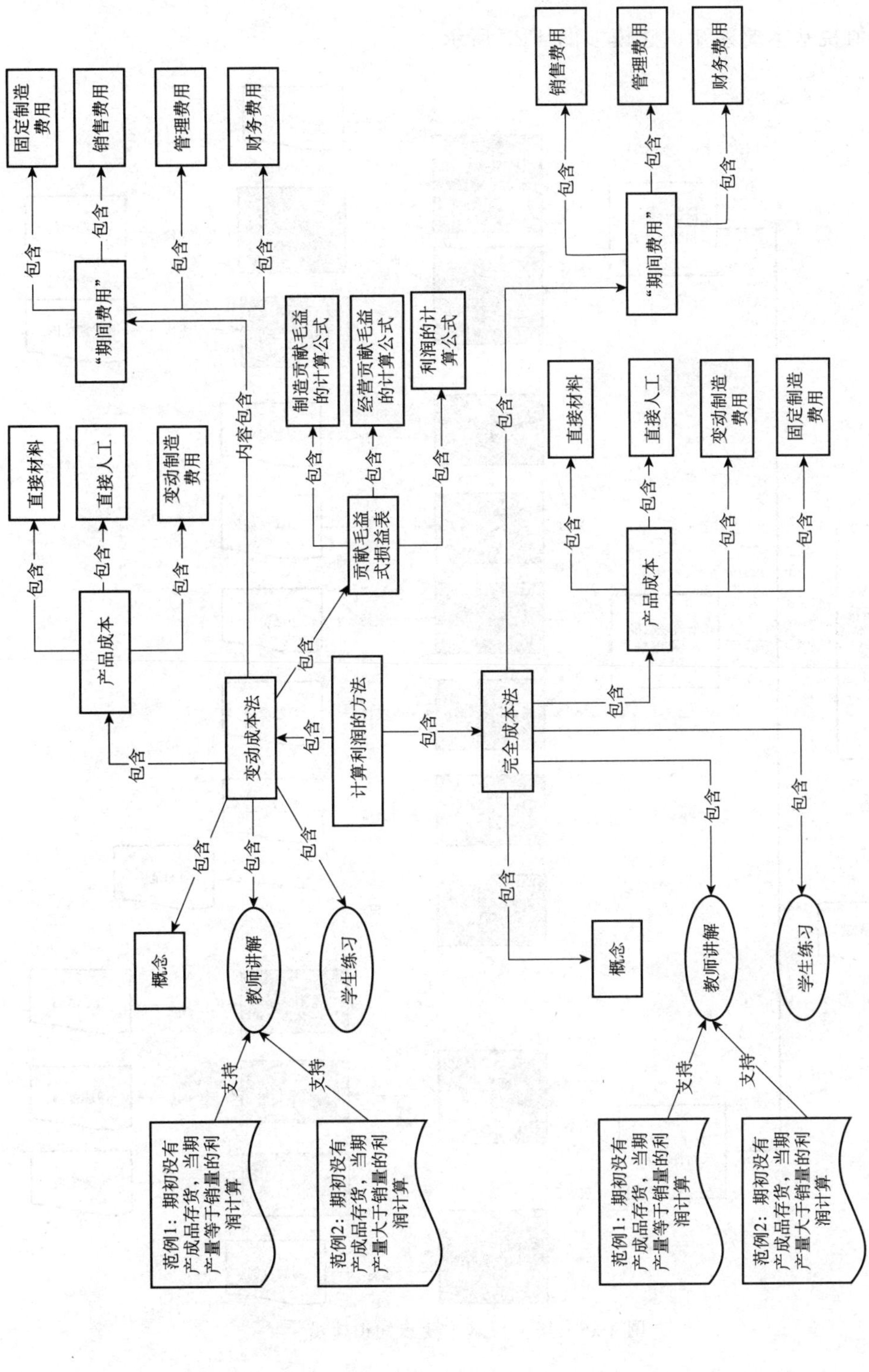

图 4-22　变动成本法知识建模

4.2.4　税法课程知识建模

增值税基本要素知识建模如图 4-23 所示。

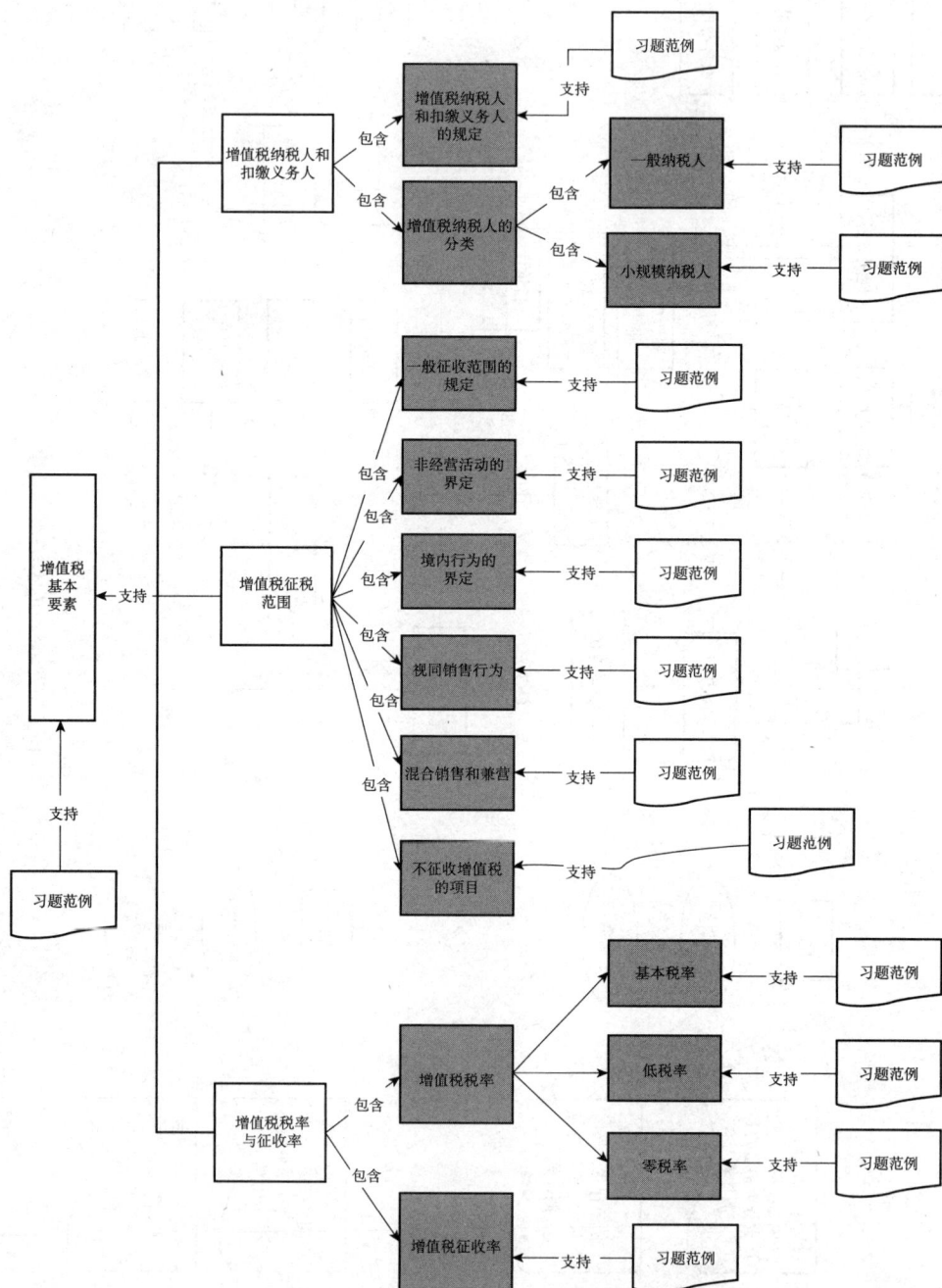

图 4-23　增值税基本要素知识建模

增值税一般计税方法知识建模如图 4-24 所示。

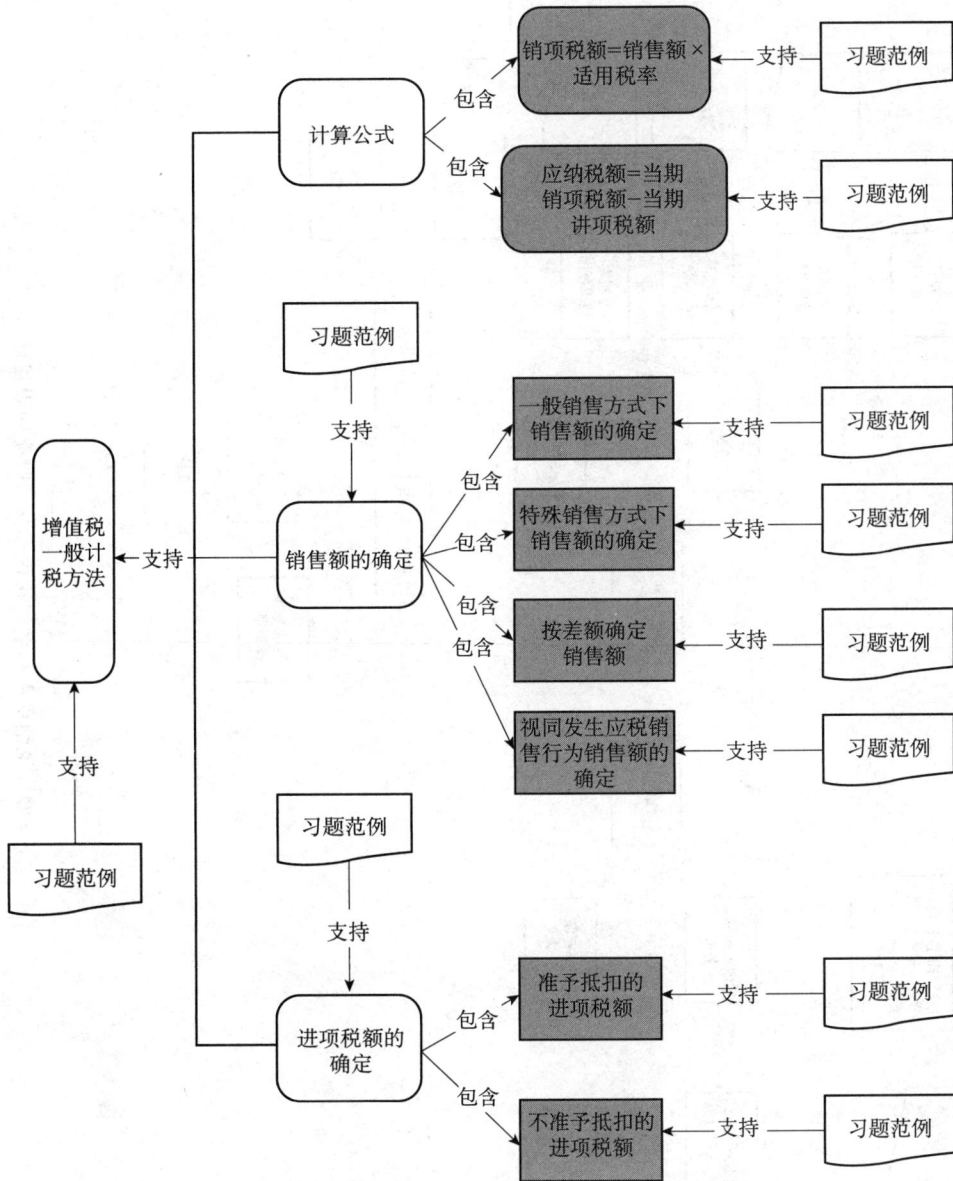

图 4-24 增值税一般计税方法知识建模

增值税纳税人和增值税税率及征收率知识建模如图 4-25 所示。

消费税应纳税额计算建模如图 4-26 所示。

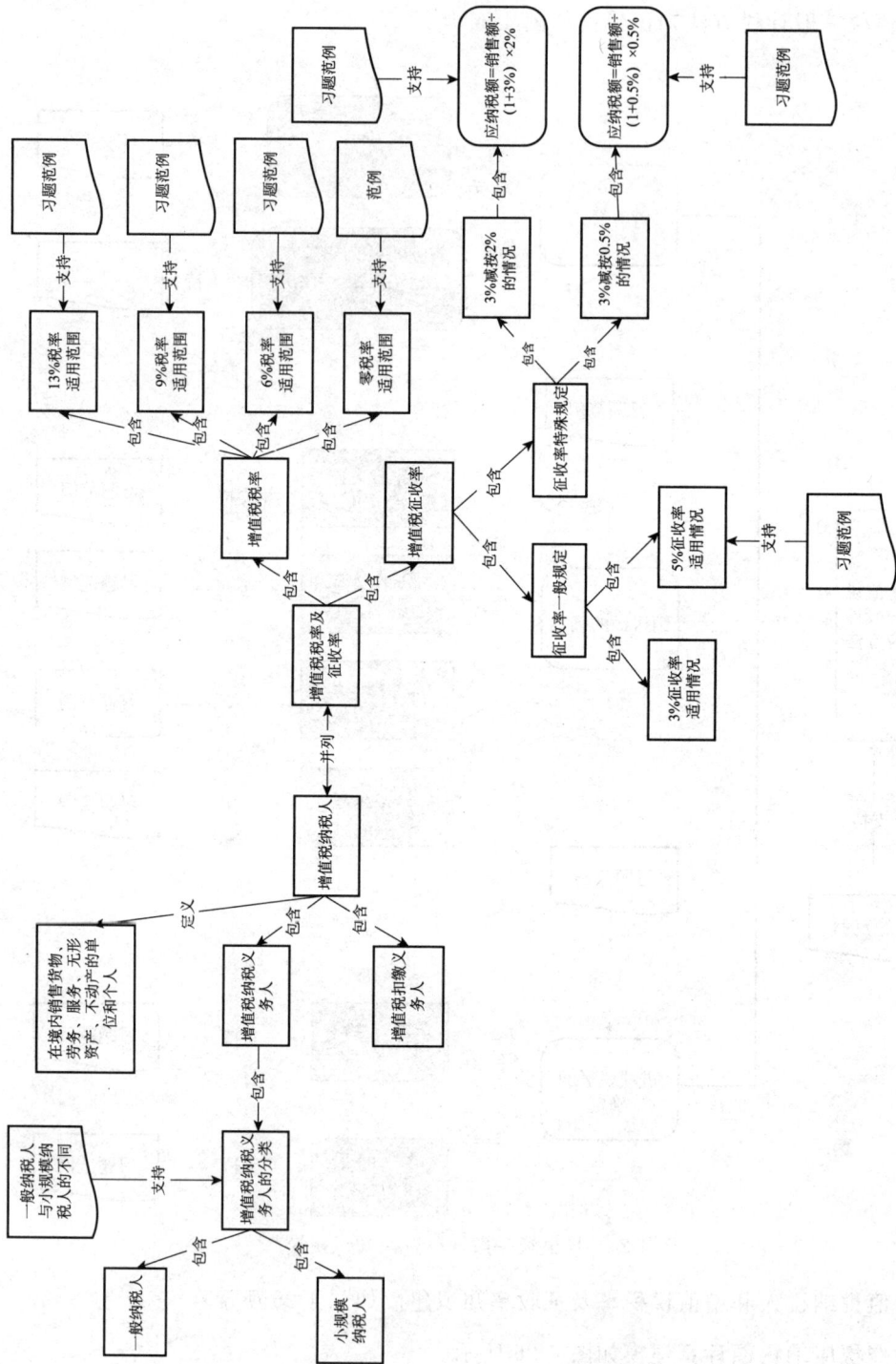

图 4-25 增值税纳税人和增值税税率及征收率知识建模

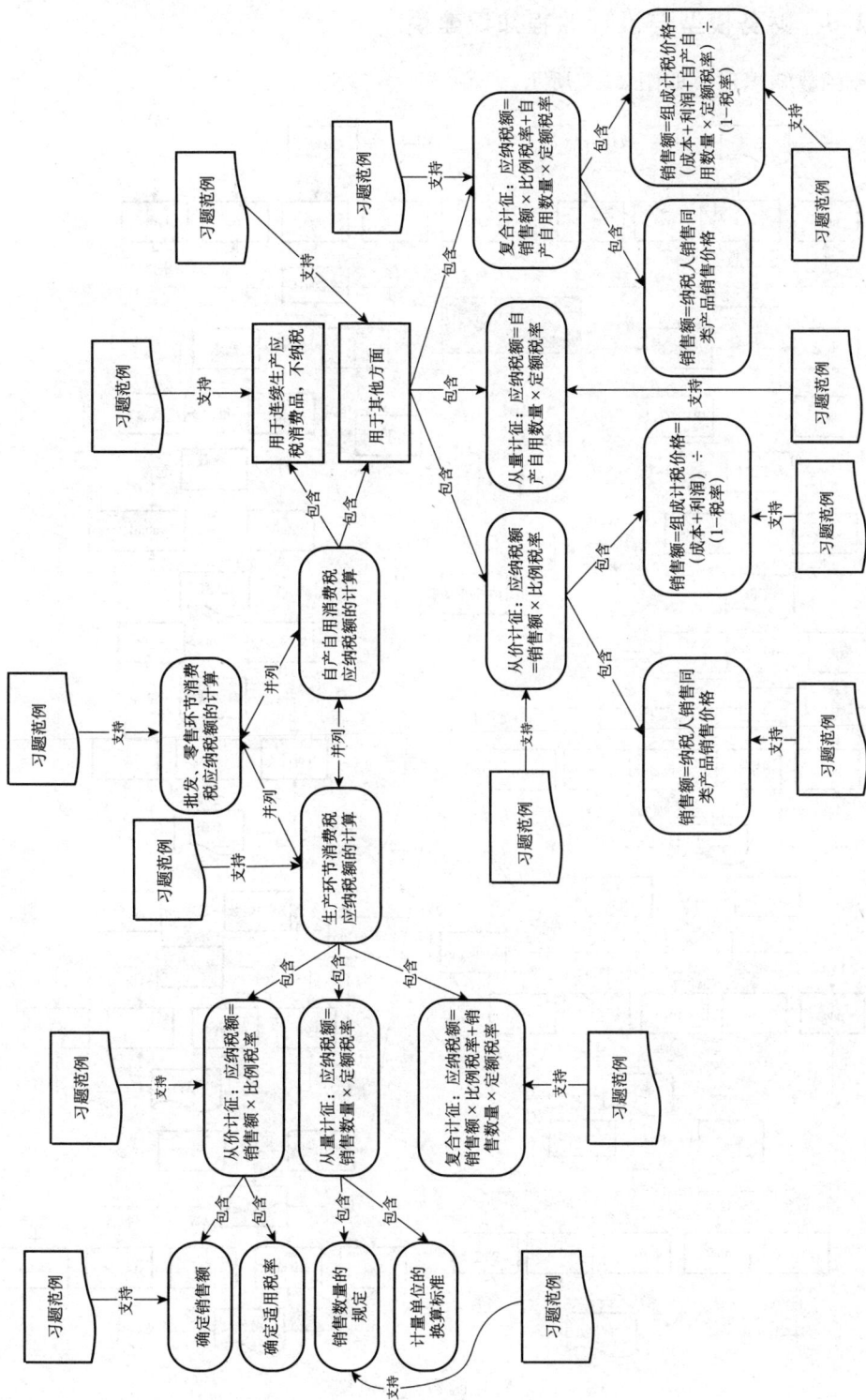

图 4-26　消费税应纳税额计算建模

4.2.5 财务模型与设计课程知识建模

财务函数知识建模如图 4-27 所示。

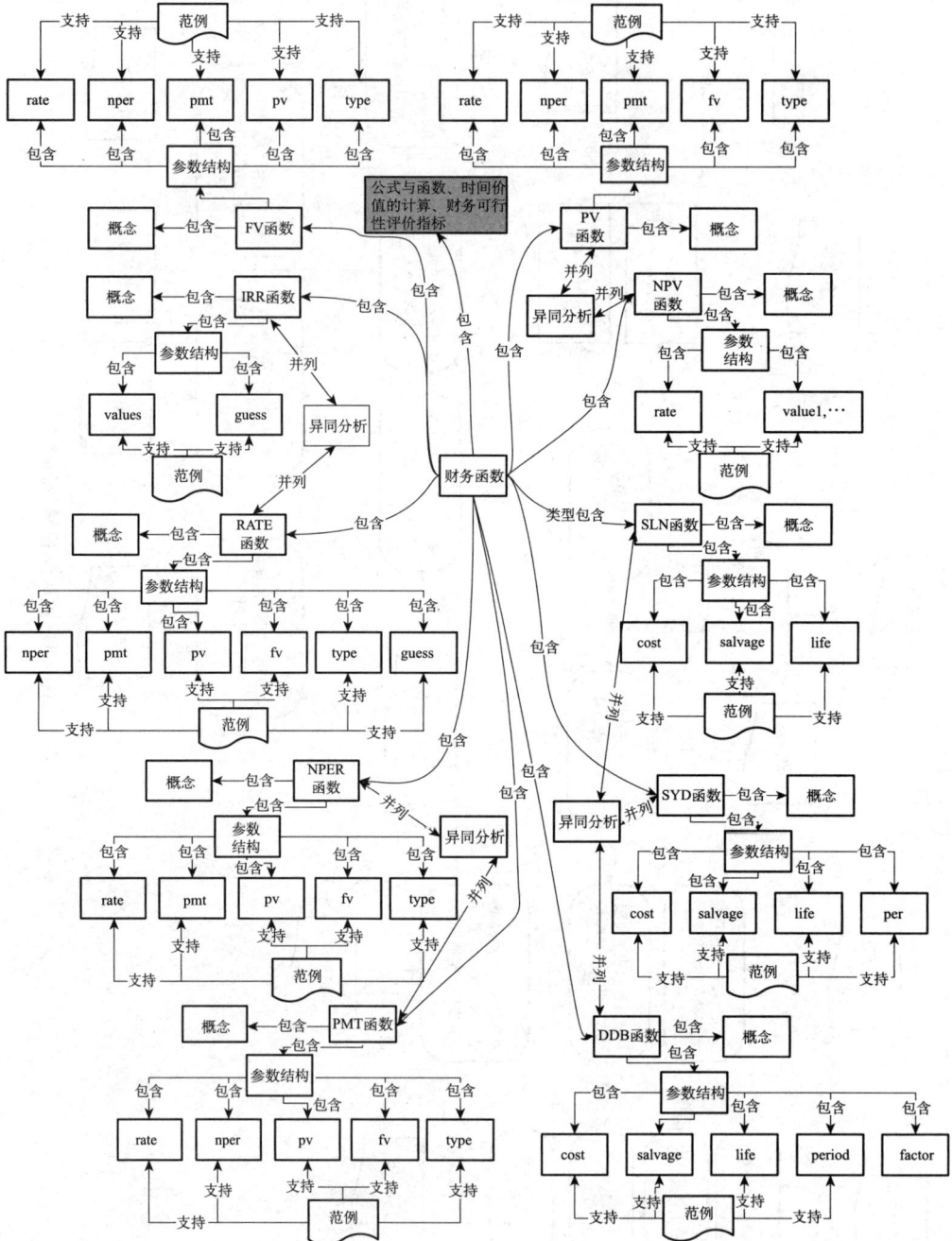

图 4-27 财务函数知识建模

数据透视表知识建模如图 4-28 所示。

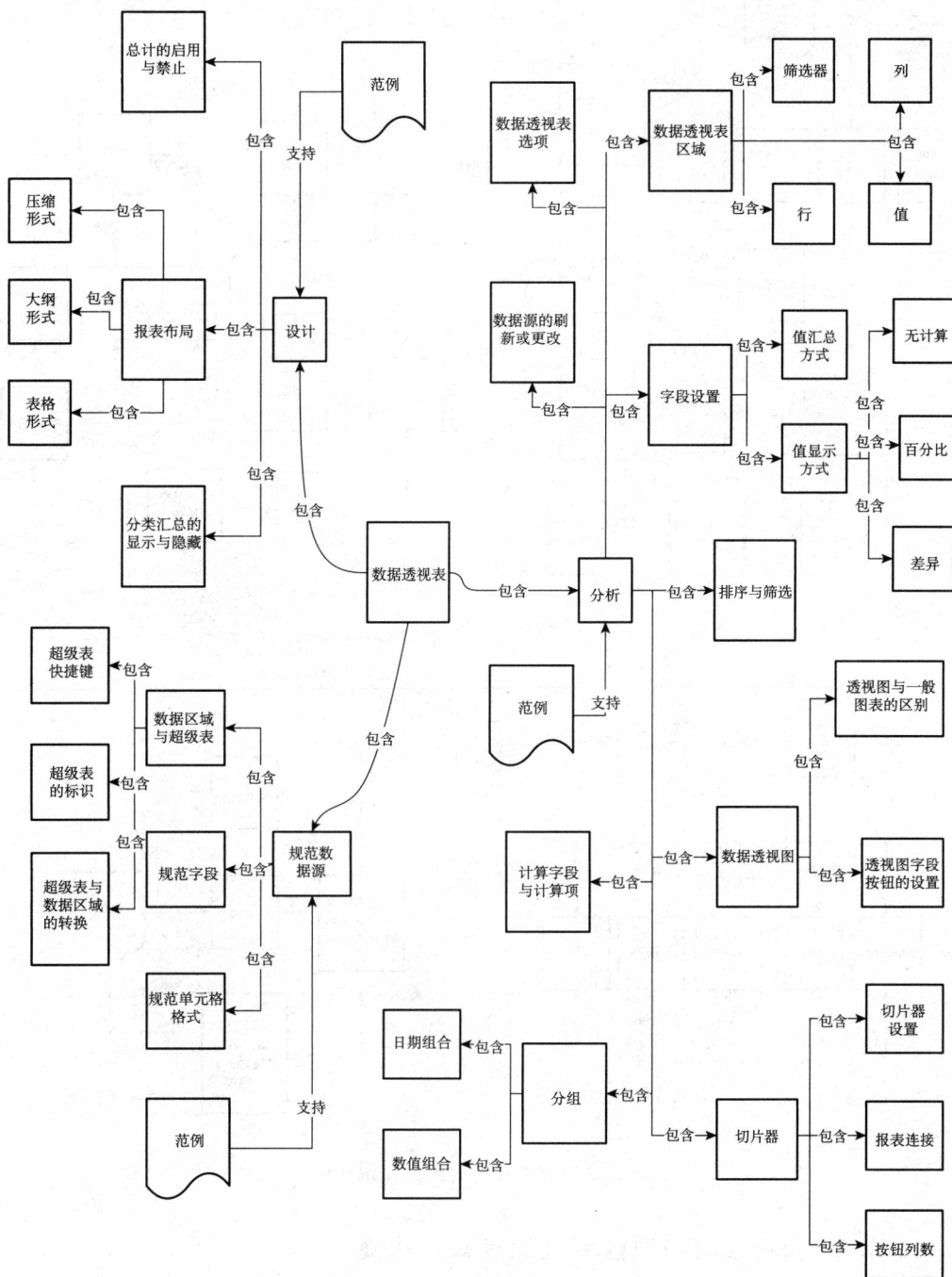

图 4-28 数据透视表知识建模

查找与引用函数知识建模如图 4-29 所示。

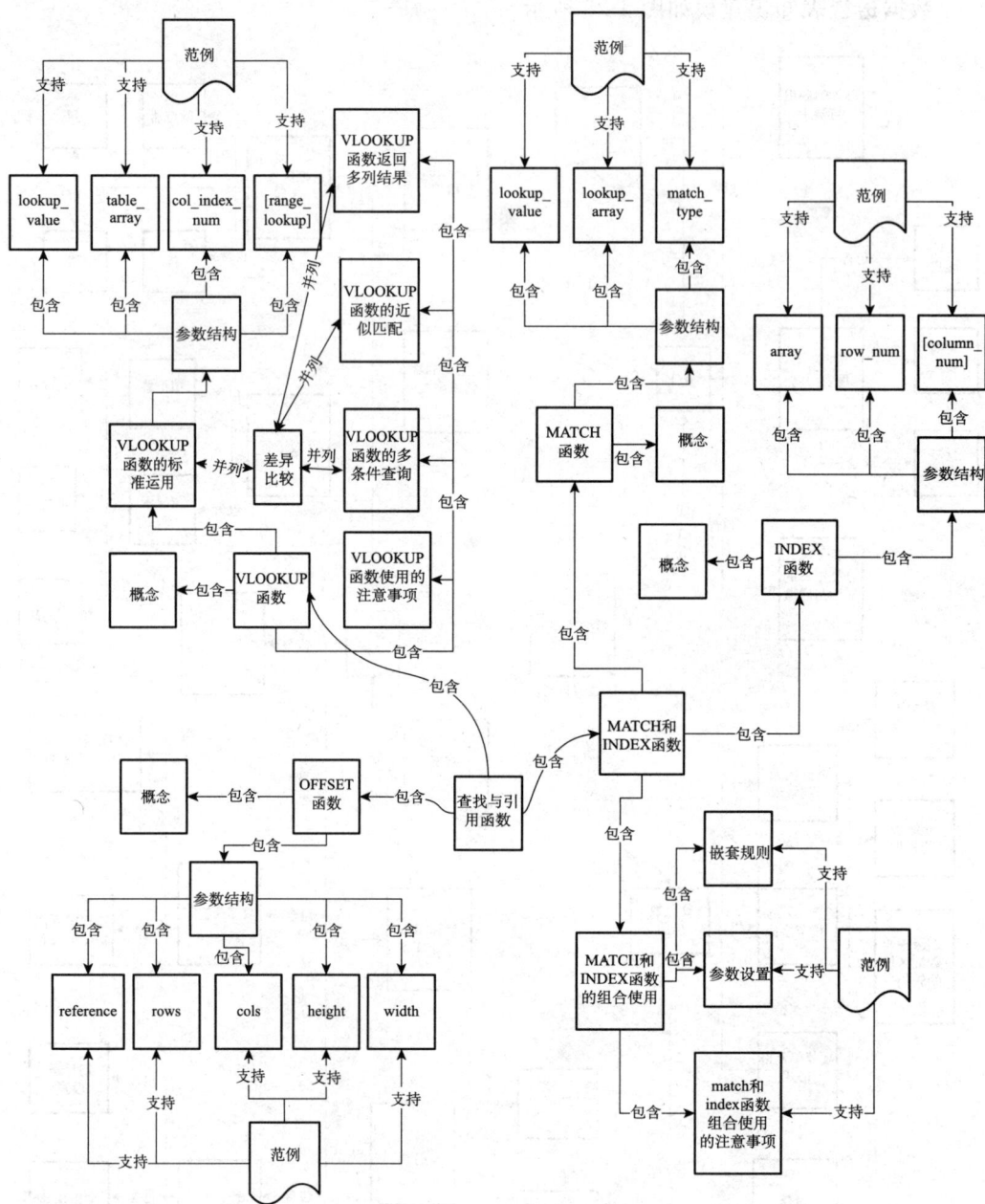

图 4-29　查找与引用函数知识建模

4.2.6　公司战略与风险管理课程知识建模

公司战略管理知识建模 1 如图 4-30 所示。

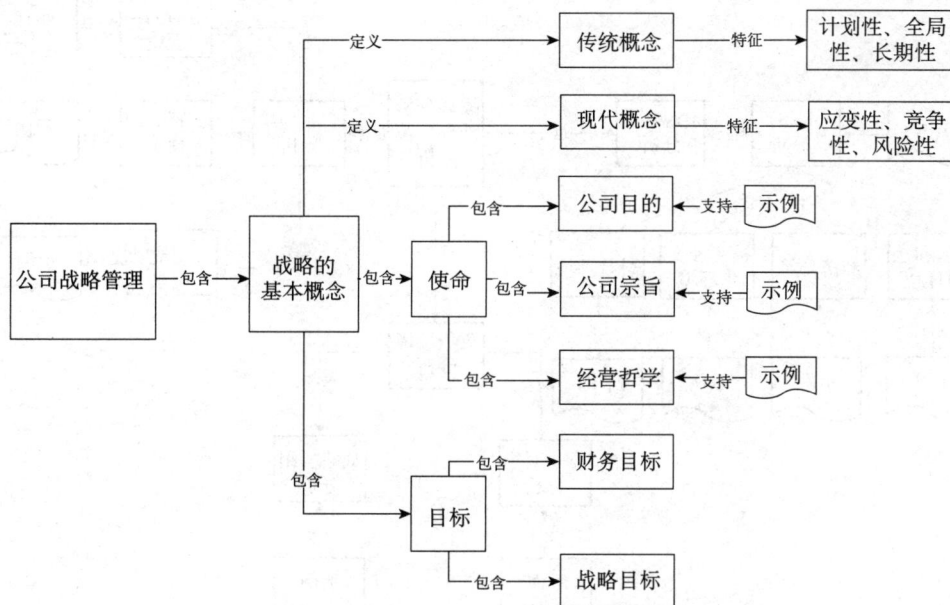

图 4-30　公司战略管理知识建模 1

公司战略管理知识建模 2 如图 4-31 所示。

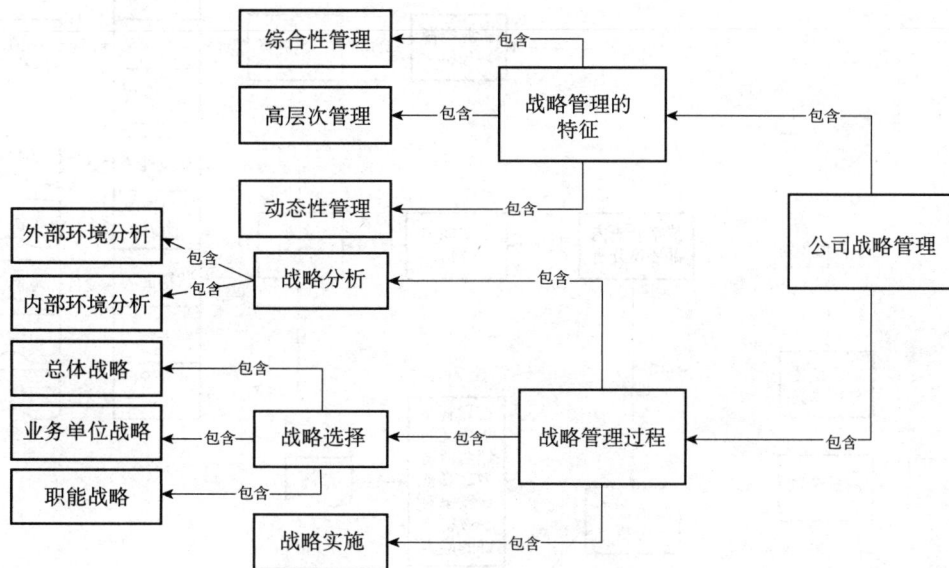

图 4-31　公司战略管理知识建模 2

PEST 分析知识建模如图 4-32 所示。

战略分析内部环境分析知识建模如图 4-33 所示。

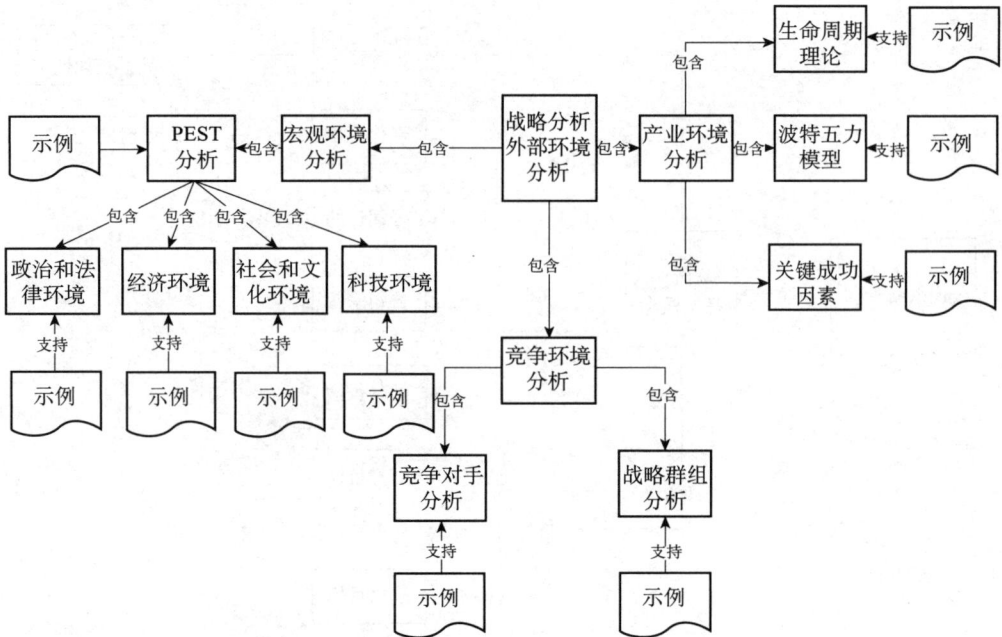

图 4-32 PEST 分析知识建模

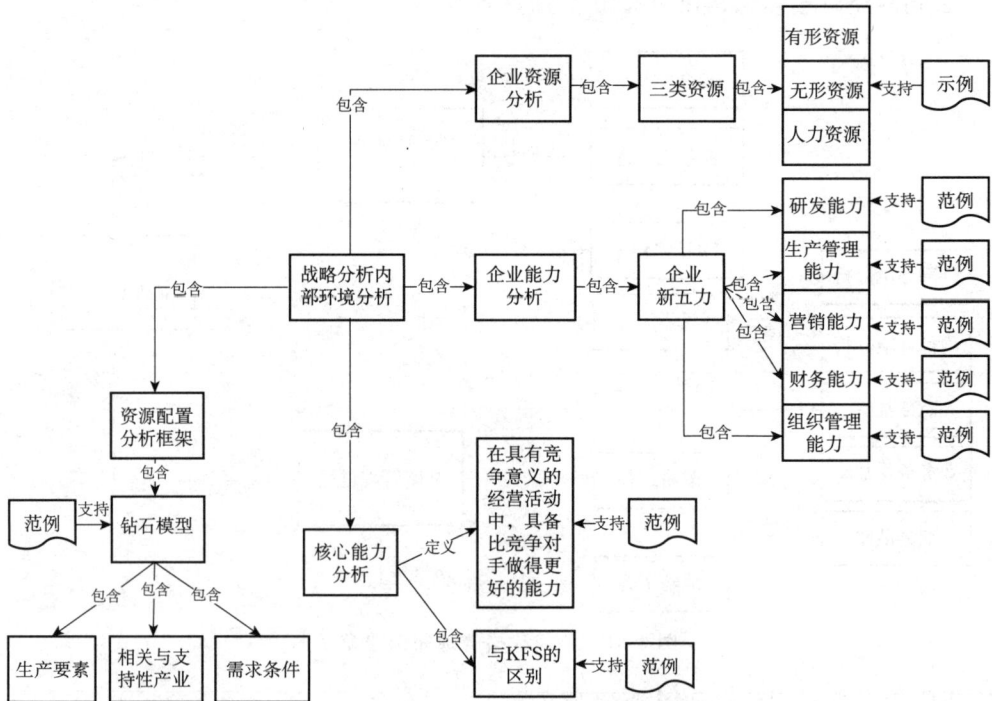

图 4-33 战略分析内部环境分析知识建模

4.2.7　内部控制课程知识建模

内部控制的基本原理知识建模如图 4-34 所示。

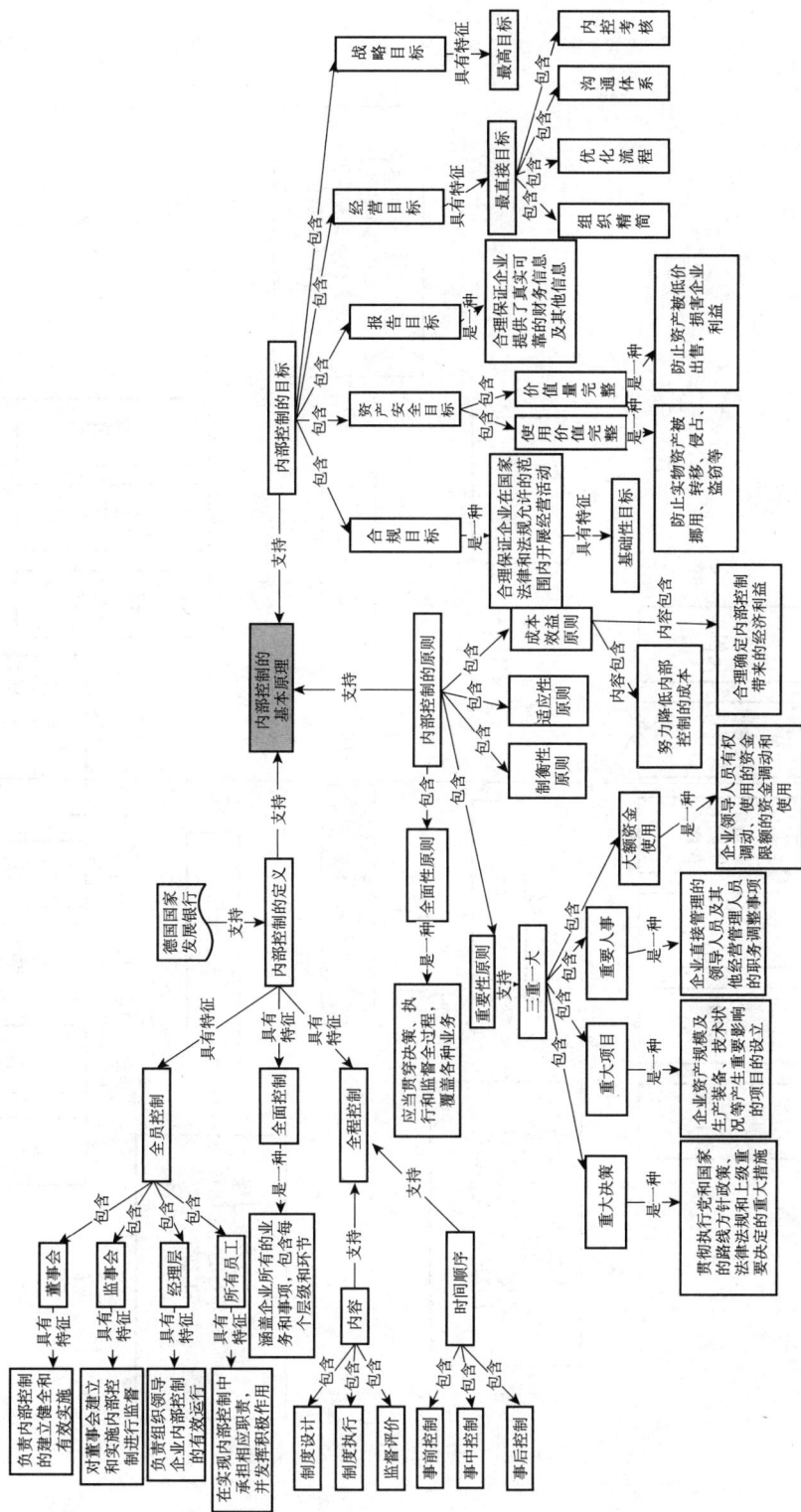

图 4-34　内部控制的基本原理知识建模

内部环境知识建模如图 4-35 所示。

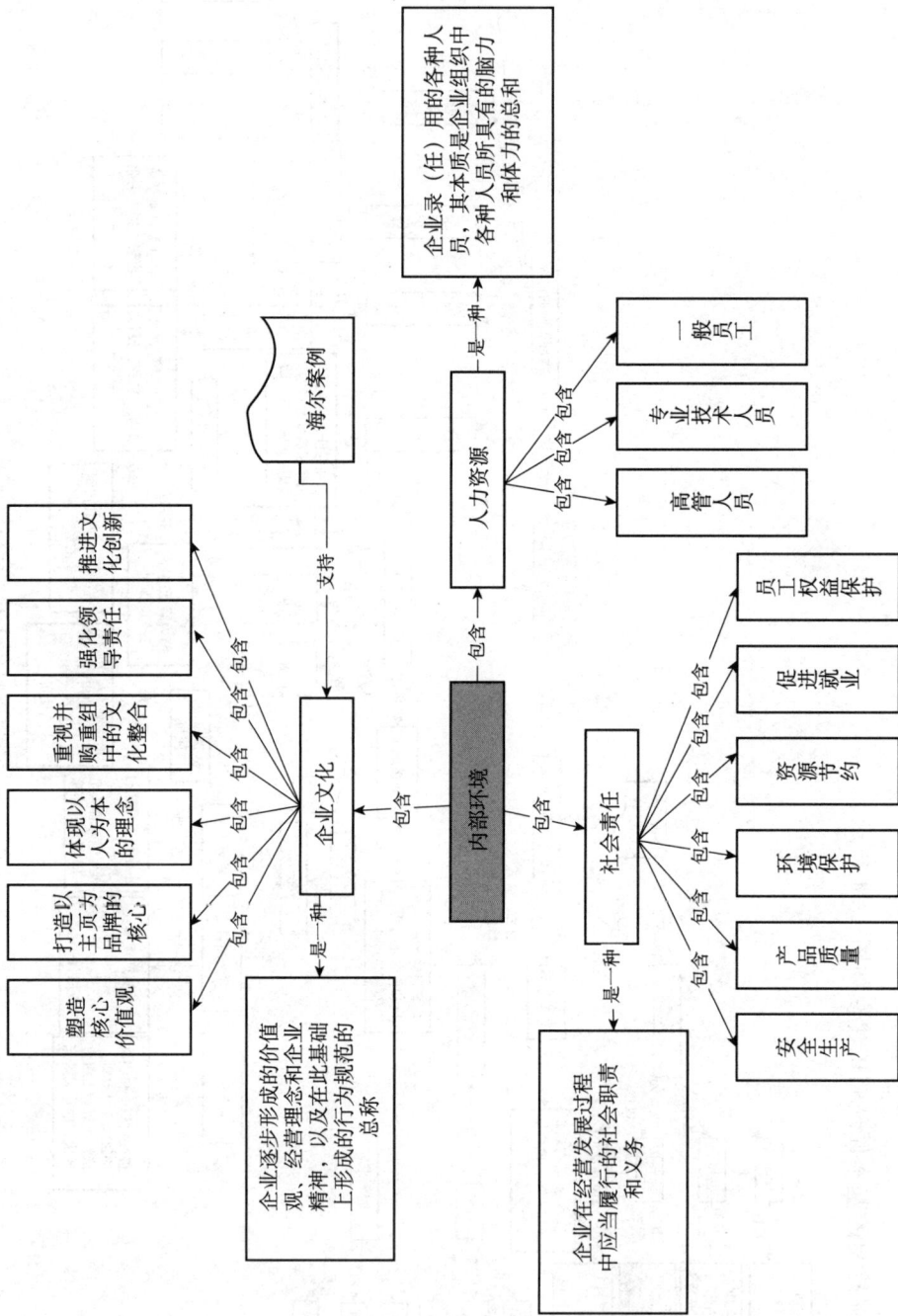

图 4-35 内部环境知识建模

第 5 章

基于 OBE 理念的教学设计

5.1 以项目化教学为核心的教学设计思路

5.1.1 主要思路

OBE 是一种成果追溯教育导向理念,满足社会需求的课程改革方法。基础教育的改革首先出现在美国和澳大利亚。在美国学者威廉·斯派蒂(William G. Spady)所著的《基于产出的教育模式:争议与答案》书中,OBE 被定义为"明确地将教育系统的重点和组织工作围绕确保学生获得实质性的成功来进行,围绕确保学生在未来生活中获得实质性成功的经验来组织教育系统",基于成果的教育意味着在教育系统中明确关注和组织一切,围绕着所有学生在学习经历结束时能够成功完成的重要任务。在 OBE 的教育模式中,学生学什么以及他们是否成功,远比如何学和何时学更重要。教育结构和课程被看作手段而不是目的。教育者必须有明确的证据,证明学生在毕业时应该达到的能力和水平。它寻求设计一个合适的教育结构来维持权力,这显然是与传统的内容驱动和输入导向的教育形成对比的。基于 OBE 理念教育是一种教学方法,要求学校和教师首先明确学习结果,配合多种弹性的个性化学习要求,让学生在学习过程中完成对自我的挑战。

5.1.2 主要目标

特克(Tucker,S. E.)的研究认为,OBE 是一种由学习产出驱动整个教学过程和学生学习结果输出的评价模式。吴秋凤等学者认为:"OBE 理念强调以专业技术成果为基础,重视专业知识及技能的获得。"OBE 理念要求教师必须清楚学生毕业时应达到什么样的结果,然后寻找并设计适宜且有效的方法,使他们达到这些结果。它以教学设计为导向,从结果入手,进行反向教学过程设计,改变传统教学设计的具体思路,形成新背景下教学改革的清晰脉络。

OBE 理念的精神实质是以生为本,从以教师为中心转变为以学生为中心,突出如何对学习产出进行评价,侧重于发展学生的高阶能力,注重教育软环境的建设。OBE理念的实施,就是要围绕预期学习产出(intended learning outcomes,ILOs)来进行,其实施的步骤主要包括定义预期学习成果、实现预期学习成果和评估学习成果。从相关的理论研究来看,OBE 理念在国内外教育领域的应用取得了理想的效果,也在持续拓展和延伸。从理念上来说,相比较传统的"以老师为主"的理念,OBE 是一种"以学生为主"的教学理念。从实践上来说,OBE 是一种聚焦于学生受教育后获得什么能力和能够做什么的培养模式。从方法上来说,OBE 要求一切教育活动、教育过程和课程设计都围绕实现预期的学习结果来开展。

5.1.3 具体路径

从许多普通本科院校的财务管理专业人才培养方案中不难发现,"以学生为中心"的 OBE 理念没有得到充分的重视,存在教学管理比较粗放、教学设计随意、教学内容陈旧、教学效果评价缺乏标准、考核机制不健全等问题,所以引入 OBE 理念来开展课堂教学改革很有必要。

1. 预期学习成果动态优化调整专业人才培养方案

基于 OBE 理念的专业人才培养方案是一个全链系统,涵盖从专业建设规划、人才培养方案制定、课程教学大纲编制、课程教学设计到最终的教学综合评价的各个环节。在该系统中,要解决好培养目标、毕业要求、课程目标三者的关系。

2. "以人才培养为中心"重构课程体系

财务管理专业十分重视应用型人才培养,在人才培养方案的修订中,围绕人才培养的知识、能力和素质三个目标,需要基于 OBE 理念重构与会计应用能力培养相适应的课程体系。一是厚基础,将会计学、财务管理、审计学、会计信息系统、财务报表分析、管理会计、财务战略与风险管理、智能财务决策、财务大数据分析等课程进行深度融合,注重培养复合型人才,同时将大数据、人工智能、移动互联、云计算及课程思政融入课程教学,拓展学生的发展空间。二是重实践,注重学生业务、财务、税务、法务、投融资、公文写作、普通话及外语等应用能力的培养。三是强素养,注重对学生人文、身心、专业、科研、创新、创业、职业等的通识教育。

3. "以学生为中心"推行"项目化教学"融通培养模式

"以学生为中心"就是要着重培养学生实践能力,提高学生知识应用能力。加强产教研融合,采用案例教学、项目化教学、实习紧密结合的方式,校企合作育人不仅要满足企业会计核算和管理工作的要求,还要注重培养学生的综合能力。学生在企业实践中要采用"真账真做"的办法,以岗定教,以岗定学,做到学以致用。鼓励学生获取各类证书,以考促学,以考促教。

4. 基于 OBE 理念反向实施教学设计

反向设计教学设计是从需求(包括国家、社会、行业、用人单位等外部需求和学校、学生、教师等内部需求)开始,由需求决定培养目标,再由培养目标决定毕业要求,再由毕业要求决定课程体系,再由课程体系决定课程目标,再由课程目标决定教学内容。财务管理专业要求学生具备扎实的专业理论知识和过硬的实践能力,"以学生为中心"意味着教学设计的全过程必须坚持以生为本,教学设计中的教学大纲、教学媒介、教学进度计划、教学目标、教学方法、学业评价等都要围绕能力本位,坚持目标导向和问题导向,在思考如何让学生学得更好的同时,要教会学生学习方法,让学生制定职业成长规划。从专业人才培养到课程设计,是一种严谨的内在逻辑关系,它们之间相互印证、相互支撑。

5.2　项目化教学课程教学设计实例

5.2.1　税务会计与纳税筹划教学设计实例

1. 税务会计与纳税筹划课程简介

税务会计与纳税筹划是会计学、财务管理专业的项目化教学课程,先修专业基础课程包括会计学、财务会计、税法。

税务会计与纳税筹划是从企业税务会计岗位出发,以工作过程为导向、以岗位任务为依托,将岗位任务转化为学习任务,工作过程与学习过程有机结合而开发的课程。该课程基于岗位任务,重塑教学内容和教学模式,实现实体税种与税收程序、申报实务与账务处理、法条解读与实务操作的有机统一。课程主要内容包括增值税、企业所得税、个人所得税等税种的纳税申报、税务会计处理、税务筹划等项目任务。

通过该课程的学习,学生能够根据税法政策进行应纳税额的核算,遵循会计准则完成涉税会计处理,合规开展纳税申报和涉税事务性工作,具备诚信纳税的基本素养和职业精神,具有合规税务筹划的职业意识和初步能力,为走向税务会计岗位奠定基础。

2. 税务会计与纳税筹划课程大纲

税务会计与纳税筹划课程大纲见表 5-1。

表 5-1　税务会计与纳税筹划课程大纲

一、课程大纲

课程代码	kg20231xm50	课程名称	税务会计与纳税筹划
授课教师	朱会芳　杨静波		
课程性质	必修	学时	48	学分	3	授课对象	会计学/财务管理
项目来源	a. 企业研发类项目 b. 岗位典型任务和研发类项目相结合 c. 岗位典型案例(仿真模拟) d. 课程领域真实应用案例(仿真模拟) e. 岗位任务真实应用案例(仿真模拟)		
课程目标	能够根据税法政策进行应纳税额的核算,遵循会计准则完成涉税会计处理,合规开展纳税申报和涉税事务性工作,具备合规税务筹划的职业意识和初步能力,具备诚信纳税、合法节税的职业精神		
学习成果	记账凭证,应交增值税明细账簿,应交税费总账,增值税纳税申报表,企业所得税纳税申报表,个人所得税纳税申报表,行为评价量表,考试成绩 划方案,企业所得税纳税筹划方案,个人所得税纳税筹划方案,行为评价量表,考试成绩		
教学方法 (或学习 方法)	填写内容(选择相应选项即可,如有补充请写内容): ☑讲授　☑小组讨论　☑答疑　☑实验　☑实训　☑自主学习　☑其他(请填写)小组汇报、比较法、项目、案例分析		
先修课程	专业基础课程:会计学、税法、财务会计 项目化教学课程:无		
后衔接 课程	应用型课程		

续表

项目	内容
课程资源	自主设计（选择相应项即可，如有补充请填写内容）： □教材 □教辅用书 □拓展书目 □教具 □实验室 □网络平台 □图片 □音频 □视频 □软件 □学科专家、科学家、企业家等社会人士 □实地/现场 □图书馆、博物馆等社会场所 □其他（请填写）案例，PPT、作品/作业、课堂实录等）☑教学过程中生成性资源（如教学活动中提出的问题、学生的 现成资源（选择相应项即可，如有补充请填写内容）： ☑教材 □教辅用书 ☑拓展书目 □教具 ☑实验室 ☑网络平台 □图片 □音频 ☑视频 ☑软件 □学科专家、科学家、企业家等社会人士 ☑实地/现场 □图书馆、博物馆等社会场所 ☑期刊 □其他（请填写）项目

课程评价方式	项目评价模块	平时（60%）				期末（40%）		项目评价标准	
		评价主体				评价主体		具体标准	总体标准
		学生（40%）		教师（60%）		学生（20%）	教师第三方（80%）		
		项目质量（60%）	贡献（40%）	项目质量（90%）	出勤（10%）	贡献	项目质量综合评价		
	涉税会计处理（40分） 增值税（25分）							①进项、其他业务及期末结转： 100分＝税法政策引用20分＋进项税额能否抵扣的判断20分＋税额准确30分＋会计分录、账簿合理处理正确30分 ②销售业务： 100分＝税法政策引用20分＋税额准确30分＋纳税义务时间正确20分＋税额准确30分＋会计分录、账簿合理处理正确30分	经济业务税额核算符合税法政策，金额准确；会计处理符合借贷记账规则，会计分录合理正确

续表

课程评价方式	项目评价模块		平时(60%)				期末(40%)		项目评价标准	
			评价主体				评价主体			
			学生(40%)		教师(60%)		学生(20%)	教师第三方(80%)	具体标准	总体标准
			项目质量(60%)	贡献(40%)	项目质量(90%)	出勤(10%)	贡献	项目质量综合评价		
涉税会计处理(40分)	企业所得税(10分)								100分=差异判断正确10分+应纳税额正确20分+差异性暂时抵扣或递延所得税科目金额准确20分+所得税费用准确20分+会计分录正确30分	经济业务税额核算符合税法政策,金额准确;会计处理符合借贷记账规则及会计处理符合会计准则;会计分录合理正确
	消费税及其他税种(5分)								100分=税法政策引用20分+税额纳税义务时间正确20分+税额准确30分+会计分录账簿合理正确30分	
纳税申报(50分)	增值税及其他附加税费(15分)								100分=销项附表30分+进项附表30分+其他附表10分+主表30分	依照税法政策规范纳税申报,纳税申报表附表和主表各项目符合逻辑金额准确
	企业所得税(25分)								100分=附表70分+主表30分	
	个人所得税(10分)								100分=预扣预缴30分+汇算清缴70分	
税务筹划(10分)	各税种(10分)								100分=经济业务设计具有商业实质20分+依据的税法政策合法40分+税额、利润核算方案40分	经济业务符合商业实质,依据的税法政策合理,税务筹划方案合理规

续表

二、课程教学进度表

周次	课　上			课　下		备注
	课程主题内容	教学场所	计划学时	学习主题内容	学生用时	
第1周	（一）课程介绍 （二）增值税会计 （1）增值税二级科目和专栏的总体认识 （2）增值税进项税相关事项会计处理 ①判断进项税抵扣条件 ②核算进项税额 ③编写进项税进项税相关的会计分录 ④登记增值税明细账簿和应交税费总分类账	教室	4	任务一：通过国家税务总局网站收集、阅读增值税进项税政策 任务二：通过自制视频复习增值税进项税具体规定 任务三：通过发布的案例、项目，进行应交税项税相关业务分析、核算、应税额、编制与应交税费——待转进项税额、应交增值税——待抵扣进项税额、应交税费——应交增值税（进项税额）、应交增值税（进项税转出）相关的会计分录、登记账簿 任务四：通过推送的中国税务报进项税实务资料，开阔税法应用思路，拓展税法灵活应用思维 任务五：通过进项税相关业务会计处理实务，梳理中国大学慕课教材、自主学习 任务六：通过进项税相关业务允许抵扣的政策和不允许抵扣的情形；购进免税农产品允许抵扣、客运支出允许抵扣的情形	12	
第2周	（二）增值税会计 （3）增值税销项税相关事项会计处理 ①判断增值税纳税义务时间 ②核算销项税额	教室	4	任务一：通过国家税务总局网站收集、阅读增值税销项税政策 任务二：通过自制视频复习增值税销项税具体规定	12	

续表

周次	课上			课下		备注
	课程主题内容	教学场所	计划学时	学习主题内容	学生用时	
第2周	③ 编写增值税销项税相关的会计分录 ④ 登记应交增值税明细账簿和应交税费总分类账	教室	4	任务三:通过发布的案例、项目,对不同结算方式、不同销售模式,视同销售、特殊销售业务进行销项税相关业务分析、核算,编制与应交税费——应交增值税(销项税额)相关的会计分录,登记账簿 任务四:通过推送的中国税务报增值税实务资料,开阔税法政策应用思路,拓展税法灵活应用思维 任务五:通过中国大学慕课相关教材、自主学习销项税同销售的情形,销项税会计税依据的具体规定,纳税义务发生时间的具体规定,会计收入确认的条件 任务六:梳理同销售的具体情形,销项税会计核算	12	
第3周	(二)增值税会计 (3)运用增值税销项税额,销项税额抵减业务记录转出待转销项税等相关经济业务 (4)运用增值税其他事项会计处理 运用转让金融商品应交增值税、简易计税、出口退税等明细科目记录特殊的经济业务 (5)运用增值税结转会计处理 运用已交税金、转出未交增值税、转出多交增值税、未交增值税明细科目进行应交增值税期末结转	教室	4	任务一:通过发布的项目,对其他特殊业务进行税额核算,编制相关涉税分录,登记账簿 任务二:通过中国大学慕课相关教材、自主学习其他特殊业务的涉税处理 任务三:梳理、理解预交增值税记录的四种特殊业务应交增值税和纳税申报处理 任务四:使用应交税费——应交增值税(已交税金)、应交税费——应交增值税(转出未交增值税)、应交税费——未交增值税(转出多交增值税)、应交税费——未交增值税明细账户对会计科目对增值税项目进行月末结转 任务五:完成应交税费——应交增值税的月末结转 任务六:完成增值税明细账簿的几个月末汇总和结转	8	

续表

周次	课　上			课　下		备注
	课程主题内容	教学场所	计划学时	学习主题内容	学生用时	
第 4 周	(三)增值税纳税申报 (1)单项目纳税申报 ①采集销项额 ②采集进项税额 ③采集进项税额转出 ④填写销售情况附表 ⑤填写进项情况附表 ⑥填写增值税其他附表 ⑦填写主表	教室	4	任务一:观看发布的增值税纳税申报表视频,预习增值税纳税申报 任务二:通过发布的单项项目,预习并填写销售情况附表,进项情况附表,增值税其他附表及主表	10	
第 5 周	(三)增值税纳税申报 (2)综合项目纳税申报 ①采集销项额 ②采集进项税额 ③采集进项税额转出 ④填写销售情况附表 ⑤填写进项情况附表 ⑥填写增值税其他附表 ⑦填写主表	实训室	4	任务一:通过发布的综合项目,复习并填写销售情况附表,进项情况附表,增值税其他附表及主表	8	
第 6 周	(四)增值税纳税筹划 (1)纳税人身份选择的纳税筹划 (2)销项税额的纳税筹划 (3)进项税额的纳税筹划 (4)其他筹划	实训室	4	任务一:对发布的增值税筹划项目,案例,分析所依据的政策,选择筹划方法,编写筹划方案 任务二:阅读增值税筹划高质量前沿论文 10 篇	4	
第 7 周	(五)企业所得税会计 (1)讲解资产负债表债务法相关基本概念 (2)核算递延所得税资产、递延所得税负债,所得税费用	教室	4	任务一:梳理税会差异项目,具体标准,分类暂时性差异和永久性差异 任务二:通过国家税务总局网站阅读企业所得税法政策	10	

续表

周次	课上 课程主题内容	教学场所	计划学时	课下 学习主题内容	学生用时	备注
第7周	(3) 编写所得税相关会计分录	教室	4	任务三:收集、整理、汇编研发费用加计扣除政策历史沿革;固定资产加速折旧优惠政策历史沿革;小微企业所得税优惠政策历史沿革 任务四:预习并理解基本概念,包括资产、负债计税基础,应纳税暂时性差异,可抵扣暂时性差异,递延所得税资产、递延所得税负债,资产负债表债务法	10	
第8周	(六) 企业所得税纳税申报 (1) 单项目纳税申报 ① 填写预缴申报表 ② 填写汇算清缴附表 a. 填写收入附表 b. 填写成本支出附表 c. 填写期间费用调整附表 d. 填写纳税调整附表 e. 其他附表 ③ 填写汇算清缴主表	实训室	4	任务一:观看发布的企业所得税预缴和汇算清缴纳税申报表填写的视频、预习企业所得税纳税申报 任务二:通过发布的单项的项目,预习并填写企业所得税汇算清缴纳税申报及附表的主表和附表 任务三:复习长期股权投资会计处理	10	
第9周	(六) 综合项目纳税申报 (2) 综合项目纳税申报 ① 填写预缴申报表 ② 填写汇算清缴附表 a. 填写收入附表 b. 填写成本支出附表 c. 填写期间费用调整附表 d. 填写纳税调整附表 e. 其他附表 ③ 填写汇算清缴主表	实训室	4	任务:通过发布的综合项目,复习填写企业所得税汇算清缴纳税申报附表及主表	6	

续表

周次	课　上		课　下		备注
	课程主题内容	教学场所	计划学时	学习主题内容	学生用时	
第 10 周	(七)企业所得税纳税筹划 (1)纳税人的筹划 (2)收入确认的纳税筹划 (3)税前扣除项目的纳税筹划 (4)企业所得税率的纳税筹划 (5)其他筹划	教室	4	任务一:分析发布的企业所得税筹划项目和案例,明确筹划所依据的政策,选择筹划方案,并编写企业所得税筹划方案 任务二:阅读企业所得税筹划高质量前沿论文 10 篇	6	
第 11 周	(八)个人所得税会计、纳税申报与筹划 (1)综合所得预扣预缴和汇算清缴纳税申报 (2)个人所得税会计处理 (3)个人所得税纳税筹划	实训室	4	任务一:观看发布的个人所得税预扣预缴和汇算清缴纳税申报视频,预习个人所得税的纳税申报 任务二:分析发布的个人所得税筹划项目和案例,明确筹划所依据的政策,选择筹划方案,并编写个人所得税筹划方案 任务三:阅读个人所得税筹划高质量前沿论文 10 篇	8	
第 12 周	(九)消费税及其他税种会计、纳税申报及筹划 (1)纳税申报 (2)会计处理 (3)纳税筹划	实训室	4	任务一:填写消费税纳税申报表 任务二:核算消费税、土地增值税相关税额,并进行涉税会计处理 任务三:对消费税进项税筹划、土地增值税纳税筹划 任务四:阅读土地增值税纳税筹划论文 5 篇	4	
合　计			48	合　计	98	

3. 税务会计与纳税筹划教学设计展示

税务会计与纳税筹划项目化教学课程教案如表 5-2～表 5～4 所示。

表 5-2 税务会计与纳税筹划项目化教学课程教案（一）

2023—2024 学年第一学期第 2 周（7～8 课时：销项税会计处理 2）

知识建模图（课上＋课下）（2 课时，100 分钟）：

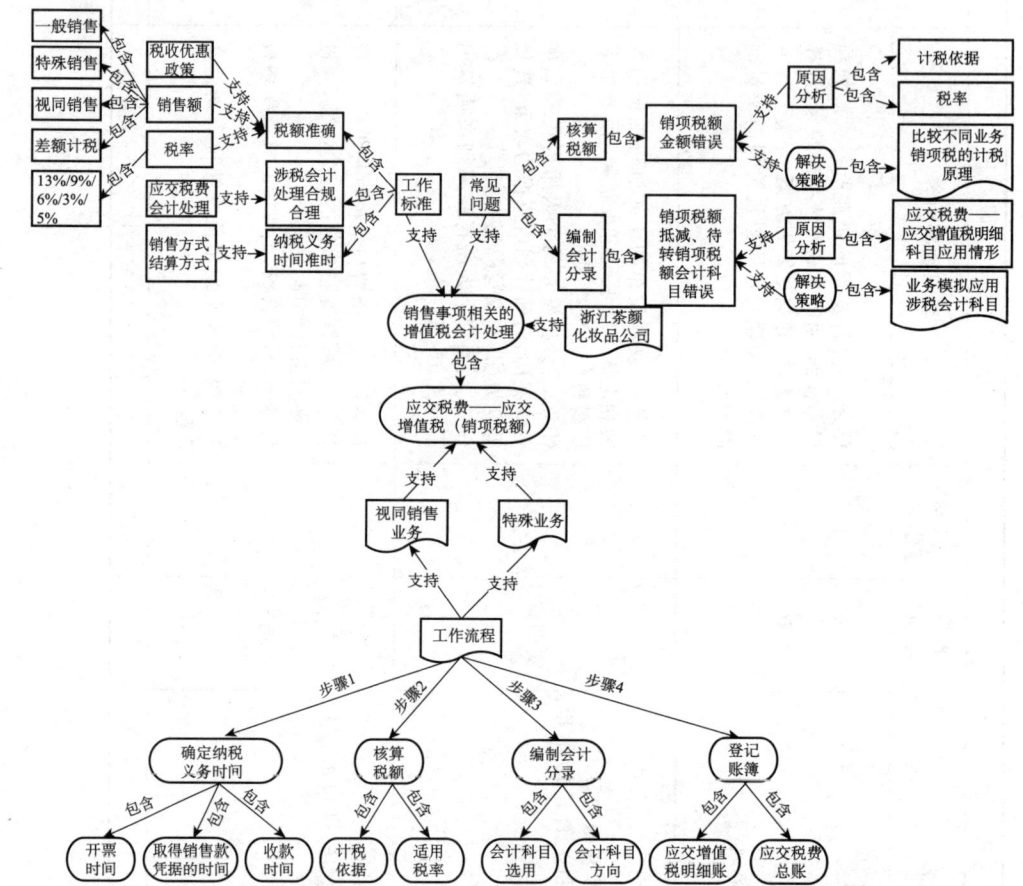

知识建模图中的节点与关系：

一般销售、特殊销售、视同销售、差额计税、13%/9%/6%/3%/5% —包含→ 销售额、税率、应交税费会计处理、销售方式结算方式

税收优惠政策、销售额、税率 —支持→ 税额准确

应交税费会计处理 —支持→ 涉税会计处理合规合理

销售方式结算方式 —支持→ 纳税义务时间准时

税额准确、涉税会计处理合规合理、纳税义务时间准时 —包含→ 工作标准

工作标准、常见问题 —支持→ 销售事项相关的增值税会计处理

常见问题 —包含→ 核算税额、编制会计分录

核算税额 —包含→ 销项税额金额错误

编制会计分录 —包含→ 销项税额抵减、待转销项税额会计科目错误

销项税额金额错误 —原因分析→ 计税依据、税率；—解决策略→ 比较不同业务销项税的计税原理

销项税额抵减、待转销项税额会计科目错误 —原因分析→ 应交税费——应交增值税明细科目应用情形；—解决策略→ 业务模拟应用涉税会计科目

浙江茶颜化妆品公司 —支持→ 销售事项相关的增值税会计处理

销售事项相关的增值税会计处理 —包含→ 应交税费——应交增值税（销项税额）

视同销售业务、特殊业务 —支持→ 应交税费——应交增值税（销项税额）

工作流程 —支持→ 视同销售业务、特殊业务

工作流程：步骤1 确定纳税义务时间、步骤2 核算税额、步骤3 编制会计分录、步骤4 登记账簿

确定纳税义务时间 —包含→ 开票时间、取得销售款凭据的时间、收款时间

核算税额 —包含→ 计税依据、适用税率

编制会计分录 —包含→ 会计科目选用、会计科目方向

登记账簿 —包含→ 应交增值税明细账、应交税费总账

学习目标	知识点（学习水平）	能力目标	素质目标
学习目标	应交税费——应交增值税（销项税额）（运用） 准确确定视同销售、特殊销售业务的增值税纳税义务时间（运用） 正确核算视同销售、特殊销售业务的增值税额（运用） 正确编写视同销售、特殊销售业务的涉税会计分录（运用）	运用批判性思维审视不同税务政策的合理性与可行性，具备对视同销售、特殊销售行为的增值税销项税会计处理能力	具备诚信纳税、合法合规合理纳税的职业精神

续表

	知识点(学习水平)			
学习先决 知识技能	税收优惠政策(理解) 销售额的确定(理解) 税率(记忆) 应交税费会计处理(记忆、理解) 销售方式、结算方式下销项税额的确认(理解)			
课上资源	① PPT ② 浙江茶颜化妆品公司项目 ③ 案例 ④ 教材:《税务会计与税务筹划》,盖地主编,2021 年8 月,中国人民大学出版社	课下资源	① 浙江茶颜化妆品公司项目 ② 自制视频 ③ 中国大学慕课《税务会计》,中南财经政法大学 ④ 国家税务总局网站税收政策模块 ⑤ 中国税务报 ⑥ 案例 ⑦ 教材:《税务会计与税务筹划》,盖地主编,2021 年8 月,中国人民大学出版社	
课上时间	100 分钟	课下时间	240 分钟	
活动序列	任务的学习目标	时　间	学习资源	学习地点
活动 1	应交税费——应交增值税 (销项税额)(运用) 准确确定视同销售行为增值税纳税义务时间(运用) 正确核算视同销售行为增值税额(运用) 正确编写视同销售涉税会计分录(运用)	课上 50 分钟	① PPT ② 浙江茶颜化妆品公司项目 ③ 案例 ④ 教材:《税务会计与税务筹划》,盖地主编,2021 年8 月,中国人民大学出版社	课上
		课下 120 分钟	① 浙江茶颜化妆品公司项目 ② 自制视频 ③ 中国大学慕课《税务会计》,中南财经政法大学 ④ 国家税务总局网站税收政策模块 ⑤ 中国税务报 ⑥ 案例 ⑦ 教材:《税务会计与税务筹划》,盖地主编,2021 年8 月,中国人民大学出版社	课下

续表

活动序列	任务的学习目标	时　间	学习资源	学习地点
活动 2	应交税费——应交增值税（销项税额）（运用） 准确确定特殊业务员增值税纳税义务时间（运用） 正确核算特殊业务增值税额（运用） 正确编写特殊业务的涉税会计分录（运用）	课上 50 分钟	同"活动 1 课上学习资源"	课上
		课下 120 分钟	同"活动 1 课下学习资源"	课下

活动 1 知识建模图（课上＋课下）：

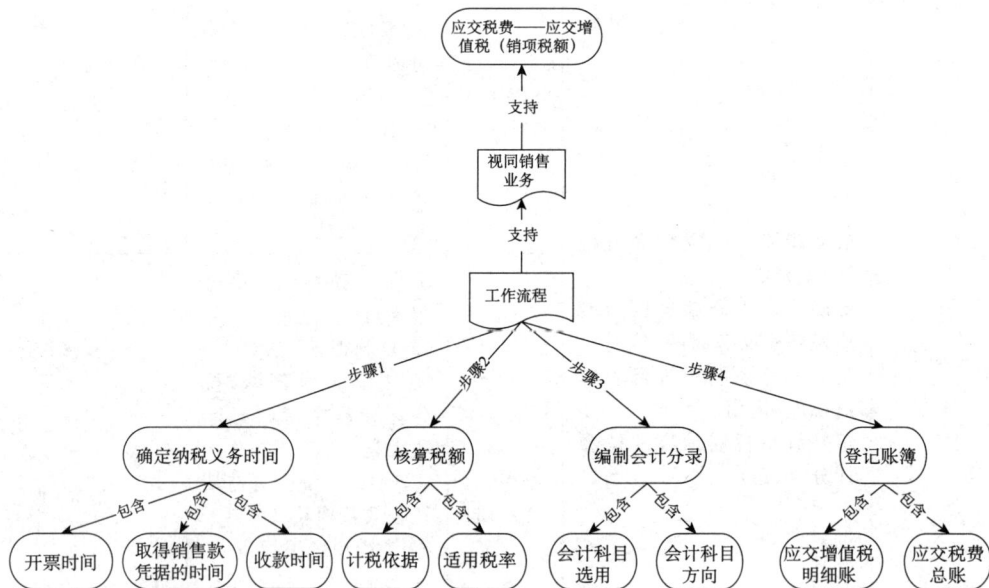

活动目标	应交税费——应交增值税(销项税额)(运用) 准确确定视同销售行为增值税纳税义务时间(运用) 正确核算视同销售行为增值税额(运用) 正确编写视同销售涉税会计分录(运用)

活动任务序列(任务一)

任务一知识组块:		
	任务描述	通过自主学习和案例分析,复习增值税销项税税法政策、销项税额的核算及销项税相关的会计处理。判断视同销售纳税义务发生时间,确定计税依据,选择适用税率,核算销项税额,编制会计分录
	任务时长	120 分钟
	学习地点	课下

教学方法 (或学习方法)	填写内容(选择相应选项即可,如有补充请填写内容): □讲授 ☑小组讨论 □答疑 □实验 □实训 ☑自主学习 □其他 (请填写)案例
交互过程	教师: ① 发布视频。课前已学知识的复习。内容包括视同销售纳税义务发生时间的确定、核算销项税额、编制会计分录 ② 发布案例。已学税法知识的运用及涉税相关的会计处理的预习。结合教材,查阅其他资料,完成案例分析 案例:视同销售的税额核算和会计处理。判断纳税义务发生时间,确定计税依据,选择适用税率,核算销项税额,编制会计分录 ③ 推送阅读资源。查阅国家税务总局网站,阅读增值具体政策。查阅中国税务报,阅读实务 学生: 案例以小组为单元完成,其他任务由个人独立完成
学习资源	案例;教材《税务会计与税务筹划》销项税会计处理部分,盖地主编,2021 年 8 月,中国人民大学出版社;国家税务总局网站;中国税务报;自制视频(增值税销项税);中国大学慕课《税务会计》(增值税销项税),中南财经政法大学
学习成果及 评价标准	成果:记账凭证(会计分录)账簿 满分 100 分=税法政策引用 20 分+纳税义务时间正确 20 分+税额准确 30 分+会计分录、账簿合理正确 30 分 100 分=教师 60 分+学生 40 分

续表

	活动任务序列（导入任务）
交互过程	创业成功的校友给学校捐款或捐物,捐赠实物是否需要缴纳增值税?在商家的各种促销中,也有满额赠或买一送一,赠或送的实物需要缴纳增值税吗?给员工发放实物福利,需要缴纳增值税吗?引导学生将这些通过社会现象与增值税销项税建立起关联

	活动任务序列（任务二）		
任务二知识组块:	任务描述	采用小组汇报、比较法,对无偿赠送判断是否属于增值税视同销售行为,确定纳税义务时间,确定计税依据,选择适用税率,核算销项税额	
	任务时长	30分钟	
	学习地点	课上	

教学方法（或学习方法）	填写内容（选择相应选项即可,如有补充请填写内容）: □讲授 □小组讨论 ☑答疑 □实验 □实训 □自主学习 □其他（请填写）小组汇报、比较法
交互过程	① 教师:现实中有很多无偿赠送行为,包含公益性和非公益性捐赠,引导学生回忆无偿赠送是否需要缴纳增值税?若需要,所有的无偿赠送都需要纳税吗?法理上的视同销售是没有销售额的,那么增值税依据什么确定呢?增值税视同销售一定是会计上确认收入吗?会计收入确认的基本条件是什么?通过举例对比方式,引导学生理解无偿赠送判断的基本标准 ② 学生:汇报课前布置的案例。随机挑选两组分别汇报无偿赠送给他人和无偿赠送给员工的增值税处理分析过程。如何识别是否属于视同销售?计税依据如何确定?涉税会计处理?一组学生汇报完毕,其他组的学生提出问题或质疑 ③ 教师:评价、适时提出问题。通过汇报的案例分析,引导学生对比理解外购和自产货物分别用于员工的不同增值税处理思路。在此基础上,发起较难的视同销售案例,保险公司给保险员的实务和保险员给客户的实务,分别该如何进行增值税处理? ④ 学生:思考、分析、核算

交互过程	⑤ 教师:随机挑选一组案例进行分析,包括对该案例的评价、答疑、解析。在理解了无偿赠送货物增值税处理的基础上,引出无偿赠送服务是否需要纳税? 与无偿赠送货物规定有什么区别? 举例分析无息提供贷款纳税情况
学习资源	PPT;案例;教材《税务会计与税务筹划》销项税会计处理部分,盖地主编,2021 年 8 月,中国人民大学出版社
学习成果及评价标准	无

活动任务序列(任务三)

任务三知识组块: 	任务描述	采用项目法,对视同销售行为核算销项税额,编制会计分录,登记账簿
	任务时长	20 分钟
	学习地点	课上

教学方法 (或学习方法)	填写内容(选择相应选项即可,如有补充请填写内容): ☑讲授　□小组讨论　☑答疑　□实验　□实训　□自主学习　□其他(请填写)项目、比较法
交互过程	① 教师:阐述委托代销业务的各种结算模式,分析不同模式代销各方如何进行增值税处理;发布项目,一部分学生完成委托代销方会计处理,另一部分学生完成受托方代销会计处理 ② 学生:思考、分析、核算 ③ 教师:随机挑选一组,分析如何进行增值税会计处理及其依据,并对此进行评价、解析、答疑
学习资源	项目;PPT
学习成果及评价标准	成果:会计凭证(会计分录)、账簿 满分100 分＝税法政策引用 20 分＋纳税义务时间正确 20 分＋税额准确 30 分＋会计分录、账簿合理正确 30 分 100 分＝教师 60 分＋学生 40 分
备注	学生问题:运用视同销售判断的基本依据分析现实各种销售业务,判断是否属于视同销售,学生仍然分不清楚

活动2知识建模图（课上）：

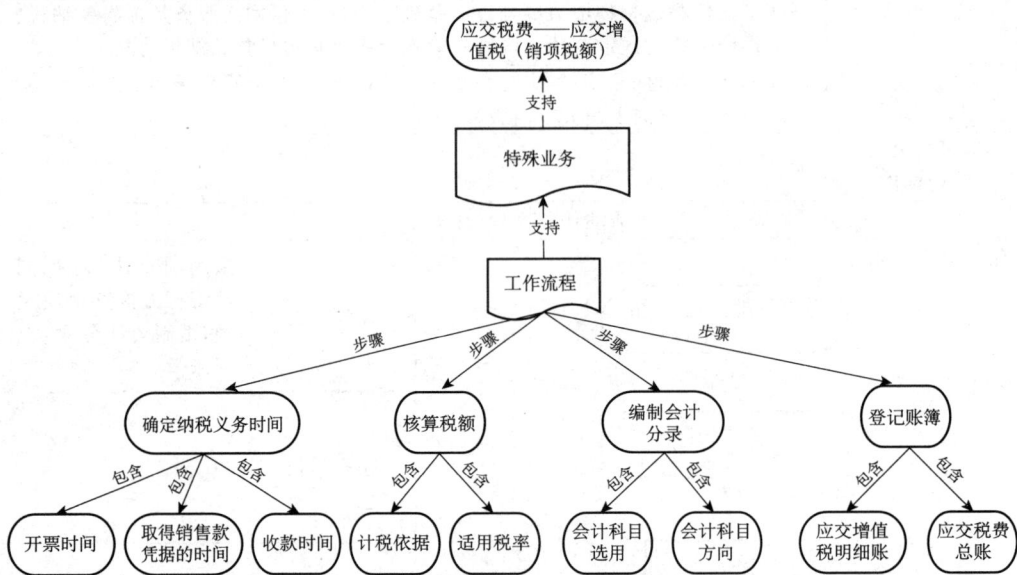

活动目标	应交税费——应交增值税（销项税额）（运用） 准确确定特殊业务员增值税纳税义务时间（运用） 正确核算特殊业务增值税额（运用） 正确编写特殊业务的涉税会计分录（运用）

活动任务序列（任务一）

任务一知识组块：		
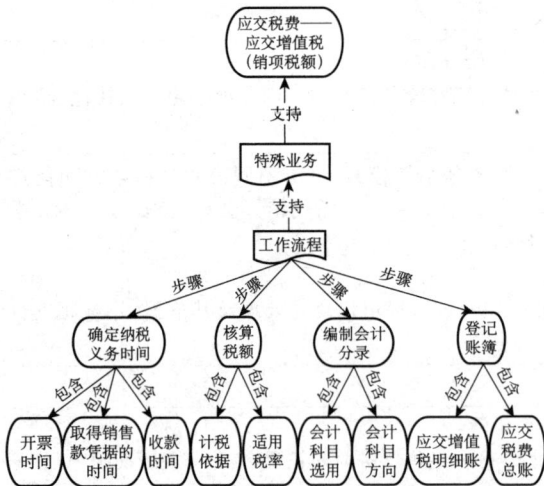	任务描述	通过自主学习和案例分析，复习增值税销项税税法政策、销项税额的核算及销项税相关的会计处理。判断其他特殊业务（押金、以旧换新、以物易物等）的纳税义务发生时间，确定计税依据，选择适用税率，核算销项税额，编制会计分录
	任务时长	120分钟
	学习地点	课下
教学方法 （或学习方法）	填写内容（选择相应选项即可，如有补充请填写内容）： □讲授　☑小组讨论　□答疑　□实验　□实训　☑自主学习　□其他（请填写）案例	

续表

交互过程	教师： ① 发布视频。课前已学知识的复习。内容包括其他特殊业务（押金、以旧换新、以物易物等）纳税义务发生时间的确定,核算销项税额,编制会计分录 ② 发布案例。已学税法知识的运用及与涉税相关的会计处理的预习。结合教材,查阅其他资料,完成案例分析 案例：其他特殊业务（押金）的税额核算和会计处理。判断纳税义务发生时间,确定计税依据,选择适用税率,核算销项税额,编制会计分录 ③ 推送阅读资源。查阅国家税务总局网站,阅读增值税具体政策。查阅中国税务报,阅读实务 学生： 案例以小组为单元完成,其他任务由个人独立完成
学习资源	案例；教材《税务会计与税务筹划》销项税会计处理部分,盖地主编,2021 年 8 月,中国人民大学出版社；国家税务总局网站；中国税务报；自制视频（增值税销项税）；中国大学慕课《税务会计》（增值税销项税）,中南财经政法大学
学习成果及评价标准	成果：税法政策引用、税额、会计分录 满分 100 分＝税法政策引用 20 分＋纳税义务时间正确 20 分＋税额准确 30 分＋会计分录、账簿合理正确 30 分 100 分＝教师 60 分＋学生 40 分
活动任务序列（导入任务）	
交互过程	以旧换新,能按抵扣旧价后的价格计算增值税吗？押金有义务缴纳增值税吗？引导学生思考特殊业务增值税的会计处理
活动任务序列（任务二）	

任务二知识组块：		
	任务描述	采用小组汇报和比较法,判断特殊业务的纳税义务发生时间,确定计税依据,选择适用税率,并核算销项税额
	任务时长	30 分钟
	学习地点	课上
教学方法（或学习方法）	填写内容（选择相应选项即可,如有补充请填写内容）： □讲授　□小组讨论　☑答疑　□实验　□实训　□自主学习　□其他（请填写）小组汇报、比较法	

交互过程	① 教师:阐述特殊业务包装物涉及增值税的情形有销售、出租、收取押金。引导学生递进式的思考:押金是企业的收入吗?为什么要交税?什么条件交税?计税依据是什么? ② 学生:汇报课前布置的案例。随机挑选两组,分别汇报白酒企业押金涉税处理和啤酒企业押金涉税处理。汇报内容主要有识别出押金需要缴纳增值税的条件、纳税义务时间、计税依据、会计处理。两组学生汇报完毕,其他组的学生提出问题或质疑 ③ 教师:评价、适时提出问题。通过汇报的案例分析,引导学生对比理解不同货物押金纳税义务时间的不同规定 ④ 教师:答疑
学习资源	PPT;案例;教材《税务会计与税务筹划》销项税会计处理部分,盖地主编,2021年8月,中国人民大学出版社;项目
学习成果及评价标准	成果:会计凭证(会计分录)、账簿 满分100分=税法政策引用20分+纳税义务时间正确20分+税额准确30分+会计分录、账簿合理正确30分 100分=教师60分+学生40分

活动任务序列(任务三)

任务三知识组块: 	任务描述	采用项目法和比较法,核算特殊业务销项税额,编制会计分录并登记账簿
	任务时长	20分
	学习地点	课上
教学方法 (或学习方法)	填写内容(选择相应选项即可,如有补充请填写内容): □讲授 □小组讨论 ☑答疑 □实验 □实训 □自主学习 □其他(请填写)比较法、项目	
交互过程	① 教师:发布特殊业务以旧换新等项目任务,让学生分析经济业务,确定纳税和义务时间,核算增值税额,编制会计分录,登记账簿 ② 学生:思考、分析,逐一完成任务。随机挑选一组汇报结果 ③ 教师:点评、答疑	

学习资源	PPT；项目
学习成果及 评价标准	成果：会计凭证（会计分录）、账簿 满分 100 分＝税法政策引用 20 分＋纳税义务时间正确 20 分＋税额准确 30 分＋会计分录、账簿合理正确 30 分 满分 100 分＝教师 60 分＋学生 40 分
备注	教学反思：对于以旧换新、包装物押金等特殊业务，增值税的计税依据存在不同的规定，容易混淆，需要对比分析

表 5-3　税务会计与纳税筹划项目化教学课程教案（二）

2023—2024 学年第一学期第 3 周

知识建模图（100 分钟）：

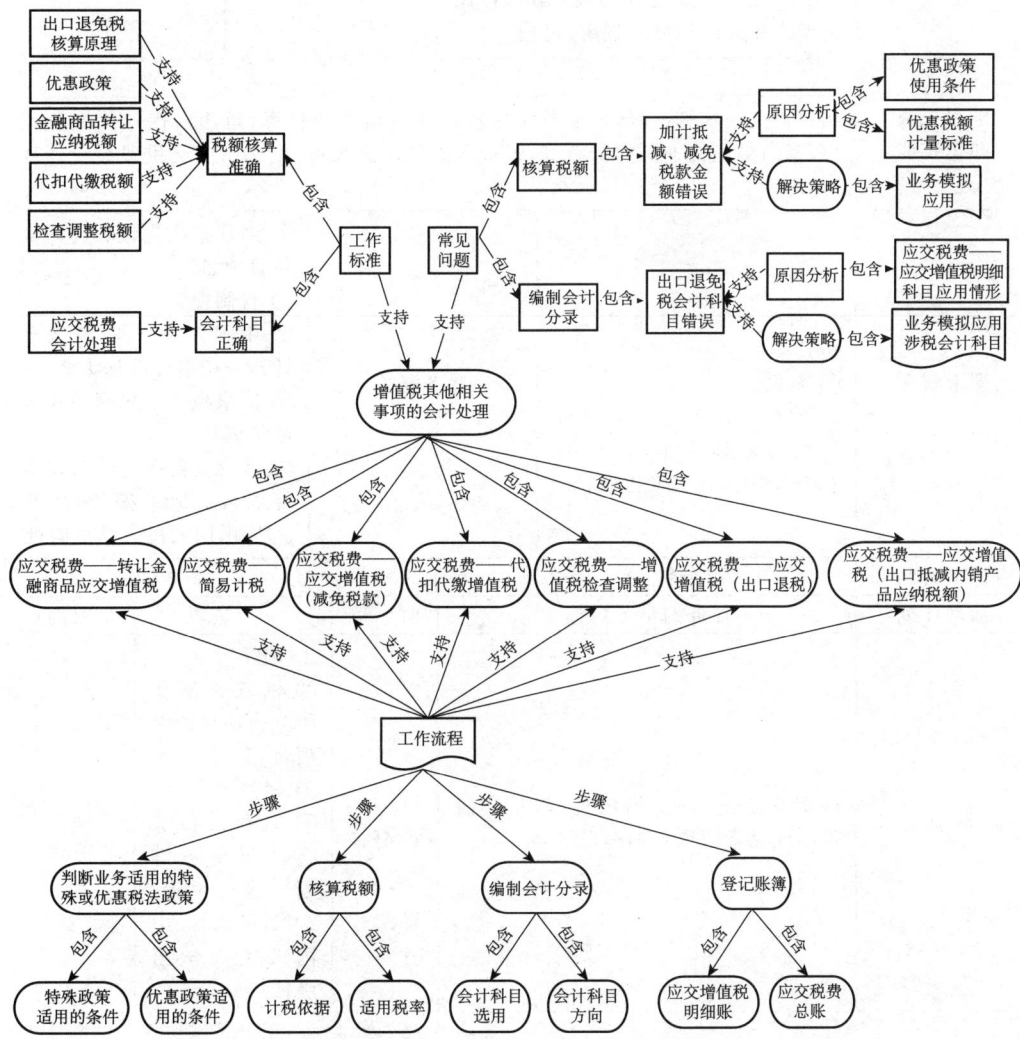

续表

	知识点(学习水平)	能力目标	素质目标
学习目标	应交税费——应交增值税(转让金融商品应交增值税)(理解,运用) 应交税费——简易计税(理解,运用) 应交税费——应交增值税(减免税款)(理解,运用) 应交税费——应交增值税(代扣代缴增值税)(理解,运用) 应交税费——应交增值税(增值税检查调整)(理解,运用) 应交税费——应交增值税(出口退税)(理解,运用) 应交税费——应交增值税(出口抵减内销产品应纳税额)(理解,运用)	具备对转让金融商品等特殊业务的增值税会计处理能力	具备诚信纳税、合法合规合理纳税的职业精神

学习先决知识技能	知识点(学习水平)		
	出口退免税核算(理解);金融商品转让应纳增值税核算(运用);代扣代缴税额(理解);纳税检查调整税额(理解);增值税优惠政策(记忆);应交税费会计处理(运用)		

| 课上资源 | ① PPT
② 浙江茶颜化妆品公司高仿真项目
③ 案例
④ 教材:《税务会计与税务筹划》,盖地主编,2021年8月,中国人民大学出版社 | 课下资源 | ① 浙江茶颜化妆品公司高仿真项目
② 自制视频
③ 中国大学慕课《税务会计》,中南财经政法大学
④ 国家税务总局网站税收政策模块
⑤ 教材:《税务会计与税务筹划》,盖地主编,2021年8月,中国人民大学出版社 |
| 课上时间 | 100分钟 | 课下时间 | 240分钟 |

活动序列	任务的学习目标	时间	学习资源	学习地点
活动1	应交税费——应交增值税(转让金融商品应交增值税)(理解,运用)	课上20分钟	① PPT ② 浙江茶颜化妆品公司高仿真项目 ③ 案例 ④ 教材:《税务会计与税务筹划》,盖地主编,2021年8月,中国人民大学出版社	课上

活动序列	任务的学习目标	时　间	学习资源	学习地点
活动 1	应交税费——应交增值税(转让金融商品应交增值税)(理解,运用)	课下60 分钟	① 浙江茶颜化妆品公司高仿真项目 ② 中国大学慕课《税务会计》,中南财经政法大学 ③ 国家税务总局网站税收政策模块 ④ 教材:《税务会计与税务筹划》,盖地主编,2021 年 8 月,中国人民大学出版社	课下
活动 2	特殊销售活动应交税费——应交增值税(简易计税)(理解,运用)	课上15 分钟	同"活动 1 课上、课下学习资源"	课上
		课下40 分钟		课下
活动 3	应交税费——应交增值税(减免税款)(理解,运用)	课上15 分钟		课上
		课下40 分钟		课下
活动 4	应交税费——应交增值税(代扣代缴增值税)(理解,运用)	课上10 分钟		课上
活动 5	应交税费——应交增值税(增值税检查调整)(理解,运用)	课上10 分钟		课上
活动 6	应交税费——应交增值税(出口抵减内销产品应纳税额); 应交税费——应交增值税(出口退税)(理解,运用)	课上30 分钟		课上
		课下100 分钟		课下

活动1知识建模图(课上＋课下):

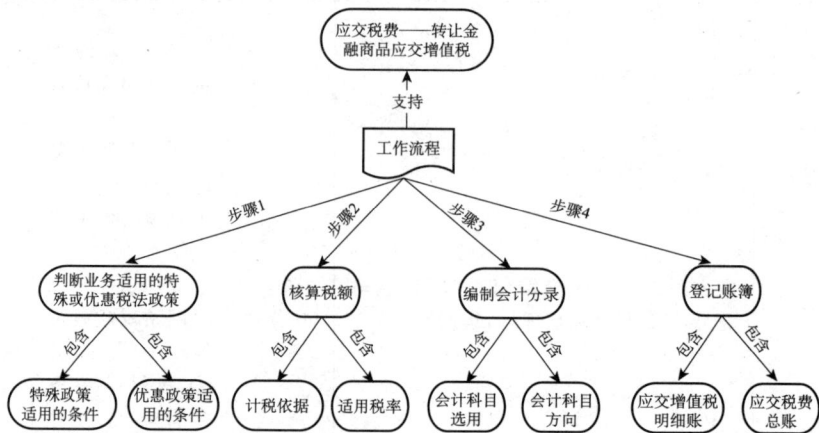

活动目标	应交税费——应交增值税(转让金融商品应交增值税)(理解,运用)

活动任务序列(导入任务)	
交互过程	哪些属于金融商品?金融商品转让如何核算增值税?引导学生思考生活中接触过哪些金融商品?

活动任务序列(任务一)	

任务一知识组块:	任务描述	采用案例法,判断经济业务适用转让金融商品特殊政策的条件,核算转让金融商品的应交增值税,编写涉税会计分录,填制记账凭证,登记账簿
	任务时长	20分钟
	学习地点	课上

教学方法(或学习方法)	填写内容(选择相应选项即可,如有补充请填写内容): ☑讲授 ☑小组讨论 ☑答疑 □实验 □实训 □自主学习 □其他(请填写)案例
交互过程	① 教师提问:金融商品应交增值税的计税依据? ② 学生回答:卖出价扣除买入价后的余额 ③ 教师讲授:金融商品增值税记录在转让金融产品应交增值税二级科目 ④ 教师提问:贷方记录应交税费——转让金融商品应交增值税时,对应借方会计科目可能有哪些?特别提醒,小规模纳税人该业务也采用此科目 ⑤ 学生回答:投资收益等

交互过程	⑥ 教师发布项目任务:关于金融商品转让业务,确定纳税义务时间,确定计税依据,核算增值税额,编写会计分录,填制账簿 ⑦ 学生:逐一完成项目任务,汇报结果
学习资源	案例;教材《税务会计与税务筹划》增值税会计处理部分,盖地主编,2021 年 8 月,中国人民大学出版社;国家税务总局网站;中国税务报;自制视频(增值税);中国大学慕课《税务会计》(增值税),中南财经政法大学
学习成果及评价标准	无

活动任务序列(任务二)

任务二知识组块: 		任务描述	采用自主学习法,判断经济业务适用转让金融商品特殊政策的条件,核算转让金融商品的应交增值税,编写涉税会计分录,填制记账凭证,登记账簿
		任务时长	60 分钟
		学习地点	课下

教学方法 (或学习方法)	填写内容(选择相应选项即可,如有补充请填写内容): □讲授　□小组讨论　□答疑　□实验　□实训　☑自主学习　□其他(请填写)_____
交互过程	教师: ① 发布视频。课前已学知识的复习。内容包括金融商品转让业务涉税会计处理 ② 发布案例。已学税法知识的运用及涉税相关的会计处理的预习。结合教材,查阅其他资料,完成案例分析 案例:完成金融商品转让业务涉税会计处理 ③ 推送阅读资源。查阅国家税务总局网站,阅读增值税具体政策。查阅中国税务报,阅读实务 学生: 案例以小组为单元共同完成,其他任务由个人独立完成
学习资源	案例;教材《税务会计与税务筹划》会计处理部分,盖地主编,2021 年 8 月,中国人民大学出版社;国家税务总局网站;中国税务报;自制视频(增值税);中国大学慕课《税务会计》(增值税),中南财经政法大学
学习成果及评价标准	成果:记账凭证(会计分录)、账簿 100 分=税法政策引用 20 分+税额准确 40 分+会计分录、账簿合理正确 40 分 100 分=教师 60 分+学生 40 分

活动2知识建模图(课上＋课下)：

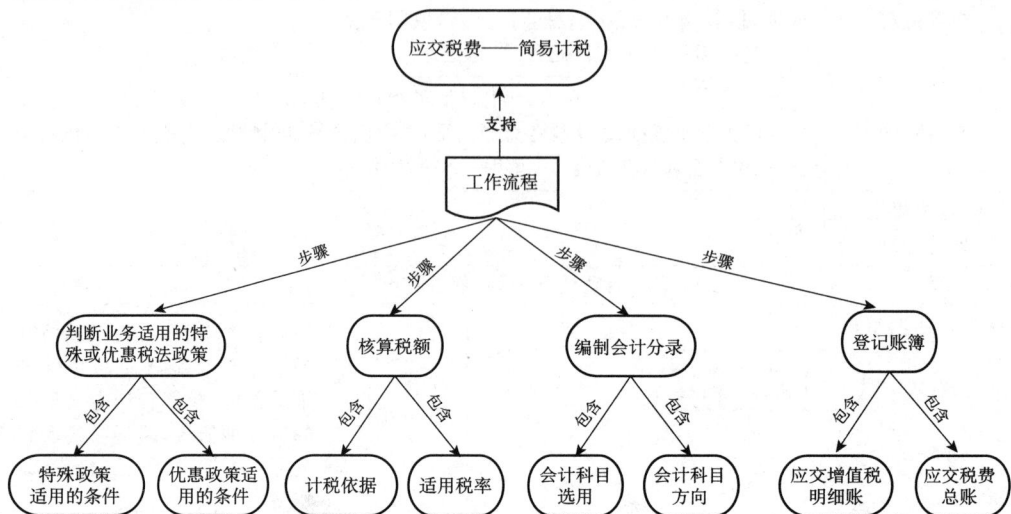

活动目标	应交税费——简易计税(理解,运用)
活动任务序列(导入任务)	
交互过程	一般纳税人办理一些特殊业务为什么允许采用简易计税？简易计税对纳税人的好处？引导学生举出生活中可能属于这些情形的实例
活动任务序列(任务一)	

任务一知识组块：

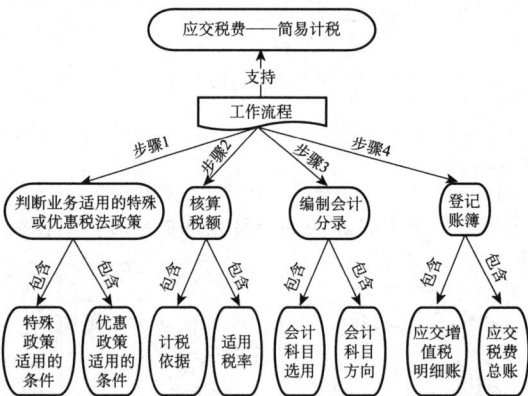

	任务描述	采用案例法,判断经济业务适用简易计税的条件,核算增值税额,编写简易计税相关的会计分录,填制记账凭证,登记账簿
	任务时长	15分钟
	学习地点	课上

教学方法(或学习方法)	填写内容(选择相应选项即可,如有补充请填写内容)： ☑讲授 □小组讨论 ☑答疑 □实验 □实训 □自主学习 □其他(请填写)案例、小组汇报
交互过程	① 教师提问:一般纳税人简易征税有哪些情形？为什么允许采用简易,而不是一般方法？ ② 学生回答:自来水、混凝土、死当物品、不动产老项目、人力资源外包、劳务派遣等 ③ 教师提问:简易征税的征收率有哪些？

续表

交互过程	④ 学生回答:3%、5% ⑤ 学生:汇报课前任务 ⑥ 小组:提出问题 ⑦ 教师:点评、答疑 ⑧ 教师讲授:简易计税明细科目记录增值税计提、扣减、预缴、缴纳等业务,特别强调所有业务不再通过应交增值税明细科目核算 ⑨ 教师发布项目任务:两类业务,即销售使用过的固定资产和其他。两部分学生分别确定纳税义务时间,确定计税依据,核算增值税额,编写会计分录,填制账簿,登记账簿 ⑩ 学生:逐一完成项目任务,汇报结果。对两类业务进行对比分析
学习资源	案例:教材《税务会计与税务筹划》增值税会计处理部分,盖地主编,2021 年 8 月,中国人民大学出版社;国家税务总局网站;中国税务报;自制视频(增值税);中国大学慕课《税务会计》(增值税),中南财经政法大学
学习成果及评价标准	无

活动任务序列(任务二)

任务二知识组块: 		任务描述	采用自主学习法,判断经济业务适用简易计税的条件,核算增值税额,编写简易计税相关的会计分录,填制记账凭证,登记账簿
		任务时长	40 分钟
		学习地点	课下
教学方法 (或学习方法)	填写内容(选择相应选项即可,如有补充请填写内容): □讲授 □小组讨论 □答疑 □实验 □实训 ☑自主学习 □其他(请填写)_____		
交互过程	教师: ① 发布视频。课前已学知识的复习。内容包括简易计税业务涉税会计处理 ② 发布案例。已学税法知识的运用及涉税相关的会计处理的预习。结合教材,查阅其他资料,完成案例分析。案例:完成简易计税业务涉税会计处理 ③ 推送阅读资源。查阅国家税务总局网站,阅读增值具体政策。查阅中国税务报,阅读实务 学生: 案例以小组为单元完成,其他任务由个人独立完成		
学习资源	案例:教材《税务会计与税务筹划》会计处理部分,盖地主编,2021 年 8 月,中国人民大学出版社;国家税务总局网站;中国税务报;自制视频(增值税);中国大学慕课《税务会计》(增值税),中南财经政法大学		

续表

学习成果及评价标准	成果：记账凭证（会计分录）、账簿 100 分＝税法政策引用 20 分＋税额准确 40 分＋会计分录、账簿合理正确 40 分 100 分＝教师 60 分＋学生 40 分

活动 3 知识建模图（课上＋课下）：

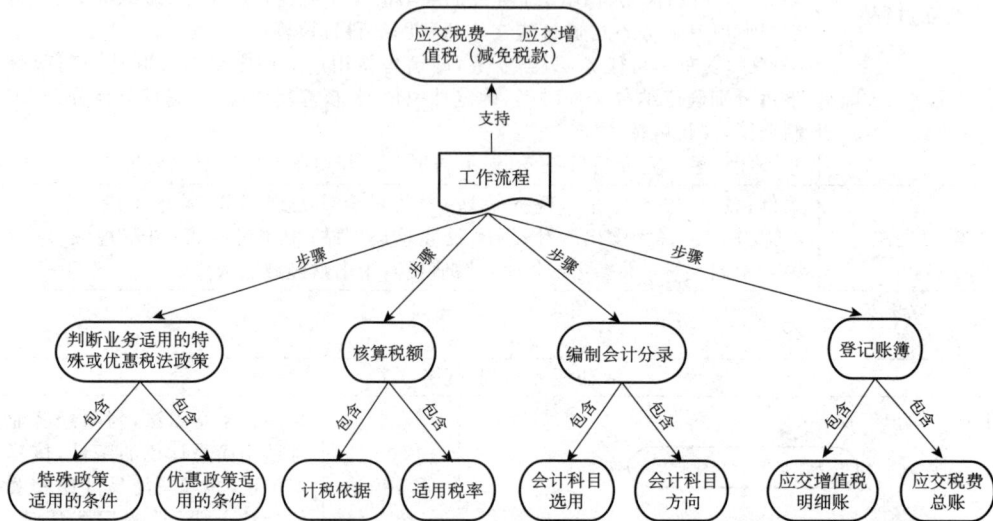

活动目标	应交税费——应交增值税（减免税款）（理解，运用）

活动任务序列（导入任务）

交互过程	提问学生国家为什么鼓励纳税人购买税控机？税控机对征收管理起什么作用？引导学生理解减免税款的政策规定

活动任务序列（任务一）

任务一知识组块：

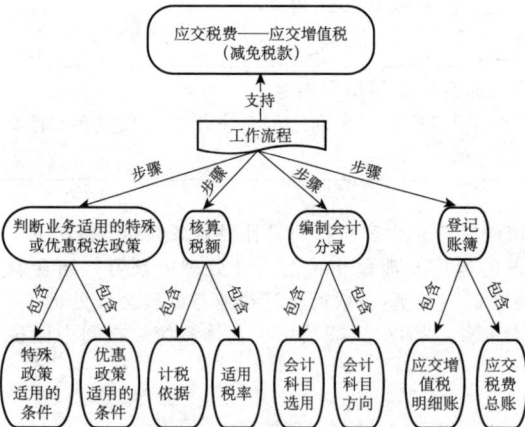

	任务描述	采用案例法，找出经济业务中适用减免税款明细科目的依据，核算减免税款相关业务的增值税额，编写涉税会计分录，填制记账凭证，登记账簿
	任务时长	15 分钟
	学习地点	课上

教学方法（或学习方法）	填写内容（选择相应选项即可，如有补充请填写内容）： ☑讲授　□小组讨论　☑答疑　□实验　□实训　□自主学习　□其他（请填写）案例

交互过程	① 教师讲授:减免税款明细科目核算的业务。该科目核算特殊优惠政策,例如包括初次购买增值税税控系统专用设备支付的费用及缴纳的技术维护费,对应科目记录在管理费用;农村小额贷款利息免税,对应科目记录在主营业务收入等。特别强调,不是所有的优惠都记录在减免税款明细科目,例如即征即退是缴纳过增值税后退的,记录在其他收益;销售使用过的固定资产简易征税的,优惠征收率 2% 与法定征收率 3% 之间的差额也计入其他收益科目 ② 教师发布项目任务:两类业务,即初次购买税控专用设备和农村小额贷款利息收入。两部分学生分别确定纳税义务时间,确定计税依据,核算增值税额,编写会计分录,填制账簿,登记账簿 ③ 学生:逐一完成项目任务,汇报结果。对两类业务进行对比分析
学习资源	案例;教材《税务会计与税务筹划》增值税会计处理部分,盖地主编,2021 年 8 月,中国人民大学出版社;国家税务总局网站;中国税务报;自制视频(增值税);中国大学慕课《税务会计》(增值税),中南财经政法大学
学习成果及评价标准	成果:记账凭证(会计分录)、账簿 100 分＝税法政策引用 20 分＋税额准确 40 分＋会计分录、账簿合理正确 40 分 100 分＝教师 60 分＋学生 40 分

活动任务序列(任务二)

任务二知识组块:		
	任务描述	采用自主学习法,找出经济业务中适用减免税款明细科目的依据,核算减免税款相关业务的增值税额,编写涉税会计分录,填制记账凭证,登记账簿
	任务时长	40 分钟
	学习地点	课下

教学方法 (或学习方法)	填写内容(选择相应选项即可,如有补充请填写内容): □讲授　□小组讨论　□答疑　□实验　□实训　☑自主学习　□其他(请填写)_____
交互过程	教师: ① 发布视频。课前已学知识的复习。内容包括减免税业务涉税会计处理 ② 发布案例。已学税法知识的运用及涉税相关的会计处理的预习。结合教材,查阅其他资料,完成案例分析。案例:完成减免税业务涉税会计处理 ③ 推送阅读资源。查阅国家税务总局网站,阅读增值具体政策。查阅中国税务报,阅读实务 学生: 案例以小组为单元完成,其他任务由个人独立完成

续表

学习资源	案例;教材《税务会计与税务筹划》会计处理部分,盖地主编,2021 年 8 月,中国人民大学出版社;国家税务总局网站;中国税务报;自制视频(增值税);中国大学慕课《税务会计》(增值税),中南财经政法大学
学习成果及评价标准	填写内容: 学生的学习收获和具体表现,常见的学生学习成果:报告、实物模型、产品、课堂笔记、课堂作业,还要写明相应的评价标准

活动 4 知识建模图(课上＋课下):

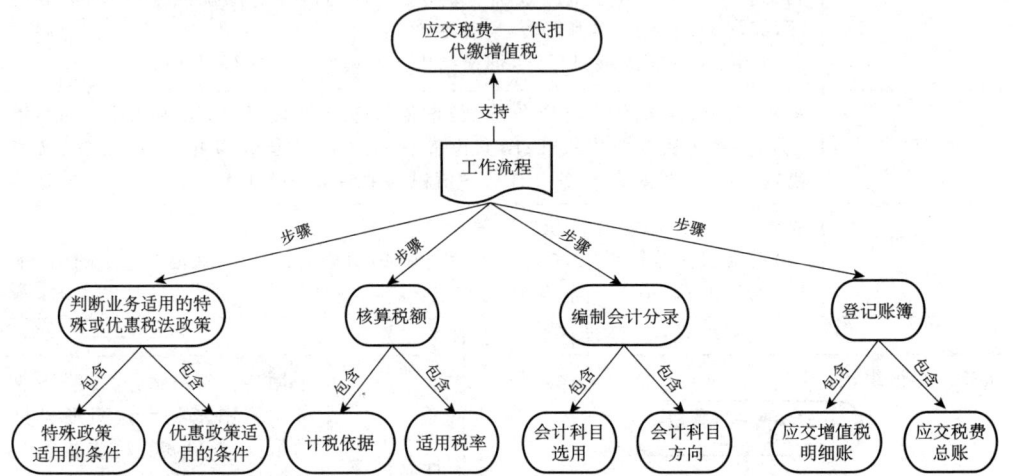

活动目标	应交税费——应交增值税(代扣代缴增值税)(理解,运用)

<table>
<tr><td colspan="2" align="center">活动任务序列(导入任务)</td></tr>
<tr><td>交互过程</td><td>提问学生什么情况下需要代扣代缴增值税?引导学生理解代扣代缴的缘由</td></tr>
</table>

活动任务序列(任务一)

任务一知识组块: 	任务描述	采用讲授法、案例法,找出经济业务中适用代扣代缴增值税明细科目的依据,核算相关业务的增值税额,编写涉税会计分录,填制记账凭证,登记账簿
	任务时长	10 分钟
	学习地点	课上
教学方法 (或学习方法)	填写内容(选择相应选项即可,如有补充请填写内容): ☑讲授　□小组讨论　□答疑　□实验　☑实训　□自主学习　□其他(请填写)案例	

续表

交互过程	① 教师讲授:代扣代缴增值税明细科目核算的业务 ② 教师发布项目任务:关于代扣代缴增值税业务,确定计税依据,核算增值税额,编写会计分录,填制账簿,登记账簿 ③ 学生:逐一完成项目任务
学习资源	案例;教材《税务会计与税务筹划》增值税会计处理部分,盖地主编,2021 年 8 月,中国人民大学出版社;国家税务总局网站;中国税务报;自制视频(增值税);中国大学慕课《税务会计》(增值税),中南财经政法大学
学习成果及评价标准	成果:记账凭证(会计分录)、账簿 100 分=税法政策引用 20 分+税额准确 40 分+会计分录、账簿合理正确 40 分 100 分=教师 60 分+学生 40 分

活动 5 知识建模图(课上+课下):

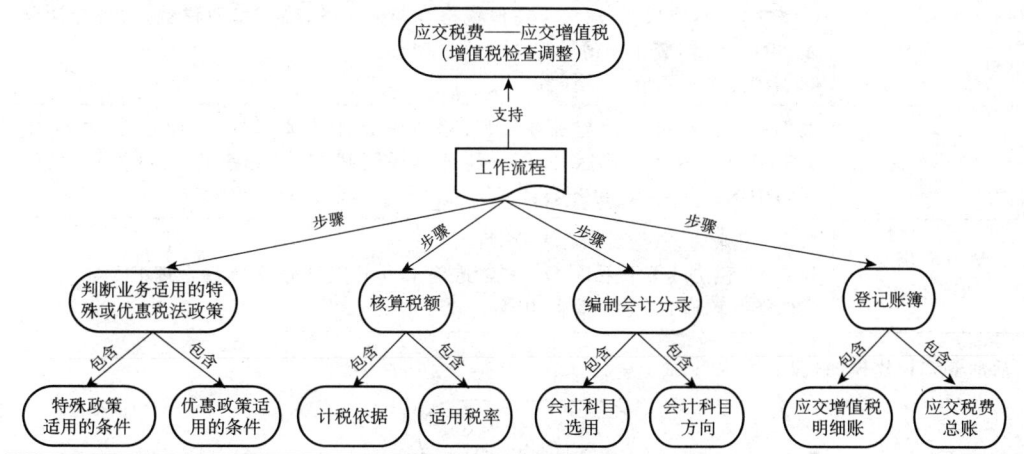

活动目标	应交税费——应交增值税(增值税检查调整)(理解,运用)
活动任务序列(导入任务)	
交互过程	提问学生发现少交或多交增值税,应如何进行会计处理? 引导学生理解纳税检查调整的适用情形
活动任务序列(任务一)	

任务一知识组块:

任务描述	采用讲授法、案例法,找出适用增值税检查调整明细科目的依据,核算相关业务的增值税额,编写涉税会计分录,填制记账凭证,登记账簿
任务时长	10 分钟
学习地点	课上

续表

教学方法 （或学习方法）	填写内容(选择相应选项即可,如有补充请填写内容): ☑讲授　□小组讨论　☑答疑　□实验　□实训　□自主学习　□其他(请填写)案例
交互过程	① 教师讲授:增值税检查调整相关业务会计处理有以下四种情形。其一,增值税检查调整余额在借方全部视同留底进项,借:应交税费——应交增值税;贷:应交税费——增值检查调整。其二,若余额在贷方,且应交税费——应交增值税没有余额,借:应交税费——增值检查调整;贷:应交税费——未交增值税。其三,若余额在贷方,应交税费——应交增值有余额,大于等于检查调整,借:应交税费——增值检查调整;贷:应交税费——应交增值税。其四,若余额在贷方,应交税费——应交增值有余额,小于检查调整,借:应交税费——增值检查调整;贷:应交税费——应交增值税,应交税费——未交增值税 ② 教师发布项目任务:关于增值税检查调整业务,确定增值税额,编写会计分录,填制账簿,登记账簿 ③ 学生:逐一完成项目任务
学习资源	案例;教材《税务会计与税务筹划》增值税会计处理部分,盖地主编,2021 年8 月,中国人民大学出版社;国家税务总局网站;中国税务报;自制视频(增值税);中国大学慕课《税务会计》(增值税),中南财经政法大学
学习成果及评价标准	成果:记账凭证(会计分录)、账簿 100 分＝税法政策引用 20 分＋税额准确 40 分＋会计分录、账簿合理正确 40 分 100 分＝教师 60 分＋学生 40 分

活动 6 知识建模图(课上＋课下):

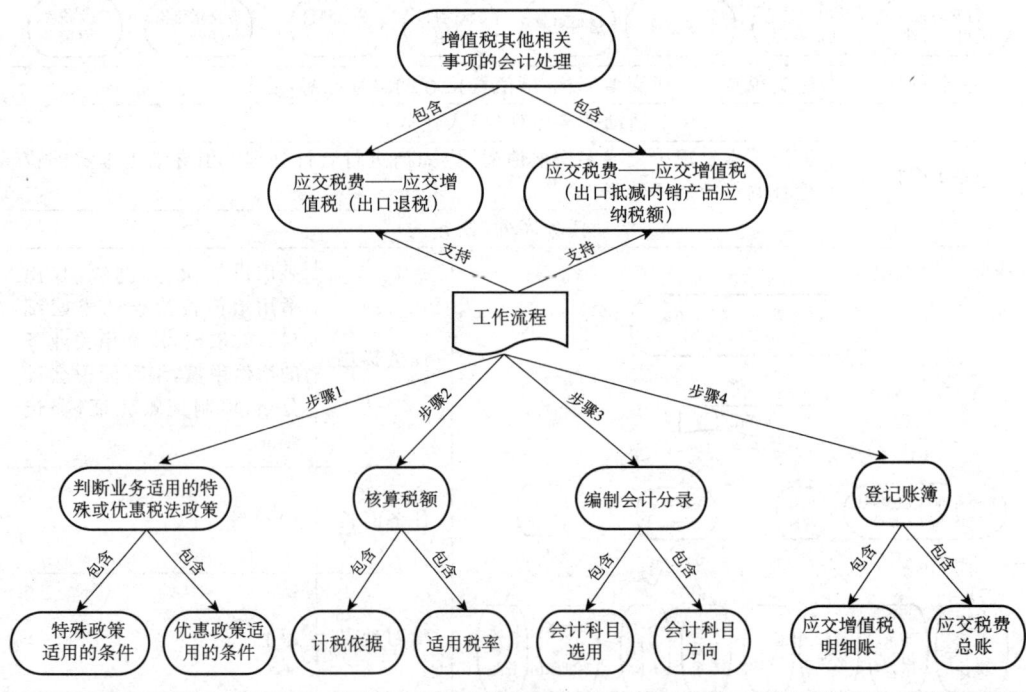

续表

活动目标	应交税费——应交增值税(出口退税)(理解,运用)
	应交税费——应交增值税(出口抵减内销产品应纳税额)

活动任务序列(导入任务)

交互过程	国家鼓励出口,引导学生思考从税收支持角度如何鼓励出口? 与出口退免税具体政策建立关联

活动任务序列(任务一)

任务一知识组块:	任务描述	采用小组汇报、讲授、案例法,核算出口退免税相关业务的增值税额,编写涉税会计分录,填制记账凭证,登记账簿

	任务时长	30 分钟
	学习地点	课上

教学方法 (或学习方法)	填写内容(选择相应选项即可,如有补充请填写内容): ☐讲授　☐小组讨论　☑答疑　☐实验　☐实训　☐自主学习　☐其他(请填写)案例、小组汇报

交互过程	① 学生:汇报课前任务
	② 小组:提出问题
	③ 教师:点评、答疑
	④ 教师提问:出口货物免税和退税具体指什么?
	⑤ 学生回答:免销项税,退进项税
	⑥ 教师讲授:出口环节增值税涉税会计处理。这两个科目主要用在免抵退法下的退税会计处理中。
	借:应交税费——应交增值税(出口抵减内销产品应纳税额)(免抵税额)
	应收出口退税(倒挤出来实际退税)
	贷:应交税费——应交增值税(出口退税)(退税限额)
	借:主营业务成本
	贷:应交税费——应交增值税(进项税额转出)(不得免抵税)
	免退法下。
	借:应收出口退税
	贷:应交税费——应交增值税(出口退税)
	⑦ 教师发布项目任务:两类业务,即出口环节增值税退免税业务的免抵退法与免退法,分别核算相关税额,编写会计分录,填制账簿,登记账簿

交互过程	⑧ 学生:逐一完成项目任务。讨论、汇报 ⑨ 教师答疑
学习资源	案例:教材《税务会计与税务筹划》增值税会计处理部分,盖地主编,2021年8月,中国人民大学出版社;国家税务总局网站;中国税务报;自制视频(增值税);中国大学慕课《税务会计》(增值税),中南财经政法大学
学习成果及评价标准	成果:记账凭证(会计分录)、账簿 100分=税法政策引用20分+税额准确40分+会计分录、账簿合理正确40分 100分=教师60分+学生40分

活动任务序列(任务二)

任务二知识组块: 	任务描述	采用小组汇报、讲授、案例法,核算出口退免税相关业务的增值税额,编写涉税会计分录,填制记账凭证,登记账簿
	任务时长	100分钟
	学习地点	课下

教学方法 (或学习方法)	填写内容(选择相应选项即可,如有补充请填写内容): □讲授 □小组讨论 □答疑 □实验 □实训 ☑自主学习 □其他(请填写)_____
交互过程	教师: ① 发布视频。课前已学知识的复习。内容包括出口业务涉税会计处理 ② 发布案例。已学税法知识的运用及涉税相关的会计处理的预习。结合教材,查阅其他资料,完成案例分析。案例:完成出口业务涉税会计处理 ③ 推送阅读资源。查阅国家税务总局网站,阅读增值具体政策。查阅中国税务报,阅读实务 学生: 案例以小组为单元完成,其他任务由个人独立完成
学习资源	案例:教材《税务会计与税务筹划》销项税会计处理部分,盖地主编,2021年8月,中国人民大学出版社;国家税务总局网站;中国税务报;自制视频(增值税);中国大学慕课《税务会计》(增值税),中南财经政法大学
学习成果及评价标准	成果:记账凭证(会计分录)、账簿 100分=税法政策引用20分+税额准确40分+会计分录、账簿合理正确40分 100分=教师60分+学生40分

续表

备注	本次课主要是简易计税、减免税款等非日常增值税会计处理,不是企业日常发生业务,学生需要理解政策的特殊性

表 5-4 税务会计与纳税筹划项目化教学课程教案(三)

2023—2024 学年第一学期第 3 周

知识建模图(2 课时):

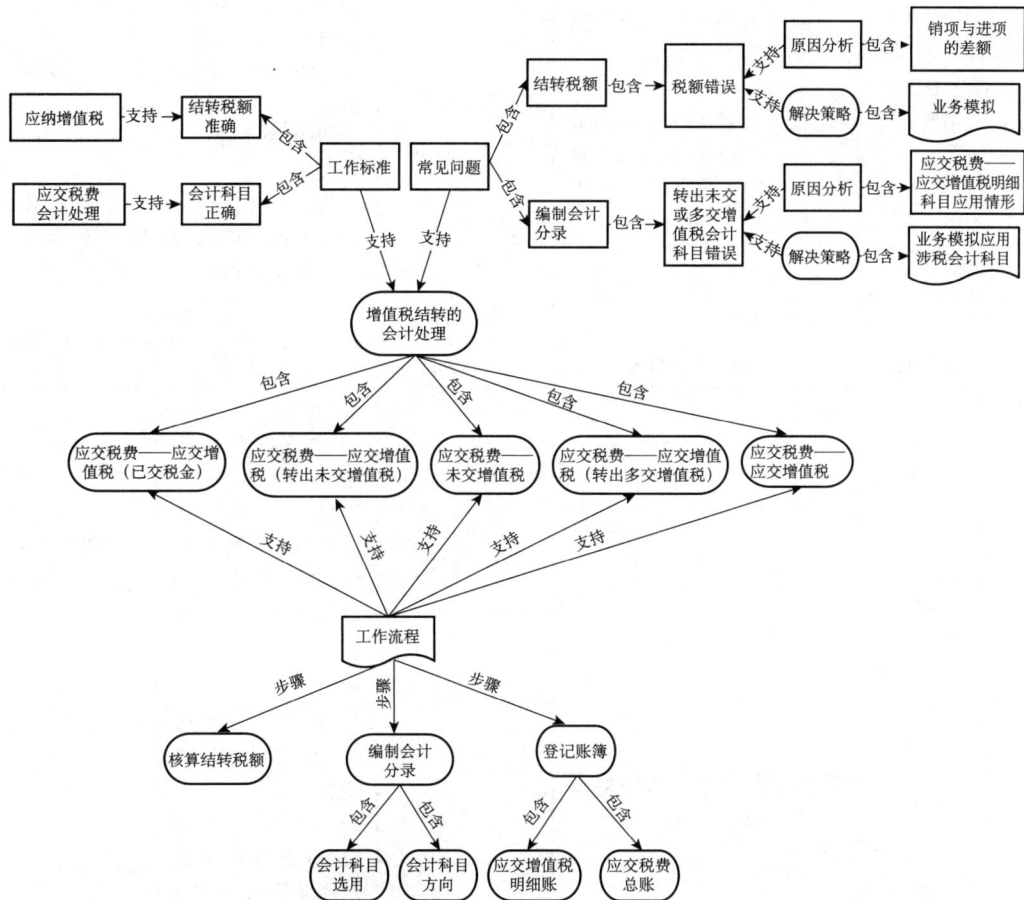

	知识点(学习水平)	能力目标	素质目标
学习目标	应交税费——应交增值税(已交税金)(理解,运用) 应交税费——应交增值税(转出未交增值税)(理解,运用) 应交税费——未交增值税(理解,运用) 应交税费——应交增值税(转出多交增值税)(理解,运用) 应交税费——应交增值税(理解,运用)	具备对期末结转、次月纳税的增值税会计处理能力	具备诚信纳税、合法合规合理纳税的职业精神

续表

学习先决知识技能	知识点(学习水平)			
	应纳增值税(运用) 应交税费会计处理(运用)			

| 课上资源 | ① PPT
② 浙江茶颜化妆品公司高仿真项目
③ 案例
④ 教材:《税务会计与税务筹划》,盖地主编,2021 年8 月,中国人民大学出版社 | | 课下资源 | ① 浙江茶颜化妆品公司高仿真项目
② 自制视频
③ 中国大学慕课《税务会计》,中南财经政法大学
④ 国家税务总局网站税收政策模块
⑤ 中国税务报
⑥ 案例
⑦ 教材:《税务会计与税务筹划》,盖地主编,2021 年8 月,中国人民大学出版社 |
| 课上时间 | 100 分钟 | | 课下时间 | 240 分钟 |

活动序列	任务的学习目标	时　间	学习资源	学习地点
活动 1	应交税费——应交增值税(已交税金)(理解,运用)	课上 10 分钟	① PPT ② 浙江茶颜化妆品公司高仿真项目 ③ 教材:《税务会计与税务筹划》,盖地主编,2021 年8 月,中国人民大学出版社	课上
		课下 20 分钟	① 浙江茶颜化妆品公司高仿真项目 ② 中国大学慕课《税务会计》,中南财经政法大学 ③ 国家税务总局网站税收政策模块 ④ 案例 ⑤ 教材:《税务会计与税务筹划》,盖地主编,2021 年8 月,中国人民大学出版社	课下

活动序列	任务的学习目标	时　间	学习资源	学习地点
活动 2	应交税费——应交增值税（转出未交增值税）（理解，运用）	课上 40 分钟	同"活动 1 课上、课下学习资源"	课上
	应交税费——未交增值税（理解，运用）	课下 100 分钟		课下
活动 4	应交税费——应交增值税（理解，运用）	课上 40 分钟		课上
		课下 100 分钟		课下
活动 3	应交税费——应交增值税（转出多交增值税）（理解，运用）	课上 10 分钟		课上
		课下 20 分钟		课下

活动 1 知识建模图（课上＋课下）：

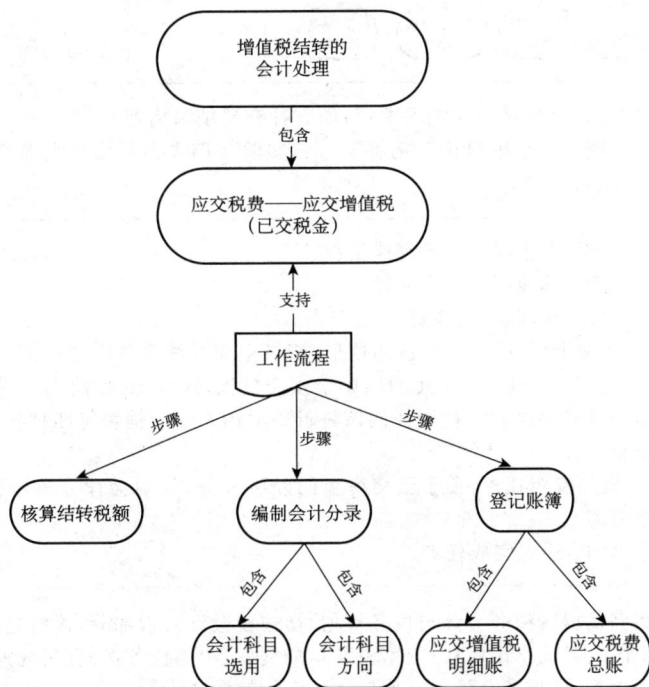

活动目标	应交税费——应交增值税（已交税金）（理解，运用）
活动任务序列（导入任务）	
交互过程	提问学生增值税纳税义务时间都是一个月吗？短于一个月的如何会计处理？引出已交税金专栏

续表

活动任务序列(任务一)

任务一知识组块： 增值税结转的会计处理 ↓ 包含 应交税费——应交增值税(已交税金) ↓ 支持 工作流程 步骤 ↙ 步骤 ↓ 步骤 ↘ 核算结转税额　编制会计分录　登记账簿 包含 ↙ 包含 ↘　包含 ↙ 包含 ↘ 会计科目选用　会计科目方向　应交增值税明细账　应交税费总账	**任务描述** 采用案例法,判断适用已交税金的条件,确定税额,编写会计分录,登记账簿
	任务时长 10分钟
	学习地点 课上

教学方法 (或学习方法)	填写内容(选择相应选项即可,如有补充请填写内容)： ☑讲授　□小组讨论　☑答疑　□实验　□实训　□自主学习　□其他(请填写)项目、案例
交互过程	① 学生:汇报课前任务完成情况 ② 小组:其他同学提出问题 ③ 教师:教师点评、答疑 ④ 教师讲授:已交税金适用情形,记录企业缴纳当月应交增值税额,纳税周期为1日、3日、5日、10日、15日,属于预交税款,次月15日前仍然需要按月申报,结清上月应纳税款。特别强调该科目不适用不动产销售等四种特定业务的预交增值税 ⑤ 教师发布任务:关于已交税金的经济业务,编制会计分离,填制记账凭证,登记账簿 ⑥ 学生:逐一完成任务
学习资源	案例;教材《税务会计与税务筹划》增值税会计处理部分,盖地主编,2021年8月,中国人民大学出版社;国家税务总局网站;中国税务报;自制视频(增值税);中国大学慕课《税务会计》(增值税),中南财经政法大学
学习成果及评价标准	成果:记账凭证(会计分录)、账簿 100分=税法政策引用20分+税额准确40分+会计分录、账簿合理正确40分 100分=教师60分+学生40分

续表

活动任务序列(任务二)		
任务二知识组块：	任务描述	采用自主学习法,判断适用已交税金的条件,确定税额,编写会计分录,登记账簿
	任务时长	20 分钟
	学习地点	课下

教学方法(或学习方法)	填写内容(选择相应选项即可,如有补充请填写内容)： □讲授　□小组讨论　□答疑　□实验　□实训　☑自主学习　□其他(请填写)_____
交互过程	教师： ① 发布视频。课前已学知识的复习。内容包括已交税金业务 ② 发布案例。已学税法知识的运用及涉税相关的会计处理的预习。结合教材,查阅其他资料,完成案例分析 案例：完成已交税金会计处理 ③ 推送阅读资源。查阅国家税务总局网站,阅读增值具体政策。查阅中国税务报,阅读实务 学生： 案例以小组为单元完成,其他任务由个人独立完成
学习资源	案例；教材《税务会计与税务筹划》销项税会计处理部分,盖地主编,2021 年 8 月,中国人民大学出版社；国家税务总局网站；中国税务报；自制视频(增值税)；中国大学慕课《税务会计》(增值税),中南财经政法大学
学习成果及评价标准	成果：记账凭证(会计分录)、账簿 100 分＝税法政策引用 20 分＋税额准确 40 分＋会计分录、账簿合理正确 40 分 100 分＝教师 60 分＋学生 40 分

活动 2 知识建模图(课上＋课下):

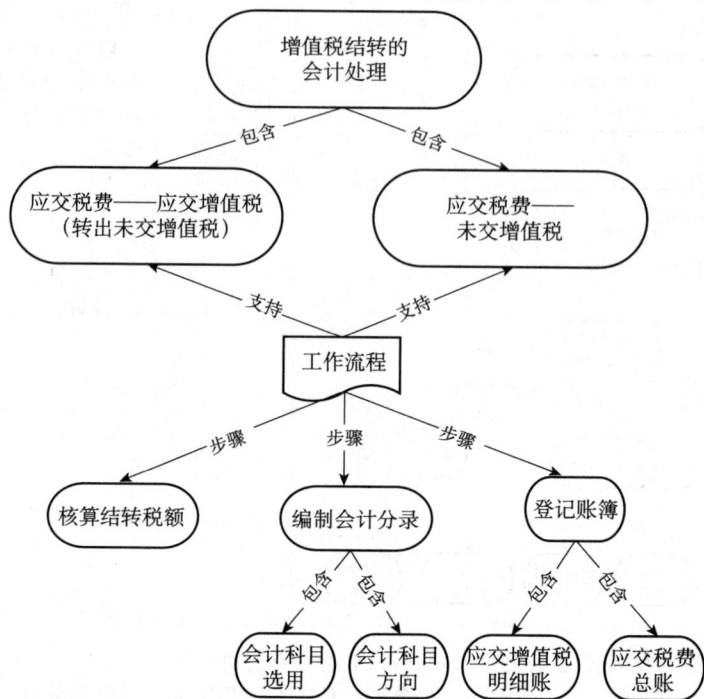

活动目标	应交税费——应交增值税(转出未交增值税)(理解,运用)
	应交税费——未交增值税(理解,运用)

活动任务序列(导入任务)	
交互过程	增值税次月 15 日前申报缴纳,月末是否会计处理? 引入未交增值税明细科目

活动任务序列(任务一)		

任务一知识组块:	任务描述	采用小组汇报法、案例法、项目法,核算出期末结转的增值税额,编制应交税费——应交增值税(转出未交增值税)、应交税费——未交增值税相关的会计分录,填制记账凭证
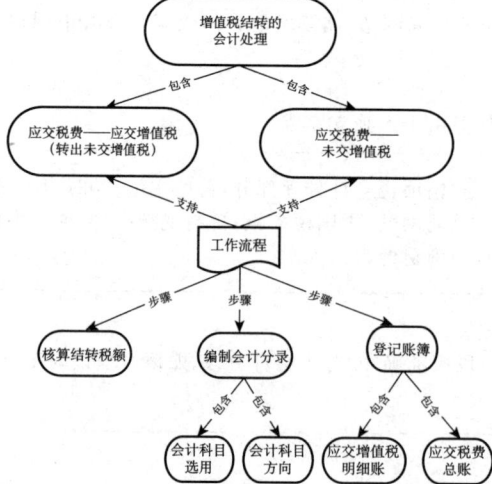	任务时长	40 分钟
	学习地点	课上

教学方法 （或学习方法）	填写内容（选择相应选项即可,如有补充请填写内容）: □讲授　☑小组讨论　☑答疑　□实验　□实训　□自主学习　□其他（请填写）项目、案例
交互过程	① 学生:汇报课前任务 ② 小组:提出问题 ③ 教师:评价 ④ 教师讲授:期末结转与次月纳税的会计处理,分析转出未交增值税适用的情形 ⑤ 教师发布任务:根据该项目本月所有相关业务,核算出需要结转的增值税额,编写与转出未交增值税相关的会计分录,填制记账凭证 ⑥ 学生:完成任务,汇报结果 ⑦ 教师答疑
学习资源	案例;教材《税务会计与税务筹划》增值税会计处理部分,盖地主编,2021 年 8 月,中国人民大学出版社;国家税务总局网站;中国税务报;自制视频（增值税）;中国大学慕课《税务会计》(增值税),中南财经政法大学
学习成果及 评价标准	成果:记账凭证（会计分录）、账簿 100 分＝税法政策引用 20 分＋税额准确 40 分＋会计分录、账簿合理正确 40 分 100 分＝教师 60 分＋学生 40 分

活动任务序列（任务二）

任务二知识组块: 	任务描述	采用自主学习法,核算出期末结转的增值税额,编制应交税费——应交增值税（转出未交增值税）、应交税费——未交增值税相关的会计分录,填制记账凭证
	任务时长	100 分钟
	学习地点	课下
教学方法 （或学习方法）	填写内容（选择相应选项即可,如有补充请填写内容）: □讲授　□小组讨论　□答疑　□实验　□实训　☑自主学习　□其他（请填写）_____	
交互过程	教师: ① 发布视频。课前已学知识的复习。内容包括转出未交增值税业务 ② 发布案例。已学税法知识的运用及涉税相关的会计处理的预习。结合教材,查阅其他资料,完成案例分析。案例:完成转出未交增值税会计处理	

交互过程	③ 阅读资源。查阅国家税务总局网站,阅读增值具体政策。查阅中国税务报,阅读实务 学生: 案例以小组为单元完成,其他任务由个人独立完成
学习资源	案例;教材《税务会计与税务筹划》销项税会计处理部分,盖地主编,2021年8月,中国人民大学出版社;国家税务总局网站;中国税务报;自制视频(增值税);中国大学慕课《税务会计》(增值税),中南财经政法大学
学习成果及评价标准	成果:记账凭证(会计分录)、账簿 100分＝税法政策引用20分＋税额准确40分＋会计分录、账簿合理正确40分 100分＝教师60分＋学生40分

活动3知识建模图(课上＋课下):

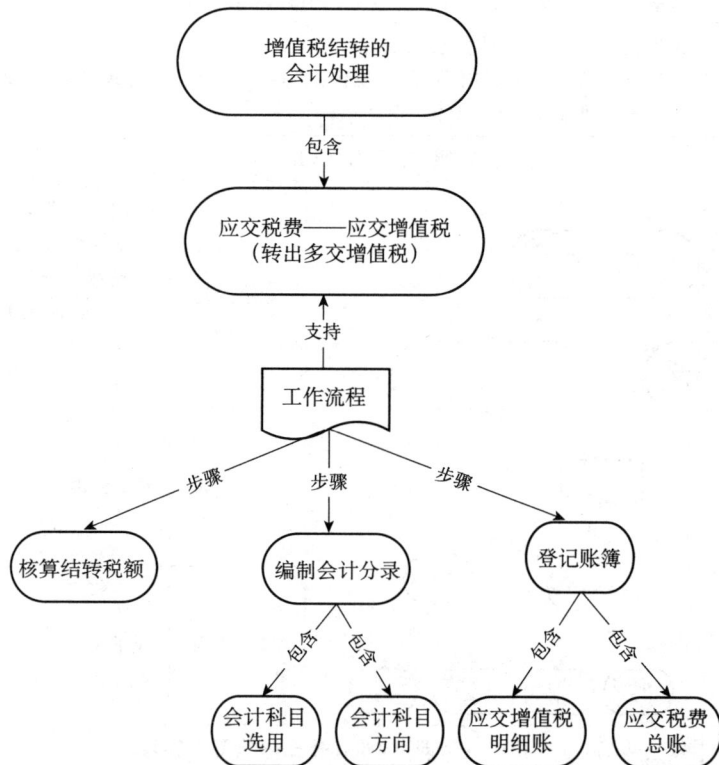

活动目标	应交税费——应交增值税(转出多交增值税)(理解,运用)
活动任务序列(导入任务)	
交互过程	对于月末未交的增值税需要结转,对于多交的如何处理? 进项税大于销项税是否属于多交的情形而进行期末结转? 引入期末多交增值税的情形

续表

<table>
<tr><td colspan="3" align="center">活动任务序列(任务一)</td></tr>
</table>

任务一知识组块： 	任务描述	采用小组汇报法、案例法、项目法,核算出期末结转的增值税额,编制与应交税费——应交增值税(转出多交增值税)相关的会计分录,填制记账凭证
	任务时长	40 分钟
	学习地点	课上

教学方法 (或学习方法)	填写内容(选择相应选项即可,如有补充请填写内容): ☑ 讲授　☑ 小组讨论　☑ 答疑　□ 实验　□ 实训　□ 自主学习　□ 其他(请填写)项目、案例
交互过程	① 学生:汇报课前任务 ② 小组:提出问题 ③ 教师:点评、答疑 ④ 教师讲授:对比分析转出未交增值税与转出多交增值税适用的情形 ⑤ 教师发布任务:在项目税额结转结果基础上更改金额,编写与转出多交增值税相关的会计分录,填制记账凭证 ⑥ 学生:汇报,质疑、讨论 ⑦ 教师答疑
学习资源	案例:教材《税务会计与税务筹划》增值税会计处理部分,盖地主编,2021 年 8 月,中国人民大学出版社;国家税务总局网站;中国税务报;自制视频(增值税);中国大学慕课《税务会计》(增值税),中南财经政法大学
学习成果及评价标准	成果:记账凭证(会计分录)、账簿 100 分＝税法政策引用 20 分＋税额准确 40 分＋会计分录、账簿合理正确 40 分 100 分＝教师 60 分＋学生 40 分

活动任务序列(任务二)		
任务二知识组块： 	任务描述	采用自主学习法,核算出期末结转的增值税额,编制与应交税费——应交增值税(转出多交增值税)相关的会计分录,填制记账凭证
	任务时长	100分钟
	学习地点	课下

教学方法 (或学习方法)	填写内容(选择相应选项即可,如有补充请填写内容)： □讲授　□小组讨论　□答疑　□实验　□实训　☑自主学习　□其他(请填写)_____
交互过程	教师： ① 发布视频。课前已学知识的复习。内容包括转出未交增值税业务 ② 发布案例。已学税法知识的运用及涉税相关的会计处理的预习。结合教材,查阅其他资料,完成案例分析。案例:完成转出未交增值税会计处理 ③ 推送阅读资源。查阅国家税务总局网站,阅读增值具体政策。查阅中国税务报,阅读实务 学生： 案例以小组为单元完成,其他任务由个人独立完成
学习资源	案例;教材《税务会计与税务筹划》销项税会计处理部分,盖地主编,2021年8月,中国人民大学出版社;国家税务总局网站;中国税务报;自制视频(增值税);中国大学慕课《税务会计》(增值税),中南财经政法大学
学习成果及评价标准	成果:记账凭证(会计分录)、账簿 100分＝税法政策引用20分＋税额准确40分＋会计分录、账簿合理正确40分 100分＝教师60分＋学生40分

活动 4 知识建模图(课上＋课下):

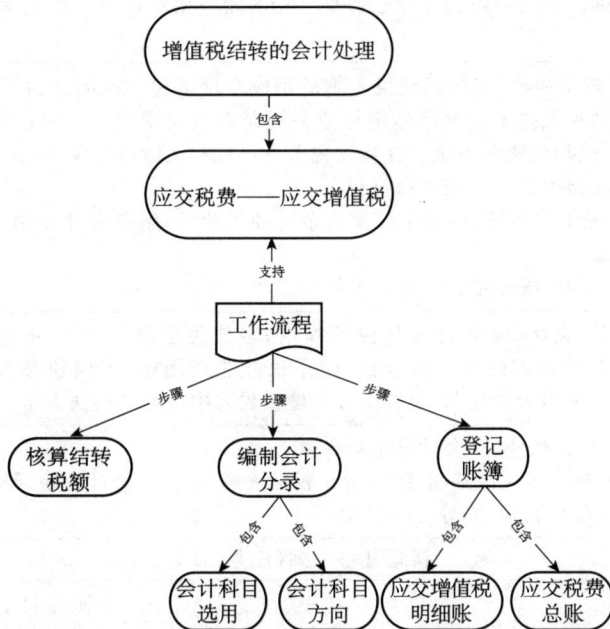

活动目标	应交税费——应交增值税(理解,运用)	
活动任务序列(导入任务)		
交互过程	小规模纳税人不抵扣进项税,增值税期末如何结转? 引入小规模纳税人期末会计处理的内容	
活动任务序列(任务一)		

任务一知识组块:	任务描述	通过项目、案例法,确定税额,编写会计分录,登记账簿
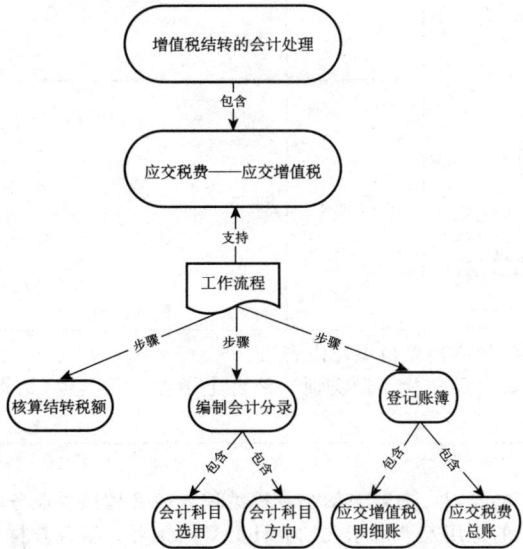	任务时长	10 分钟
	学习地点	课上

教学方法 （或学习方法）	填写内容（选择相应选项即可，如有补充请填写内容）： ☑讲授　□小组讨论　□答疑　□实验　☑实训　□自主学习　□其他（请填写）_____
交互过程	① 教师讲授：小规模纳税人不适用应交增值税三级明细科目。特别强调，小规模纳税人除了金融产品销售业务记录在应交税费——转让金融商品应交增值税、代扣代缴业务记录在应交税费——代扣代缴增值税外，其他所有业务均记录在应交税费——应交增值税 ② 教师发布任务：关于已交税金的经济业务，编制会计分录，填制记账凭证，登记账簿 ③ 学生：逐一完成任务
学习资源	案例；教材《税务会计与税务筹划》增值税会计处理部分，盖地主编，2021年8月，中国人民大学出版社；国家税务总局网站；中国税务报；自制视频（增值税）；中国大学慕课《税务会计》（增值税），中南财经政法大学
学习成果及评价标准	成果：记账凭证（会计分录）、账簿 100分＝税法政策引用20分＋税额准确40分＋会计分录、账簿合理正确40分 100分＝教师60分＋学生40分

活动任务序列（任务二）

任务二知识组块： 	任务描述	通过自主学习法，确定税额，编写会计分录，登记账簿
	任务时长	20分钟
	学习地点	课下

教学方法 （或学习方法）	填写内容（选择相应选项即可，如有补充请填写内容）： □讲授　□小组讨论　□答疑　□实验　□实训　☑自主学习　□其他（请填写）_____
交互过程	教师： ① 发布视频。课前已学知识的复习。内容包括小规模纳税人应交增值税业务 ② 发布案例。已学税法知识的运用及涉税相关的会计处理的预习。结合教材，

续表

交互过程	查阅其他资料,完成案例分析。案例:完成小规模纳税人应交增值税会计处理 ③ 推送阅读资源。查阅国家税务总局网站,阅读增值具体政策。查阅中国税务报,阅读实务 学生: 案例以小组为单元完成,其他任务由个人独立完成
学习资源	案例:教材《税务会计与税务筹划》销项税会计处理部分,盖地主编,2021 年 8 月,中国人民大学出版社;国家税务总局网站;中国税务报;自制视频(增值税);中国大学慕课《税务会计》(增值税),中南财经政法大学
学习成果及 评价标准	成果:记账凭证(会计分录)、账簿 100 分＝税法政策引用 20 分＋税额准确 40 分＋会计分录、账簿合理正确 40 分 100 分＝教师 60 分＋学生 40 分
备注	本次内容是月末对增值税未交、多交的结转,学生对月末结转的掌握运用,便于系统理解前面增值税会计处理的内容

5.2.2　企业财务分析教学设计实例

1. 企业财务分析课程简介

企业财务分析课程为财务管理、会计学专业的专业核心课程,本门课程的前修课程为经济学、管理学、会计学、财务管理学、成本管理会计等,课程主要内容包括财务分析基本方法、资产负债表分析、利润质量分析、现金流质量分析、财务能力分析等。

该课程的内容安排以岗位任务为抓手,从微观角度和宏观角度进行设计。微观角度是通过真实的上市公司财务报表及相关资料,站在财务岗位的角度,运用财务分析的方法和技术,以独立或团队方式完成一家上市公司的财务分析,并撰写财务分析报告。要求学生掌握财务分析岗位必要的知识、技能和能力,从不同利益主体(如股东、债权人、管理者等)的角度,分析财务报表、评价财务能力,着重把握财务分析方法,形成分析问题的框架体系和思路,完成企业财务岗位任务,为后续职业发展奠定基础。宏观角度一方面是从数据分析专业的角度展开课程教学,另一方面是训练个人偏好,包括数据分析工具的使用、语言表达、制作 PPT、文字表达、沟通、协作能力等。

通过本课程的学习,学生应掌握财务分析的基本理论和基本方法,并明确作为财务分析师或分析人员应如何阅读与分析企业的财务报表;如何分析企业财务活动状况;如何评价企业财务效率;如何对企业进行综合评价等。进而,使学生掌握一定的财务分析技能,形成一定的财务评价及决策能力,增强财务数据敏感度和财务专业素养。

2. 企业财务分析课程大纲

企业财务分析课程大纲如表 5-5 所示。

表 5-5 企业财务分析课程大纲

一、课程大纲						
课程代码	kg2022xm85		课程名称	企业财务分析		
授课教师	代冰莹 郭超					
课程性质	必修	学时	48	学分	3	授课对象	普本、专升本会计学/财务管理
项目来源	a. 岗位典型任务 b. 课程领域真实应用案例					
课程目标	（基于人才培养目标，从了解、理解、掌握、运用等层次说明学生通过本次课的学习能够达到的知识与技能、过程与方法、情感态度与价值观目标） 通过本课程的学习，学生应掌握财务分析的基本理论和基本方法，并明确作为财务分析师或分析人员应如何阅读与分析企业的财务报表；如何分析企业财务活动状况；如何评价企业财务效率；如何对企业进行综合评价等。进而，使学生掌握一定的财务分析技能，形成一定的财务评价及决策能力，增强财务数据敏感度和财务专业素养					
学习成果	（一）17 个项目任务成果，包括如下方面： ① 目标企业整体风险判定分析（与任务⑨一起） ② 目标企业货币资金分析 ③ 目标企业其他应收款（与任务④一起） ④ 目标企业预付账款分析 ⑤ 目标企业应收账款分析 ⑥ 目标企业存货分析 ⑦ 目标企业固定资产分析 ⑧ 目标企业"投资类"资产分析 ⑨ 目标企业短期负债、长期负债分析 ⑩ 目标企业所有者权益分析 ⑪ 目标企业利润质量分析 ⑫ 目标企业现金流分析 ⑬ 目标企业营运能力分析 ⑭ 目标企业盈利能力分析 ⑮ 目标企业偿债能力分析 ⑯ 目标企业发展能力判定 ⑰ 目标企业财务分析报告撰写 （二）课堂讨论观点——学习中心					
教学方法（或学习方法）	填写内容（选择相应选项即可，如有补充请填写内容）： ☑讲授 ☑小组讨论 ☑答疑 ☑实验 □实训 ☑自主学习 □其他 ☑做项目 ☑汇报项目 ☑互相评价					
先修课程	专业基础课程：财务会计、财务管理学、成本与管理会计、公司战略与风险管理、ERP 实训、内部控制、高级财务会计、经济学、管理学 项目化教学课程：无					
后衔接课程	企业财务预算 毕业设计					

课程资源	自主设计(选择相应选项即可,如有补充请填写内容): ☑教材　☑教辅用书　☑拓展书目　☐教具　☐实验室　☑网络平台　☑图片 ☐音频　☑视频　☐软件　☑学科专家、科学家、企业家等社会人士　☐实地/现场 ☐图书馆、博物馆等社会场所　☐期刊　☑教学过程中生成性资源(如教学活动中提出的问题、学生的作品/作业、课堂实录等)　☐其他(请填写)PPT 课件、教案、教学案例、知识建模图 现成资源(选择相应选项即可,如有补充请填写内容): ☑教材　☐教辅用书　☑拓展书目　☐教具　☐实验室　☑图片　☐音频　☑视频　☐软件　☐学科专家、科学家、企业家等社会人士　☐实地/现场　☐图书馆、博物馆等场所　☐期刊　☑教学过程中生成性资源　☐其他(请填写)PPT 课件、教案、教学案例、知识建模图

课程评价方式	内　容	评 价 方 式
	提交项目任务	项目任务质量
	完成各项学习任务	自学和加强学习任务
	课堂项目汇报和讨论	讨论积极度参与度、项目完成度
	课程财务分析报告撰写	财务分析报告
	出勤	上课到课率

二、课程教学进度表

周次	课　上			课　下		备注
	课程 主题内容	教学 场所	计划 学时	学习 主题内容	学生 用时	
1	目标企业资料收集和财务分析认识	课堂	4	理论基础	10	
2	确定财务分析方法	课堂	2	财务分析方法	6	
	企业背景分析	课堂	2	目标企业背景调研	8	
3	企业重大事项分析	课堂	2	调研企业重大事项	8	
3～4	资产负债表整体风险分析	课堂	4	资产负债表理论基础复习、项目任务	4	
4～5	不良资产——货币资金分析	课堂	4	货币资金理论基础学习、项目任务	4	
5～6	不良资产——应收账款、存货分析	课堂	4	业务处理理论基础学习、项目任务	6	
6	不良资产——其他应收账款、预付账款分析	课堂	2	业务处理理论基础学习、项目任务	2	
7	不良资产——固定资产、投资类资产分析	课堂	4	业务处理理论基础学习、项目任务	4	
8	利润质量分析	课堂	4	利润表结构学习、项目任务	4	
9	现金流质量分析	课堂	2	现金流量表结构学习、项目任务	4	

续表

周次	课　　上			课　　下		备注
	课程 主题内容	教学 场所	计划 学时	学习 主题内容	学生 用时	
9～11	财务能力分析	课堂	10	财务比率学习、项目任务	20	
12	财务报告撰写	课下	4	项目任务	16	
合　　计			48	合　　计	96	

3. 企业财务分析教学设计展示

企业财务分析就业方向项目化教学课程教学设计如表 5-6～表 5～8 所示。

表 5-6　企业财务分析就业方向项目化教学课程教学设计(一)

2023—2024 年第 2 学期第 4 周　资产负债表整体结构及风险分析

知识建模图：

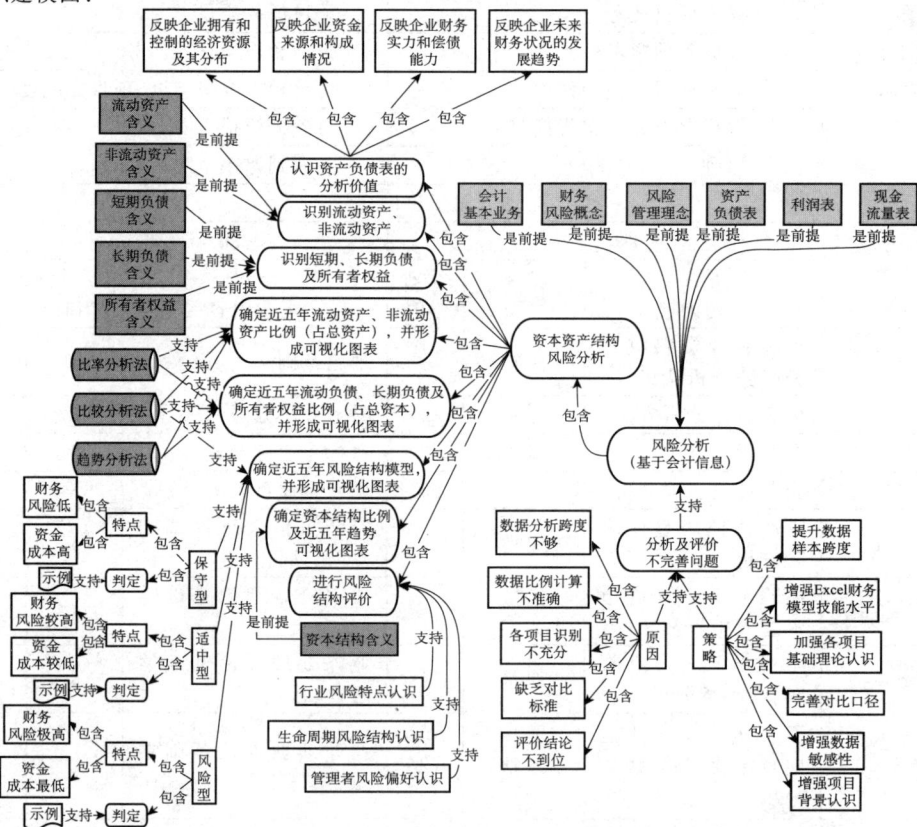

	知识点(学习水平)	能力目标	素质目标(课程思政点)
学习目标	① 资产负债表的分析价值 (理解) ② 风险结构模型(理解) ③ 保守型结构含义及特点 (理解、运用)	① 具备完成判定企业风险 结构模型的能力 ② 具备运用风险理念识别 并评价企业资产负债表风 险的能力	① 具备财务风险意识 ② 具备财务数据敏感性

续表

	知识点(学习水平)	能力目标	素质目标(课程思政点)
学习目标	④ 适中型结构含义及特点(理解、运用) ⑤ 风险型结构含义及特点(理解、运用)		

学习先决知识技能	知识点(学习水平)
	① 会计基本业务(形成资产负债的)、财务风险概念、风险管理的理念(理解) ② 资产负债表、利润表、现金流量表(记忆、理解) ③ 流动资产、非流动资产、短期负债、长期负债、所有者权益项目含义(运用) ④ 比较分析法、比率分析法、因素分析法(运用) ⑤ 资本结构含义(理解)

课上资源	① 教具:课件 PPT(pp.4-14) ② 教具:教学案例——茅台资产分布 ③ 项目:项目资料库——小组案例资料 ④ 项目:项目任务单——任务一 ⑤ 项目:项目成果库——小组项目任务成果 ⑥ 监督平台:智慧黄科——学习中心 ⑦ 数据工具:新浪财经 App ⑧ 可视化工具:Excel	课下资源	① 工具:财经网站 a. 新浪财经网 b. 巨潮资讯网 c. 东方财富网 ② 自学视频课:自制微课(视频)代冰莹主讲——学习中心视频 ③ 自学资料:课件 PPT ④ 自学视频课:国家精品视频课(华中科技大学郭炜老师主讲)——资产负债表分析 ⑤ 参考教材:张新民、钱爱民,中国人民大学出版社,《财务报表分析》 ⑥ B 站视频:会计之父财务报表 ⑦ 项目:项目任务单——任务 1 ⑧ 项目:项目资料
课上时间	200 分钟	课下时间	220 分钟

活动序列	任务的学习目标	地点	时间	学习资源
活动 1	理解会计基本业务(形成资产负债的)、财务风险概念、风险管理的理念	课下	100 分钟	微课(视频):财务分析概述教材 B 站视频:会计之父财务报表
	理解资产负债表、利润表、现金流量表及各项目含义,会编制场景案例中的三大报表	课上	20 分钟	课件:资产负债表分析 试练项目:相亲故事中三大财务报表的编制

续表

活动序列	任务的学习目标	地点	时　间	学习资源
活动2	理解资产负债表的分析价值	课上	25分钟	教材 课件PPT资产负债表分析——贵州茅台引例
		课下	40分钟	
活动3	理解三种风险结构模型	课上	35分钟	教材 课件PPT资产负债表分析
活动4	能够识别资产负债表的三种结构模型，并理解其特点	课上	60分钟	项目任务单 新浪财经网 小组项目资料
活动5	能够运用分析方法和流程判定目标企业资本资产风险结构	课下	80分钟	项目任务单 学习视频：张新民财务报表分析案例视频
		课上	60分钟	小组项目资料 小组项目任务成果

活动1知识建模图(课上＋课下)：

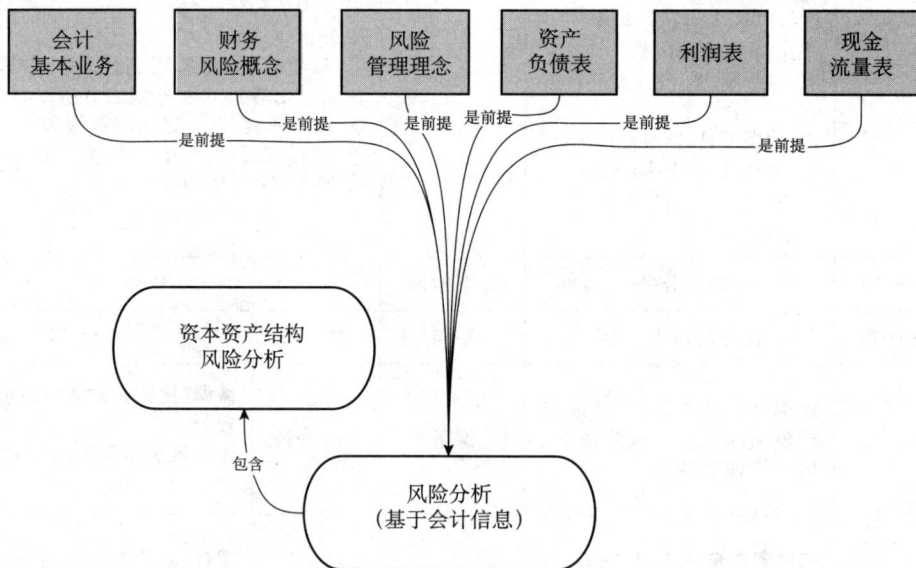

活动目标	① 理解会计基本业务(形成资产负债的)、财务风险概念、风险管理的理念 ② 理解资产负债表、利润表、现金流量表及各项目含义,会编制场景案例中的三大报表

活动任务序列(导入任务)	
交互过程	① 教师创设情境:相亲故事 ② 教师引导学生说明相亲中需要知道的财务信息 ③ 学生总结回答资产负债表的含义 ④ 教师引导学生类比列示相亲故事的财务状况和自己的财务状况 ⑤ 学生列示资产负债状况

活动任务序列(任务一)			
任务一知识组块: 	任务描述	复习会计基本业务(形成资产负债的)、财务风险概念、风险管理的理念	
	任务时长	100 分钟	
	学习地点	课下	

教学方法(或学习方法)	填写内容(选择相应选项即可,如有补充请填写内容): □讲授　☑小组讨论　□答疑　□实验　□实训　☑自主学习 ☑其他(请填写)学生进行阅读标记
交互过程	① 教师发布课下复习基础知识任务,并做学习要求 ② 教师布置理论思考题:为什么资产＝负债＋所有者权益? 教师布置启发思考题:你怎样评价你的财务状况? ③ 学生观看视频课 ④ 学生学习 PPT 课件,记录重点 ⑤ 学生阅读教材,并进行阅读标记 ⑥ 学生课下相互讨论,总结自己的财务状况
学习资源	① 微课(视频)——学习中心 ② 教材、课件 PPT ③ 财经网站资讯 ④ 项目案例资料:企业年度报告
学习成果及评价标准	① 学生教材阅读标记,有学习和阅读痕迹(2分/0分) ② 学生能清晰地讲解自己对财务风险的认识(1~2分) ③ 学生能够流畅、清晰地讲解第一个问题,根据学生回答问题熟练程度进行评分(1~3分) ④ 学生能较清晰、全面描述自己财务状况,包括资产、负债、净资产,根据学生罗列的全面程度进行评分(1~3分) ⑤ 学生能够完成试练任务的报表编制,信息全面,数据准确,表结构合理(5分)

活动任务序列(任务二)		
任务二知识组块： 会计基本业务　财务风险概念　风险管理理念　资产负债表　利润表　现金流量表 是前提　是前提　是前提　是前提　是前提　是前提 资本资产结构风险分析 包含　风险分析(基于会计信息)	**任务描述**	理解资产负债表、利润表、现金流量表及各项目含义，会编制场景案例中的三大报表
	任务时长	20分钟
	学习地点	课上

教学方法(或学习方法)	填空内容(选择相应选项即可,如有补充请填写内容)： ☑讲授　□小组讨论　□答疑　□实验　□实训　□自主学习　□其他(请填写)<u>情境学习</u>
交互过程	① 教师讲授:创设情境中的主要财务信息点 ② 教师提问:这些财务信息分别体现出哪三个表? ③ 学生信息分类:情境中的财务信息哪些是资产负债表? 情境中的财务信息哪些是利润表? 情境中的财务信息哪些是现金流量表? ④ 学生回答问题:如房贷、车贷是资产负债表的财务状况 年薪50万元是利润表经营成果 ⑤ 教师启发补充:三大报表的结构和时间 现金流量表信息点是大家知识短板
学习资源	① 教材附录——三大报表的结构 ② 课件PPT——资产负债表分析 ③ 财经网站资讯
学习成果及评价标准	① 学生能全面回答出情境中的财务信息(1～3分) ② 学生能准确地将信息分类到资产负债表、利润表、现金流量表中去(1～3分) ③ 学生能回答三大报表是时间段还是时间点(2分)

活动 2 知识建模图(课上＋课下):

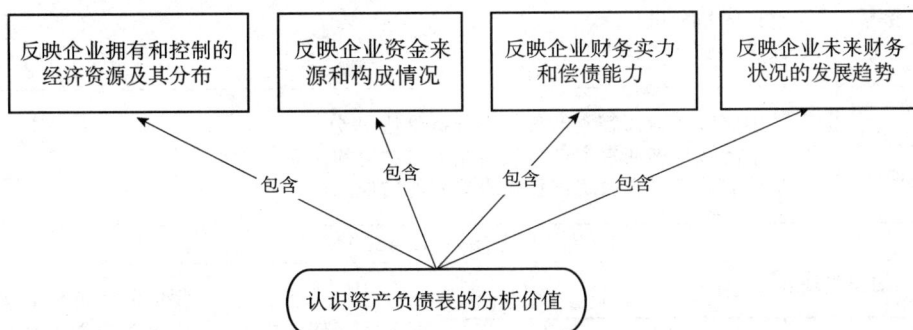

活动目标	理解资产负债表的分析价值

活动任务序列(任务一)

任务一知识组块:		
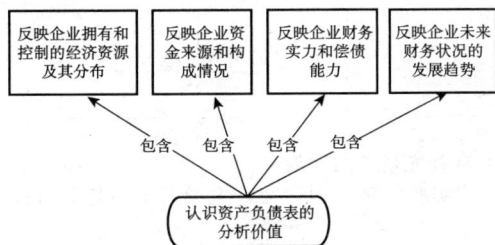	任务描述	学习资产负债表分析价值,理解资产负债表是三大报表中最重要的报表,理解其能带来的巨大信息量
	任务时长	25 分钟
	学习地点	课上

教学方法(或学习方法)	填写内容(选择相应选项即可,如有补充请填写内容): ☑讲授　□小组讨论　☑答疑　□实验　□实训　□自主学习　□其他(请填写)听课笔记
交互过程	① 教师讲解:资产负债表体现的财务状况的意义 ② 教师操作演示:如何收集企业数据? ③ 教师案例演示:根据茅台资产负债表数据 ④ 教师引导提问:总资产 1800 多亿元能说明企业很有实力吗? ⑤ 学生回答:一般为有 ⑥ 教师启发提问:若这 1800 亿元全是荒地呢? ⑦ 教师讲解:是不是应该了解 1800 亿元资产都是什么资产? ⑧ 教师启发追问:货币资金 1100 多亿元,流动性好不好? ⑨ 学生回答:一般认为好 ⑩ 教师启发追问:若这 1100 亿元货币资金全是借的呢? ⑪ 学生思考总结:资产负债表分析价值,一般还要看右边负债的情况 ⑫ 教师启发提问:为什么没有长期负债? ⑬ 学生回答:如不需要资金、不缺乏资金、不进行投资等 ⑭ 教师归纳重点:反映资产的结构与分布、资本的来源与构成、企业的财务实力和偿债能力 ⑮ 学生拍图、记笔记

续表

学习资源	① 教材、课件 PPT ② 财经网站资讯 ③ 教学案例
学习成果及评价标准	① 学生能够清晰回答资产负债表分析价值(4分) ② 学生能够清晰回答资产负债表左边和右边的关系(1分) ③ 学生能够说明自己资产负债表编制的错误原因(2分)

活动任务序列(任务二)

任务二知识组块： 反映企业拥有和控制的经济资源及其分布　反映企业资金来源和构成情况　反映企业财务实力和偿债能力　反映企业未来财务状况的发展趋势 　　包含　　包含　　包含　　包含 认识资产负债表的分析价值	任务描述	收集资产负债表第一层次资产资本结构数据,处理数据
	任务时长	40 分钟
	学习地点	课下

教学方法(或学习方法)	填写内容(选择相应选项即可,如有补充请填写内容)： □讲授　☑小组讨论　□答疑　□实验　☑实训　☑自主学习　□其他(请填写) 　收集处理数据
交互过程	① 教师发布任务:完成项目任务单中试练任务二 ② 教师作出任务说明:需要列示流动资产、非流动资产、总资产、流动负债、非流动负债、所有者权益 ③ 学生操作:收集年度报告数据 ④ 学生完成所要求数据:单位用亿元表示,包括流动资产、非流动资产、总资产、流动负债、非流动负债、所有者权益
学习资源	① 教材、课件 PPT ② 财经网站资讯 ③ 小组项目案例 ④ 拓展案例库
学习成果及评价标准	① 试练任务二完成度,能清晰编制资产负债表要点(3分) ② 小组数据收集完成度,准确按时收集数据(2分) ③ 能够解释流动资产、非流动资产、总资产数据含义(3分) ④ 流动负债、非流动负债、所有者权益(2分)

活动 3 知识建模图(课上):

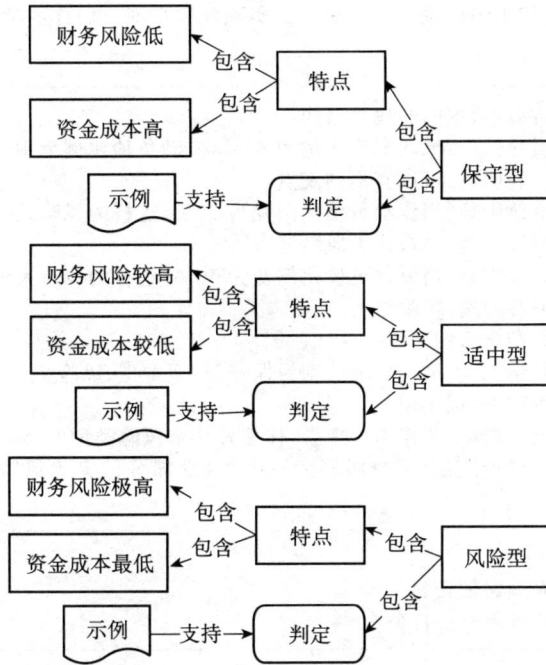

活动目标	理解三种风险结构模型

活动任务序列(任务一)

任务一知识组块:

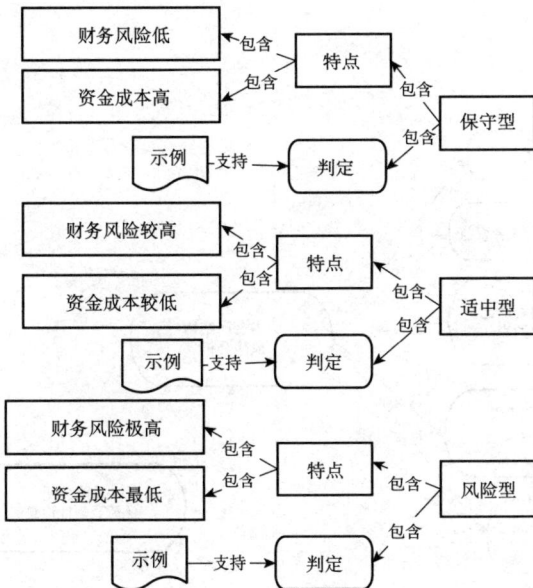

任务描述	进行目标企业风险结构模型学习和风险水平判定,会运用三种风险结构模型进行风险判定
任务时长	35 分钟
学习地点	课上

续表

教学方法(或学习方法)	填写内容(选择相应选项即可,如有补充请填写内容): ☑讲授 ☑小组讨论 ☑答疑 □实验 □实训 □自主学习 □其他(请填写) 记笔记
交互过程	① 教师讲解:数据间的比例结构 ② 教师引导提问:流动资产比例为30%,流动负债比例为10%,这样的风险大吗? ③ 学生回答问题:可以有不同观点 ④ 教师继续引导:当流动负债比例变为30%,这样的风险大吗? ⑤ 学生回答问题:多数认为风险变大 ⑥ 教师继续引导:当流动负债比例变为50%,这样的风险大吗? ⑦ 学生回答问题:风险更大 ⑧ 教师总结学生的回答 ⑨ 教师归纳:三种结构模型分别为保守型、适中型、风险型 ⑩ 学生听重点,记笔记 ⑪ 教师创设情境:若作为管理者,你偏好什么风险类型? ⑫ 学生角色扮演:大部分回答为适中型,少部分回答为风险型,几乎没有回答保守型
学习资源	① 课件PPT ② 目标企业案例资料 ③ 项目任务单——任务一
学习成果及评价标准	① 随机抽取学生回答,能够准确阐释保守型结构的含义和特点(2分) ② 随机抽取学生回答,能够准确阐释适中型结构的含义和特点(2分) ③ 随机抽取学生回答,能够准确阐释风险型结构的含义和特点(2分)

活动4 知识建模图(课上):

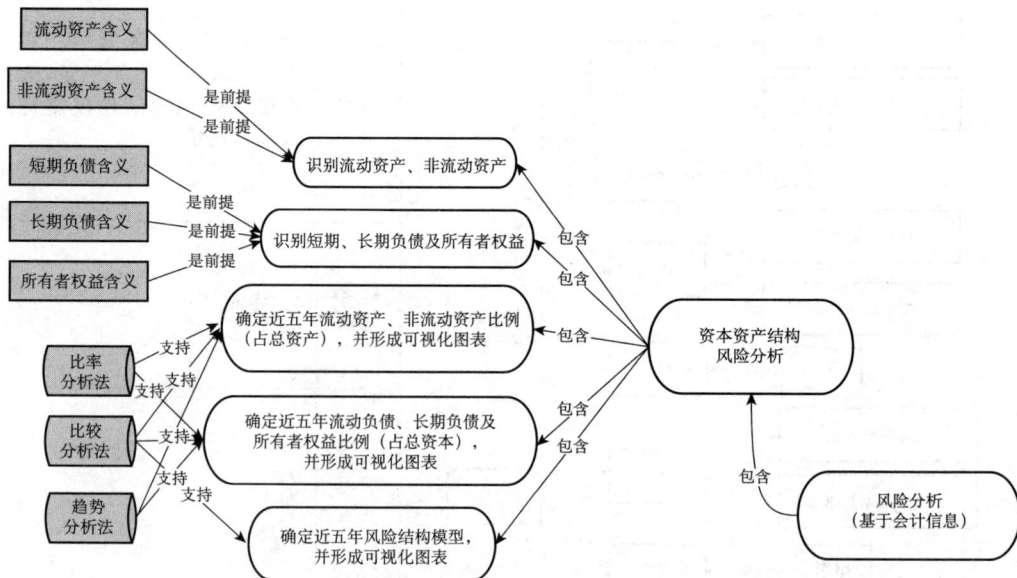

续表

活动目标	能够识别资产负债表的三种结构模型，并理解其特点		
活动任务序列（任务一）			

任务一知识组块：	任务描述	会进行资本资产结构风险分析，识别风险结构模型，进行合理的风险判定

	任务时长	60 分钟
	学习地点	课上

教学方法（或学习方法）	填空内容（选择相应选项即可，如有补充请填写内容）： □讲授　☑小组讨论　☑答疑　□实验　□实训　☑自主学习　□其他（请填写） 　数据分析
交互过程	① 教师讲解：说明主要项目含义 ② 教师演示：分析步骤 a. 列示目标企业资产负债表重要总额项目及分布 b. 确定主要项目占总资产比例 c. 判断目标企业资产负债表风险结构 d. 判断目标企业发展阶段 ③ 学生组内讨论：分工 ④ 学生个别反馈对步骤不明白等问题
学习资源	① 目标企业案例资料 ② 项目任务单——任务一 ③ 课件 PPT
学习成果及评价标准	无

活动 5 知识建模图（课上＋课下）：

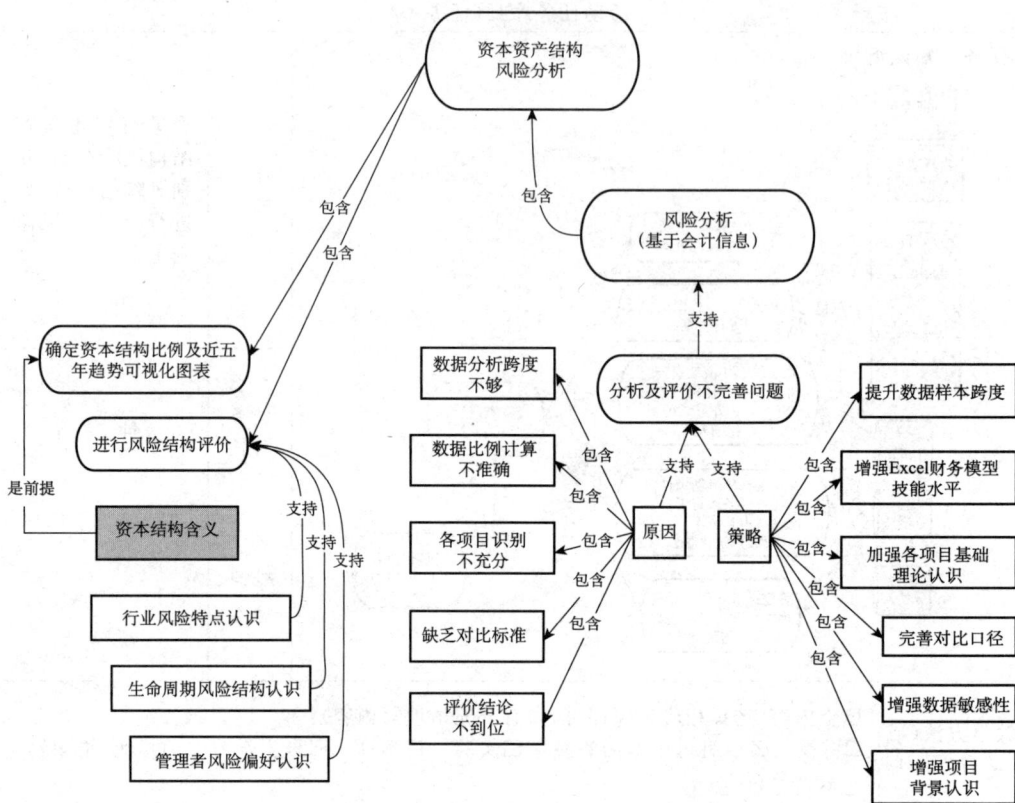

活动目标	能够运用分析分法和流程判定目标企业资本资产风险结构

活动任务序列（任务一）

任务一知识组块：

任务描述	小组完成目标企业资本资产结构风险分析，进行合理的风险判定
任务时长	80分钟
学习地点	课下

教学方法（或 学习方法）	填写内容（选择相应选项即可，如有补充请填写内容）： □讲授　☑小组讨论　□答疑　□实验　□实训　☑自主学习　□其他（请填写） 　数据分析
交互过程	① 教师发布项目任务单 ② 教师解释说明项目任务，包括： a. 列示目标企业资产负债表重要总额项目及分布 b. 判断目标企业资产负债表风险结构 c. 判断目标企业发展阶段 ③ 学生按要求完成项目任务一
学习资源	① 目标企业年度报告 ② 项目任务单
学习成果及 评价标准	小组项目任务完成度，具备完善的数据、合理的结论。 ① 数据呈现完善（3 分） ② 风险模型列示清楚（2 分） ③ 负债结构列示清楚（2 分） ④ 判定理由充分（2 分） ⑤ 评价结论合理（1 分）

活动任务序列（任务二）

任务二知识组块： 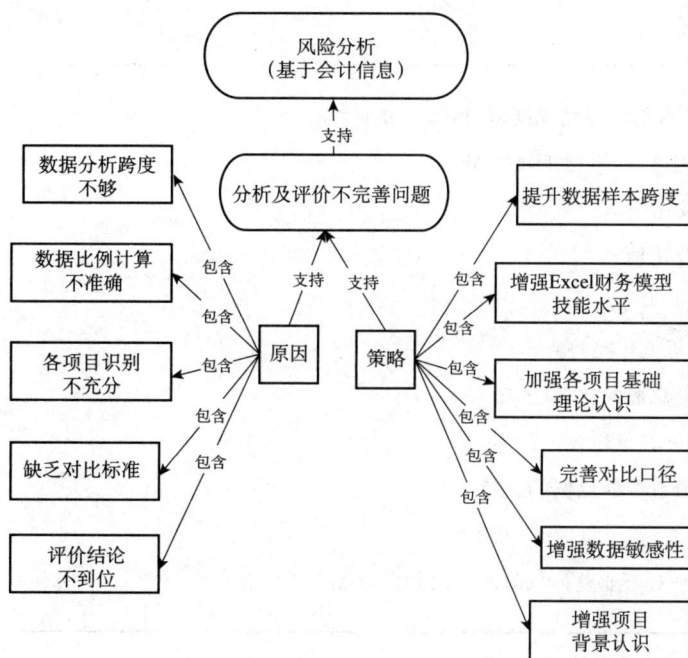	任务 描述	小组汇报目标企业资本资产结构风险分析，能分析其风险类型，并作出评价总结
	任务 时长	60 分钟
	学习 地点	课上

续表

教学方法（或学习方法）	填写内容（选择相应选项即可,如有补充请填写内容）： □讲授　☑小组讨论　☑答疑　□实验　□实训　☑自主学习　□其他（请填写） 　汇报展示
交互过程	① 学生汇报:小组风险结构数据 ② 学生总结:回答小组风险结构类型 ③ 学生记录数据:听其他小组汇报 ④ 教师评价学生小组任务完成的优劣 ⑤ 教师总结行业特点,如地产小组涉及的企业皆属于风险型、汽车制造业也偏向风险型,而食品饮料行业属于适中型 ⑥ 学生完善数据:进行数据修正和结论完善
学习资源	① 小组目标企业项目任务 ② 案例资料 ③ 教学案例
学习成果及评价标准	小组资本资产风险水平汇报完成度,包括以下方面。 ① 有结论——比例准确,模型正确(2分) a. 流动资产金额及比例 b. 流动负债金额及比例 ② 数据完善,包括:(4分) a. 短期借款金额(近五年趋势) b. 短期借款占负债总额的比例(五年) c. 长期借款金额(近五年趋势) d. 长期借款占负债总额的比例(五年) e. 整体负债水平——资产负债率(五年) ③ 有观点见解——对企业整体风险水平的判定(4分)

表 5-7　企业财务分析就业方向项目化教学课程教学设计(二)

2023—2024 学年第 2 学期第 9 周　其他应收款/预付账款分析(2 学时)

知识建模图:

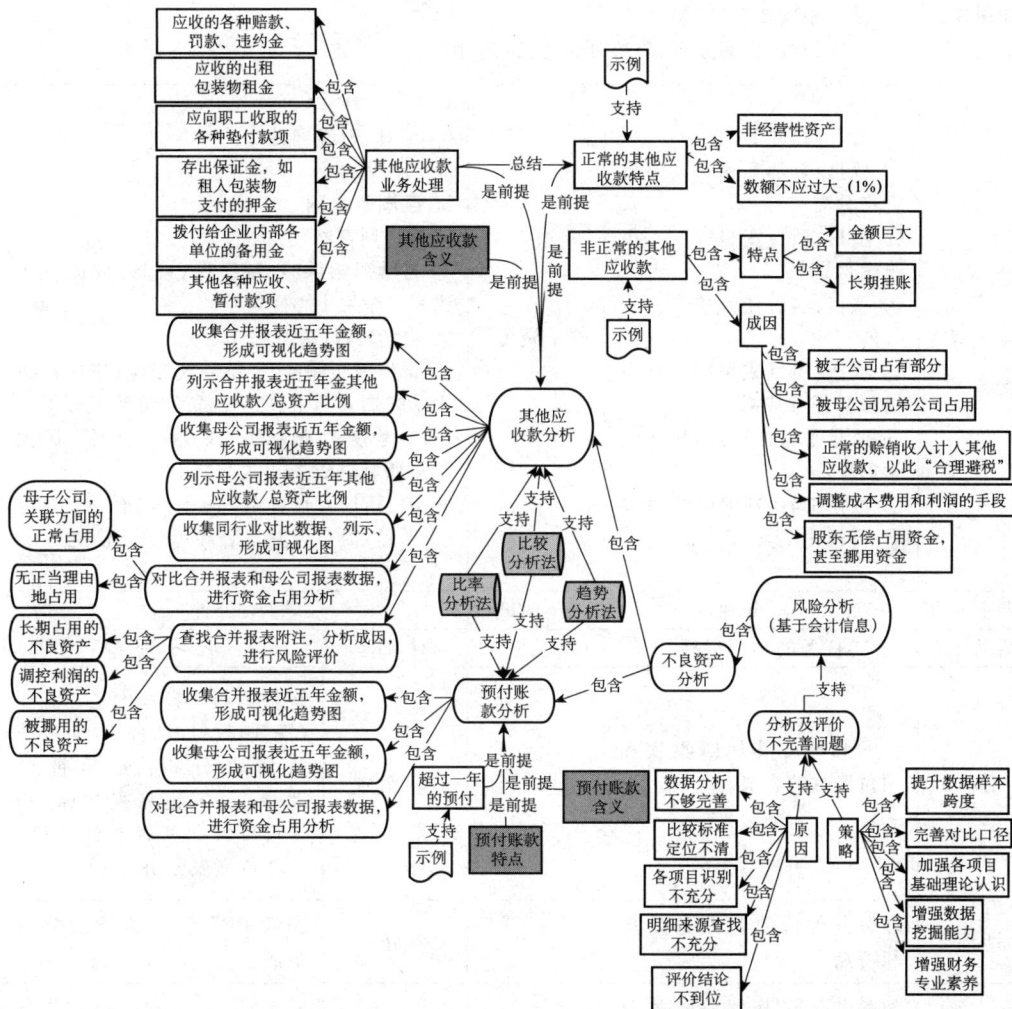

	知识点(学习水平)	能 力 目 标	素质目标(课程思政点)
学习目标	① 其他应收款业务处理(理解) ② 其他应收款特点(理解) ③ 其他应收款/预付账款分析方法(记忆、理解)	① 具备运用方法和流程分析其他应收款/预付账款的能力 ② 具备运用分析方法判定不良资产的能力 ③ 运用管理理念评价其他应收款/预付账款的风险水平	① 具备会计职业操守 ② 具备诚实、守信的会计职业道德

续表

	知识点(学习水平)		
学习先决知识技能	① 其他应收款、预付账款的含义(理解) ② 预付账款特点(理解) ③ 比较分析、比率分析、趋势分析方法(运用)		
课上资源	① 教具:课件PPT ② 教具:教学案例——茅台资产分布 ③ 项目:项目资料库——小组案例资料 ④ 项目:项目任务单——任务四 ⑤ 项目:项目成果库——小组项目任务成果 ⑥ 监督平台:智慧黄科——学习中心 ⑦ 数据工具:新浪财经App ⑧ 可视化工具:Excel	课下资源	① 工具:财经网站 a. 新浪财经网 b. 巨潮资讯网 c. 东方财富网 ② 自学视频课:自制微课(视频)代冰莹主讲——学习中心视频 ③ 自学资料:课件PPT ④ 自学视频课:国家精品视频课(华中科技大学郭炜老师主讲)——资产负债表分析 ⑤ 参考教材:张新民、钱爱民,中国人民大学出版社,《财务报表分析》 ⑥ 项目:项目任务单——任务四 ⑦ 项目:项目合并报表和母公司报表
课上时间	100分钟	课下时间	210分钟

活动序列	任务的学习目标	地点	时　间	学习资源
活动1	回顾和理解其他应收款和预付账款的含义	课下	100分钟	智慧黄科-学习中心-微课(视频)教材、课件PPT资产负债表分析、自学视频课——国家精品视频课(华中科技大学郭炜老师主讲)资产负债表分析
活动2	理解其他应收款业务处理和特点	课上	20分钟	课件PPT资产负债表分析案例
活动3	理解并记忆其他应收款及预付账款财务分析方法	课上	30分钟	案例
活动4	会运用方法和流程分析其他应收款/预付账款	课下	110分钟	项目任务单、张新民财务报表分析案例视频、二维码案例库 自学视频课:国家精品视频课(华中科技大学郭炜老师主讲)——资产负债表分析
活动5	能较好汇报其他应收款及预付账款是否为不良资产	课上	50分钟	小组项目成果

活动 1 知识建模图(课下):

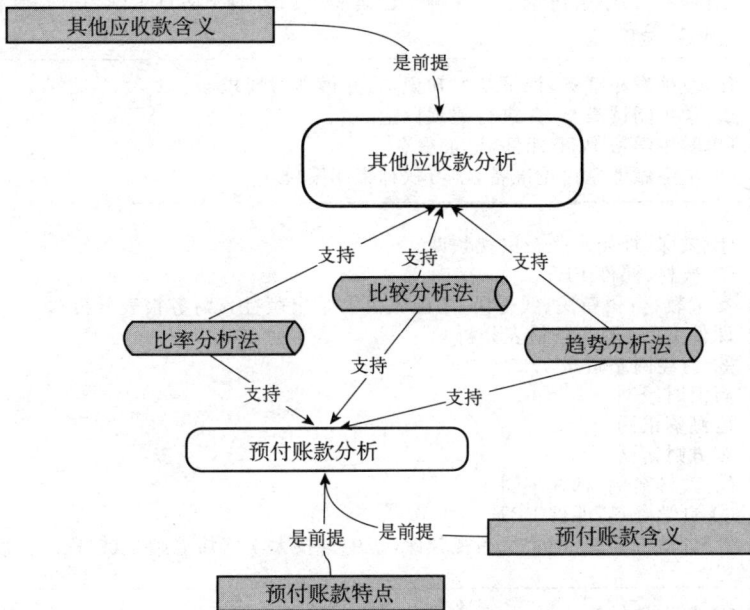

活动目标	回顾和理解其他应收款和预付账款的含义
活动任务序列(导入任务描述)	
交互过程	① 教师创设情境:"角色扮演:你们是子公司,父母是母公司 a. 若父母给你1亿元让你去创业,这 1 亿元母公司的业务处理 b. 若你创业失败,这 1 亿元还不还。"引出对其他应收款的理解(5 分钟) ② 教师引导学生回顾:其他应收款的业务处理 ③ 教师引导学生继续思考:这 1 亿元最终的归宿

活动任务序列(任务一)

任务一知识组块:

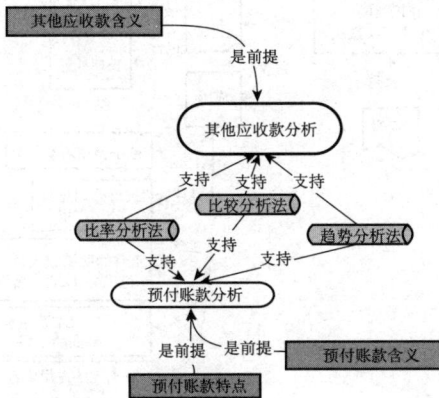

任务描述	理解企业财务状况中其他应收款的含义
任务时长	100 分钟
学习地点	课下

教学方法（或学习方法）	填写内容（选择相应选项即可，如有补充请填写内容）： □讲授　☑小组讨论　□答疑　□实验　□实训　☑自主学习　□其他（请填写） 阅读笔记
交互过程	① 教师发布任务：课下学习知识点，并做学习要求 ② 学生阅读教材，并进行阅读标记 ③ 学生学习 PPT 课件，记录重点 ④ 学生做课堂讨论准备，学习秋林集团案例
学习资源	① 微课（视频）：张新民视频课 ② 教材、课件 PPT 参考教材：张新民、钱爱民，中国人民大学出版社，《财务报表分析》 课件 PPT：资产负债表分析 ③ 财经网站资讯 新浪财经网 巨潮资讯网 东方财富网 ④ 教材案例：秋林集团 ⑤ 自学资料：课件 PPT ⑥ 自学视频课：国家精品视频课（华中科技大学郭炜老师主讲）资产负债表分析
学习成果及评价标准	① 学生教材阅读标记，有学习和阅读痕迹（5分） ② 学习中心任务完成情况，视频观看100%（5分）

活动2知识建模图（课上）：

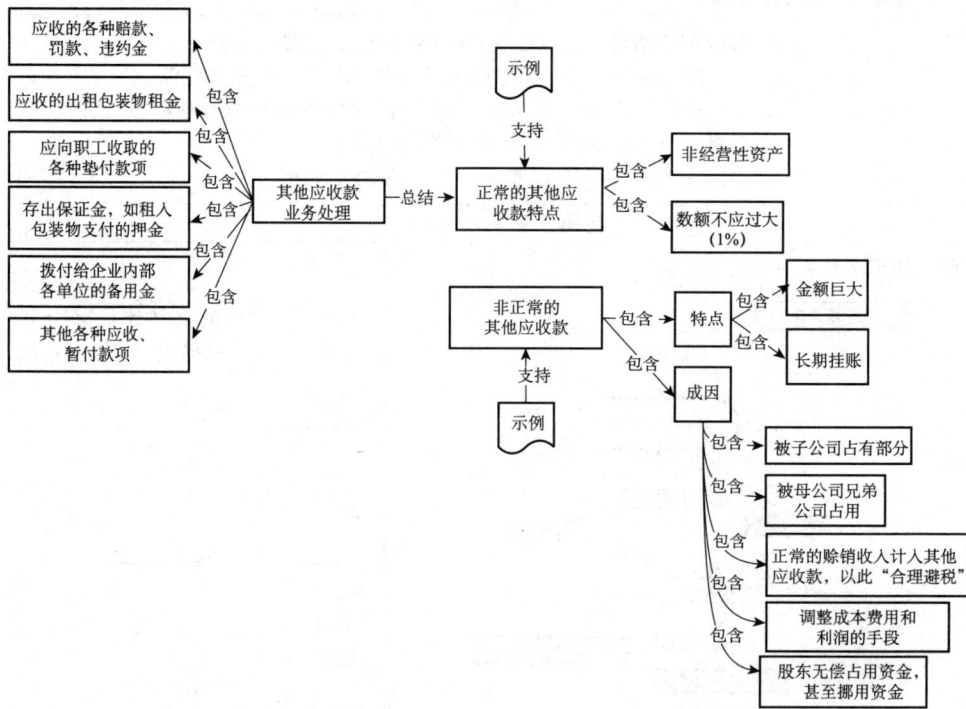

<table>
<tr><td colspan="3" align="center">活动任务序列(任务一)</td></tr>
<tr>
<td rowspan="3">

任务一知识组块：

应收的各种赔款、罚款、违约金
应收的出租包装物租金
应向职工收取的各种垫付款项
存出保证金，如租入包装物支付的押金
拨付给企业内部各单位的备用金
其他各种应收、暂付款项
其他应收款业务处理
正常的其他应收款特点
非经营性资产
数额不应过大(1%)
非正常的其他应收款
特点——金额巨大、长期挂账
成因——被子公司占有部分、被母公司兄弟公司占用、正常的赊销收入计入其他应收款以此"合理避税"、调整成本费用和利润的手段、股东无偿占用资金甚至挪用资金

</td>
<td align="center">任务描述</td>
<td>复习其他应收款正常会计处理，列出业务处理。理解其他应收款特点</td>
</tr>
<tr>
<td align="center">任务时长</td>
<td>20 分钟</td>
</tr>
<tr>
<td align="center">学习地点</td>
<td>课上</td>
</tr>
<tr>
<td align="center">教学方法(或
学习方法)</td>
<td colspan="2">

填写内容(选择相应选项即可，如有补充请填写内容)：
☑讲授　□小组讨论　☑答疑　□实验　□实训　□自主学习　□其他(请填写)
　情景演绎

</td>
</tr>
<tr>
<td align="center">交互过程</td>
<td colspan="2">

① 教师列举：其他应收款常见业务
② 学生复盘：回答其他应收款的业务处理，包括如下：
其他应收款，企业除应收票据、应收账款、预付账款等经营活动以外的其他各种应收、暂付款
a. 应收的各种赔款、罚款、违约金
(借：其他应收款；贷：营业外收入)
b. 应收的出租包装物租金
(借：其他应收款；贷：其他业务收入)
c. 应向职工收取的各种垫付款项
(垫付时，借：其他应收款；贷：银行存款)
(扣款时，借：应付职工薪酬；贷：其他应收款)
d. 存出保证金，如租入包装物支付的押金
(借：其他应收款；贷：银行存款)
e. 拨付给企业各内部单位的备用金
(拨付时，借：其他应收款；贷：银行存款)
(报销时，借：管理费用等；贷：其他应收款)
f. 其他各种应收、暂付款项
③ 教师讲授：个别业务的正确处理方式
④ 教师启发：这些其他应收款的金额重大吗？
⑤ 学生回答：一般回答为金额不应过大。
⑥ 教师提问：最后的"其他"是什么？请想一想，并回答
⑦ 教师创设情境：比如你和你们父母间的资金占用。
⑧ 教师引导提问：提问学生父母暂时付你 10 亿元的业务处理是怎样的？
⑨ 学生回答：借：其他应收款 10 亿元；贷：其他应收款 10 亿元

</td>
</tr>
</table>

续表

交互过程	⑩ 教师持续提问:若你投资失败,这10亿元的后果? ⑪ 学生回答:这个其他应收款一般不会还 ⑫ 教师总结:这样的其他应收款得不到归还 ⑬ 学生总结:这样的其他应收款特点——金额重大,长期挂账
学习资源	① 课件 PPT:资产负债表分析 ② 参考教材:张新民、钱爱民,中国人民大学出版社,《财务报表分析》
学习成果及 评价标准	① 业务处理包括六个方面(3分) ② 其他应收款特点总结准确,至少包括两个方面(4分) ③ 学生言语汇报知识点,能进行流畅、清晰的讲解(2分)

活动 3 知识建模图(课上):

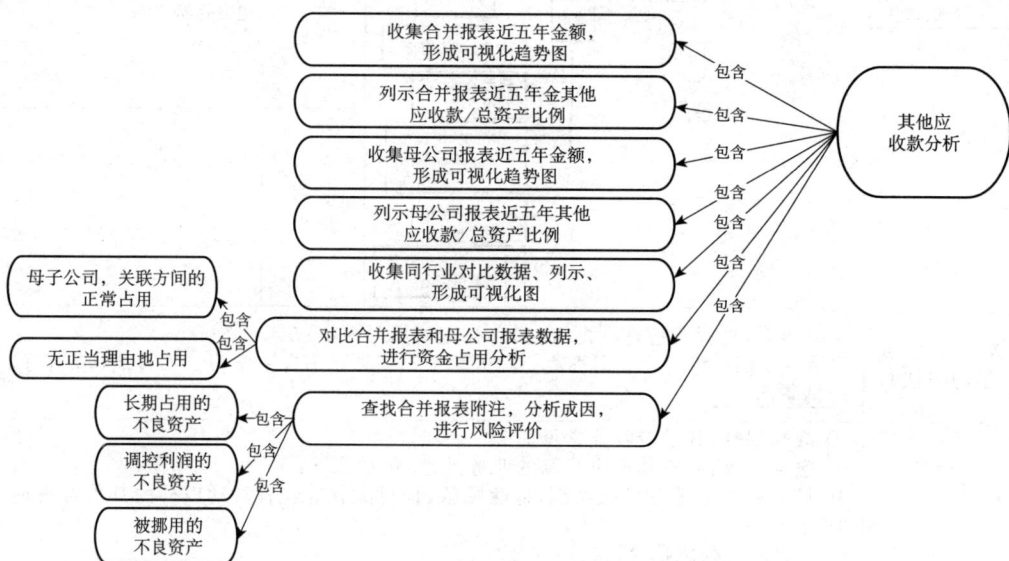

活动目标	理解并记忆其他应收款及预付账款财务分析方法

活动任务序列(任务一)

任务一知识组块:

任务 描述	理解其他应收款的 "垃圾桶"性质,理解 并记忆其他应收款 财务分析方法
任务 时长	30分钟
学习 地点	课上

教学方法（或学习方法）	填写内容（选择相应选项即可,如有补充请填写内容）: □讲授　☑小组讨论　□答疑　□实验　□实训　☑自主学习 □其他（请填写）　类比学习
交互过程	① 教师启发:母子公司间的资金占用是不是正常的? ② 学生回答:大多不正常 ③ 教师追问:若本来无须资金,母公司也将资金转移子公司,则有大股东抽逃资金的嫌疑 ④ 教师启发:若这样的行为更进一步,则会出现不确认收入、隐匿费用等调整利润的业务处理 ⑤ 教师总结:其他应收款的"垃圾桶"性质 长期占用的其他应收款往往就是不良资产 ⑥ 教师讲解:如何识别金额巨大的其他应收款? 结构分析:看其他应收款占总资产的比例 对比分析:看合并报表和母公司报表其他应收款金额 ⑦ 教师演示:分析步骤 ⑧ 教师强调:注意会计职业道德和操守 不利用其他应收款隐藏费用 不利用其他应收款调节收入 不利用其他应收款甚至抽逃资金
学习资源	① 课件 PPT:资产负债表分析 ② 财经网站资讯 新浪财经网 巨潮资讯网 东方财富网 ③ 教学案例 ④ 项目任务:项目任务单——任务 4 ⑤ 项目合并报表和母公司报表
学习成果及评价标准	① 学生能熟练回答怎么判定金额巨大的其他应收款(2 分) ② 学生能熟练回答金额巨大的其他应收款的来源(3 分)

活动 4 知识建模图（课下）:

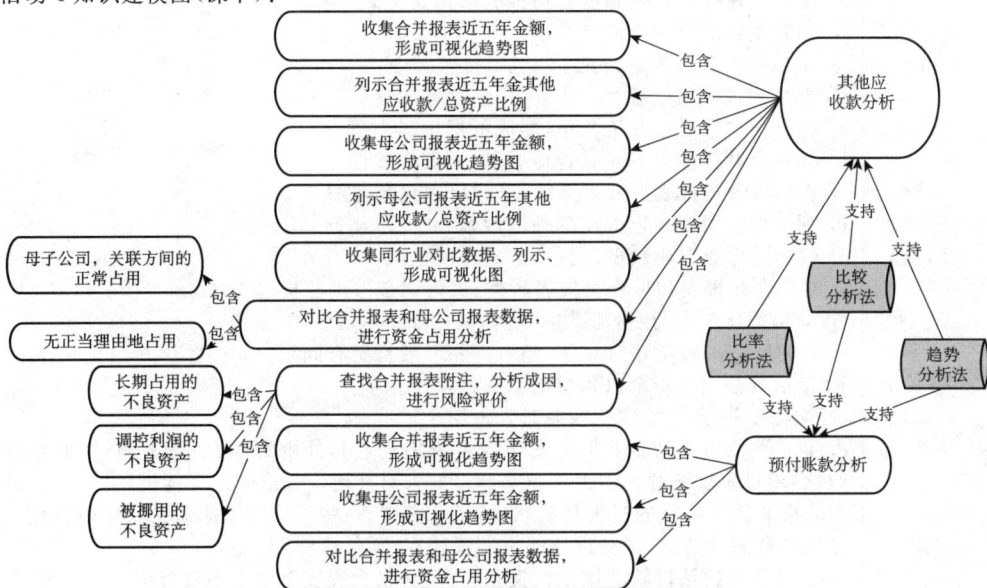

续表

活动目标	会运用方法和流程分析其他应收款/预付账款
活动任务序列(任务一)	

任务一知识组块:	任务描述	能够运用方法进行目标企业其他应收款及预付账款分析
	任务时长	100 分钟
	学习地点	课下

教学方法(或学习方法)	填写内容(选择相应选项即可,如有补充请填写内容): □讲授 ☑小组讨论 □答疑 □实验 □实训 ☑自主学习 ☑其他 __数据处理 类比学习__
交互过程	① 教师发布项目任务单 ② 教师解释:说明项目任务,包括: a. 注意合并报表数据和母公司报表数据要全面 b. 二者差异的原因 ③ 学生组内分工沟通讨论 ④ 学生完成项目任务 a. 收集合并报表近五年金额,形成可视化趋势图 b. 列示合并报表近五年其他应收款/总资产比例 c. 收集母公司报表近五年金额,形成可视化趋势图 d. 列示母公司报表近五年其他应收款/总资产比例 e. 收集同行业对比数据、列示、形成可视化图 f. 对比合并报表和母公司报表数据,进行资金占用分析 ⑤ 学生类比学习:预付账款的分析,包括如下内容 a. 预付账款一般不超过一年,超过一年一般肯定有问题 b. 预示着公司的资金以预付的名义被挪用 c. 一般来说,预付账款会被关联方占用 d. 企业关联方在从企业提走现金或者占用企业其他资源时,一般是通过"其他应收款"项目来反映的。但由于越来越多的人对其他应收款的过大规模(尤其是合并报表中其他应收款的过大规模)保持较高警惕,一些单位为了掩盖关联单位占用上市公司资源的情况,把被占用的资源反映在"预付账款"上 e. 如果企业的预付款项属于此类,其质量在很大程度上属于不良资产

续表

学习资源	① 目标企业案例资料 新浪财经网 巨潮资讯网 东方财富网 ② 项目任务单:项目任务单——任务四 ③ 课件 PPT:资产负债表分析 ④ 企业年度报告 ⑤ 企业资产负债表附注 ⑥ 数据工具:新浪财经 App ⑦ 可视化工具:Excel
学习成果及 评价标准	小组任务完成度,按照时间和内容要求准时提交。包括以下内容。 ① 会收集合并报表和母公司报表近五年金额(4分) ② 能够从报表附注中去收集其他应收款明细(2分) ③ 能准确总结项目其他应收款特点(重要)(5分) ④ 能合理评价其他应收款是不是不良资产(2分) ⑤ 能够识别是否通过预付账款占用资金(2分)

活动 5 知识建模图(课上):

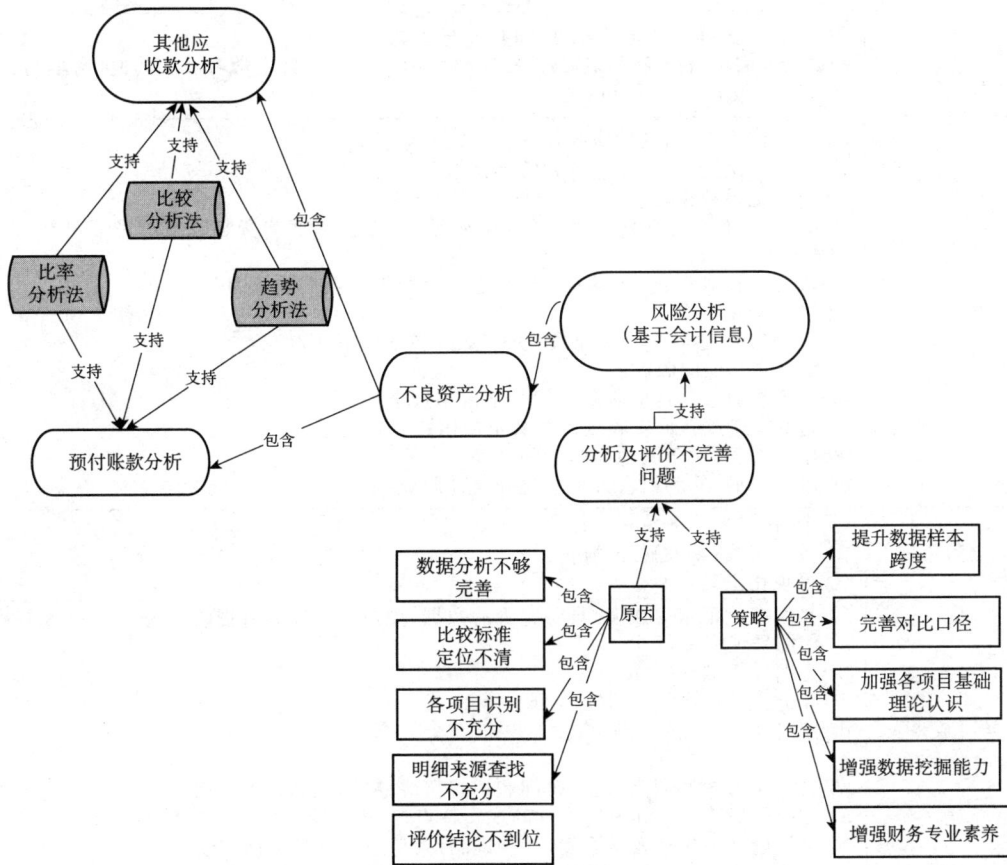

活动目标	汇报其他应收款及预付账款是否为不良资产

活动任务序列(任务一)

任务一知识组块:		
	任务描述	小组汇报目标企业其他应收款及预付账款分析
	任务时长	50分钟
	学习地点	课上

教学方法(或学习方法)	填写内容(选择相应选项即可,如有补充请填写内容): ☑讲授　☑小组讨论　□答疑　□实验　□实训　☑自主学习　□其他(请填写) 　项目汇报展示　课堂讨论
交互过程	① 学生汇报:小组其他应收款和预付账款数据 ② 学生总结:回答其他应收款的具体情况 ③ 学生记录数据特点 ④ 教师评价:学生小组任务优劣,其他应收款前五名客户资料收集不完善,4个小组汇报很好 ⑤ 教师讲授难点:合并报表数据小于母公司报表数据的原因 ⑥ 学生修正数据 ⑦ 教师启发提问:其他应收款的风险点,包括以下几点。 a. 懂没懂其他应收款? b. 想不想通过其他应收款占用甚至挪用资金? c. 能不能通过其他应收款占用甚至挪用资金? ⑧ 学生回答:对于其他应收款的理解 ⑨ 教师告诫:作为财会人员应遵守会计职业操守
学习资源	① 项目:项目任务单——任务四 ② 数据工具:新浪财经 App ③ 可视化工具:Excel
学习成果及评价标准	① 小组案例汇报完成度,具备完善的数据、规范的对比和合理的结论 a. 数据呈现完整(2分) b. 比例分析准确(2分) c. 母子公司对比分析到位(3分) d. 判定理由合理(2分) e. 评价结论完善(1分) ② 完成学习中心课堂讨论,时间和内容符合要求,包括以下方面 a. 有知识基础——其他应收款的现实特点(1分) b. 有讨论结果——教学案例(秋林集团)其他应收款的去向(2分) c. 有观点见解——自己对其他应收款的认识(2分)

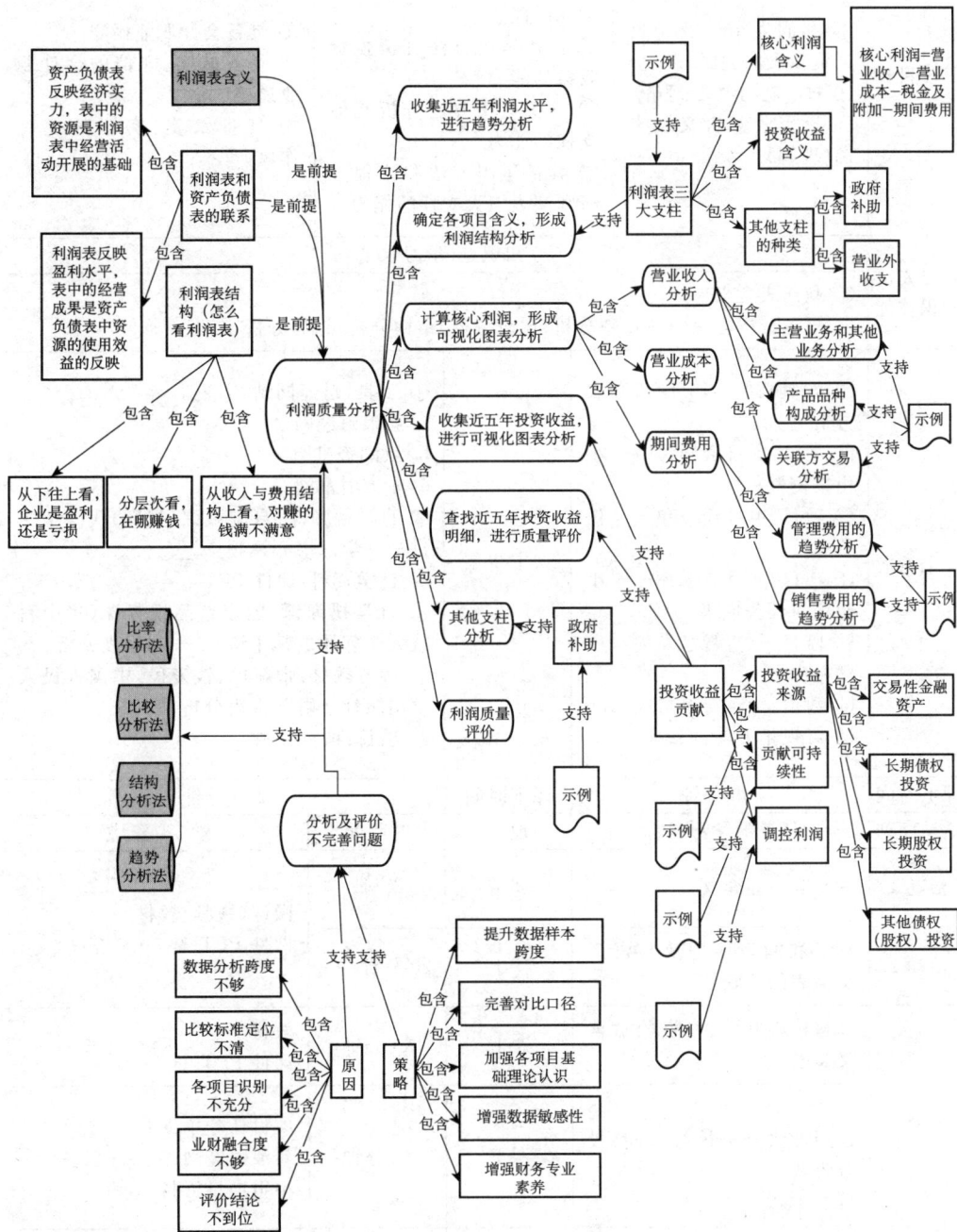

表 5-8　企业财务分析就业方向项目化教学课程教学设计（三）

2023 年第 2 学期第 10 周 利润质量分析

知识建模图：

资产负债表反映经济实力，表中的资源是利润表中经营活动开展的基础

利润表含义

收集近五年利润水平，进行趋势分析

示例

核心利润含义

核心利润=营业收入−营业成本−税金及附加−期间费用

利润表和资产负债表的联系

是前提　是前提　是前提

确定各项含义，形成利润结构分析

包含

支持

利润表三大支柱

包含　投资收益含义

包含　其他支柱的种类

政府补助

营业外收支

利润表反映盈利水平，表中的经营成果是资产负债表中资源的使用效益的反映

利润表结构（怎么看利润表）

计算核心利润，形成可视化图表分析

包含　营业收入分析

包含　营业成本分析

包含　主营业务和其他业务分析　支持

支持　示例

利润质量分析

包含　包含　包含

收集近五年投资收益，进行可视化图表分析

期间费用分析

产品品种构成分析　支持

关联方交易分析　支持

从下往上看，企业是盈利还是亏损

分层次看，在哪赚钱

从收入与费用结构上看，对赚的钱满不满意

查找近五年投资收益明细，进行质量评价

支持

管理费用的趋势分析

销售费用的趋势分析　支持　示例

比率分析法

比较分析法

结构分析法

趋势分析法

支持

其他支柱分析　支持　政府补助

利润质量评价

支持

示例

投资收益贡献　投资收益来源　包含　交易性金融资产

包含　包含　贡献可持续性　包含　长期债权投资

分析及评价不完善问题

示例　支持　调控利润　长期股权投资

支持　支持

示例　其他债权（股权）投资

数据分析跨度不够

支持支持

提升数据样本跨度

示例

比较标准定位不清

包含

完善对比口径

各项目识别不充分

包含　原因　包含　策略　包含　加强各项目基础理论认识

业财融合度不够

包含　包含　增强数据敏感性

评价结论不到位

包含　增强财务专业素养

续表

	知识点(学习水平)	能力目标	素质目标(课程思政点)
学习目标	① 利润表结构及与资产负债表的关联(理解) ② 核心利润含义(理解) ③ 投资收益含义及来源(理解)	① 具备运用方法分析核心利润的能力 ② 具备运用方法分析投资收益的能力 ③ 具备运用方法分析其他支柱的能力 ④ 具备运用方法和流程分析利润表三大支柱的能力	① 具备会计职业操守 ② 具备诚实、守信的会计职业道德 ③ 具备踏实、实干的优良作风

	知识点(学习水平)		
学习先决知识技能	① 利润表含义 ② 财务分析方法——比率分析、比较分析、结构分析、趋势分析		

课上资源	① 教具:课件 PPT 利润表分析 ② 项目:项目资料库——小组案例资料 ③ 项目:项目任务单——任务九 ④ 项目:项目成果库——小组项目任务成果 ⑤ 监督平台:智慧黄科——学习中心 ⑥ 数据工具:新浪财经 App ⑦ 可视化工具:Excel	课下资源	① 工具:财经网站 a. 新浪财经网 b. 巨潮资讯网 c. 东方财富网 ② 自学视频课:自制微课(视频)代冰莹主讲——学习中心视频 ③ 自学资料:课件 PPT ④ 自学视频课:国家精品视频课(华中科技大学郭炜老师主讲)——利润表分析 ⑤ 参考教材:张新民、钱爱民,中国人民大学出版社,《财务报表分析》 ⑥ 项目:项目资料

课上时间	200 分钟	课下时间	240 分钟	
活动序列	任务的学习目标	地点	时 间	学 习 资 源
活动 1	理解利润表含义	课下	60 分钟	微课(视频)教材 课件 PPT 等
活动 2	理解利润表结构及与资产负债表的关联	课上	20 分钟	
活动 3	理解核心利润、投资收益含义及来源	课上	30 分钟	教材 课件 PPT 等
	运用方法分析核心利润、投资收益	课下	60 分钟	项目任务单 新浪财经网 小组项目资料
活动 4	分析其他支柱——政府补助	课上	20 分钟	教材 课件 PPT 等

续表

活动序列	任务的学习目标	地点	时　间	学 习 资 源
活动 4	运用方法和流程分析利润表三大支柱	课上	50 分钟	项目任务单 学习视频:张新民财务报表分析案例视频
		课下	120 分钟	小组项目资料 小组项目任务成果
活动 5	汇报完善利润表三大支柱项目任务	课上	80 分钟	项目任务单 新浪财经网 小组项目资料

活动 1 知识建模图(课下):

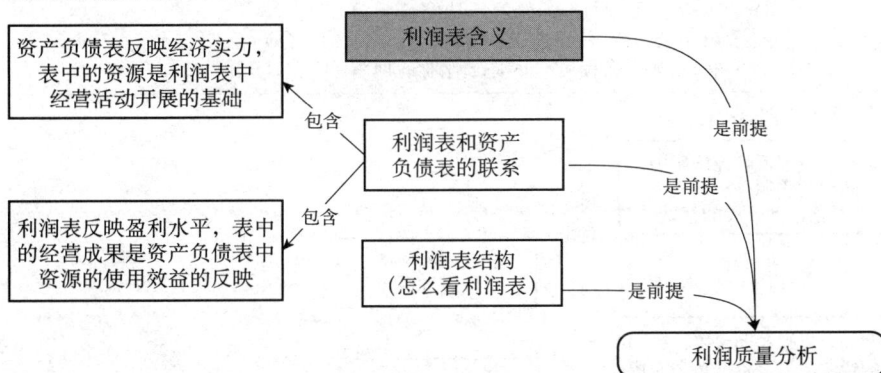

活动目标	理解利润表含义
<td colspan="2" align="center">活动任务序列</td>
交互过程	① 教师创设情境:包子铺经营中的利润表 ② 教师引导学生说明所有相关财务信息 ③ 学生列示相关项目

活动任务序列(任务一)

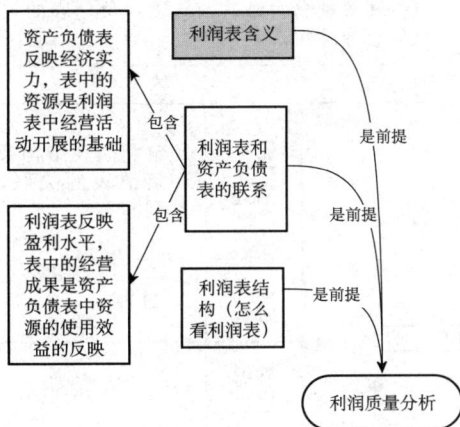

任务 描述	复习利润表特点、含义、结构、项目
任务 时长	60 分钟
学习 地点	课下

续表

教学方法（或 学习方法）	填写内容（选择相应选项即可，如有补充请填写内容）： □讲授 □小组讨论 □答疑 □实验 □实训 ☑自主学习 □其他（请填写） _____
交互过程	① 教师发布任务：课下复习利润表基础知识任务，并做学习要求 ② 学生观看视频课 ③ 学生学习 PPT 课件，记录重点 ④ 学生阅读教材，并进行阅读标记
学习资源	① 微课（视频） ② 教材、课件 PPT 利润表分析 ③ 财经网站资讯 ④ 学习中心：学习视频 ⑤ 张新民财报训练营课
学习成果及 评价标准	① 学生教材阅读标记，有学习和阅读痕迹（2 分） ② 学习中心任务完成情况，视频观看 100%（5 分） ③ 回答问题熟练程度，能够较清晰地回答问题（3 分）

活动 2 知识建模图（课上）：

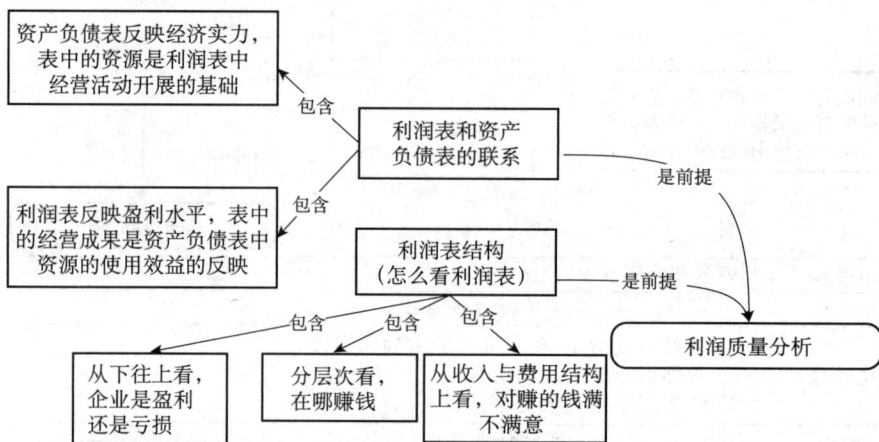

活动目标	① 理解利润表结构及与资产负债表的关联 ② 会分层次看利润表

活动任务序列（任务一）

任务一知识组块：

任务 描述	理解利润表结构及与资产负债表的关联，学会看利润表
任务 时长	20 分钟
学习 地点	课上

续表

教学方法（或学习方法）	填写内容（选择相应选项即可，如有补充请填写内容）： ☑讲授　☑小组讨论　□答疑　□实验　□实训　☑自主学习　□其他（请填写） ————
交互过程	① 教师案例演绎：包子铺的利润表，讲授利润表的各项目 ② 教师引导：包子铺主要靠什么赚钱？ ③ 学生回答：卖包子 ④ 教师继续引导：包子铺还可以靠什么赚钱？ ⑤ 学生回答：卖豆浆 ⑥ 教师继续引导：包子铺可不可以买股票赚钱，且能不能靠买股票赚钱？ ⑦ 学生回答：不可以 ⑧ 教师继续引导：包子铺可不可以出门捡到一笔钱，且能不能靠捡钱赚钱？ ⑨ 学生回答：不可以 ⑩ 教师讲授：包子铺的核心利润、投资收益和其他 ⑪ 教师归纳总结：利润表的三大支柱 ⑫ 学生听讲，并记录重点
学习资源	① 课件 PPT ② 教学案例
学习成果及评价标准	① 学生回答问题的准确度（2分） ② 笔记记录的完整性（1分） ③ 小组代表回答问题熟练程度，能够较清晰地回答问题（2分）

活动 3 知识建模图（课上＋课下）：

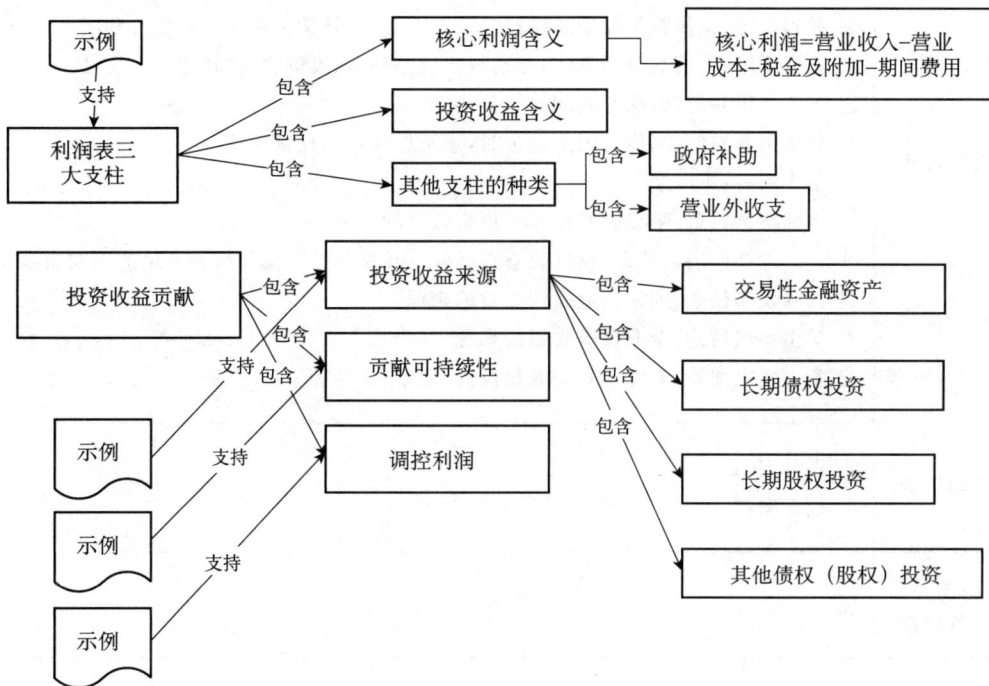

续表

活动目标	理解核心利润、投资收益含义及来源

活动任务序列(任务一)

任务一知识组块：		
	任务描述	理解核心利润、投资收益含义及来源
	任务时长	30分钟
	学习地点	课上

教学方法(或学习方法)	填写内容(选择相应选项即可,如有补充请填写内容)： ☑讲授　☑小组讨论　□答疑　□实验　□实训　☑自主学习　□其他(请填写) _____
交互过程	① 教师启发提问：未来的你们依靠什么赚钱？ ② 学生回答：一般为工资 ③ 教师演绎：工作就是你未来赚钱的核心业务,引导学生关注企业核心利润 ④ 教师讲解：利润表分析方法,分别找出核心利润、投资收益、其他三大支柱 ⑤ 学生听讲并记录：核心利润计算公式 ⑥ 教师引导提问：当你有闲余资金时,想不想做一些投资赚钱？ ⑦ 学生回答：买股票 ⑧ 教师案例讲解：第二大支柱——投资收益的贡献 ⑨ 学生总结归纳记笔记：投资收益在经营主导型和投资主导型企业里的不同贡献 ⑩ 教师发布任务：列举企业投资收益的来源 ⑪ 学生小组讨论：企业投资收益的来源 ⑫ 学生代表回答：来源于长期股权投资、股票、债券等
学习资源	① 课件PPT ② 教学案例
学习成果及评价标准	无

活动任务序列(任务二)

任务二知识组块：

任务描述	运用方法分析核心利润、投资收益
任务时长	30 分钟
学习地点	课下

教学方法(或学习方法)	填写内容(选择相应选项即可,如有补充请填写内容)： □讲授 ☑小组讨论 □答疑 □实验 □实训 ☑自主学习 □其他(请填写)
交互过程	① 教师发布任务:联系计算目标企业 2022 年度核心利润和投资收益 ② 学生查找数据 ③ 学生记录数据 ④ 学生形成可视化图表
学习资源	① 教学案例 ② 课件 PPT
学习成果及评价标准	① 核心利润计算准确(5 分) ② 投资收益包含全面(2 分) ③ 能够形成可视化图表(3 分)

活动 4 知识建模图(课上+课下)：

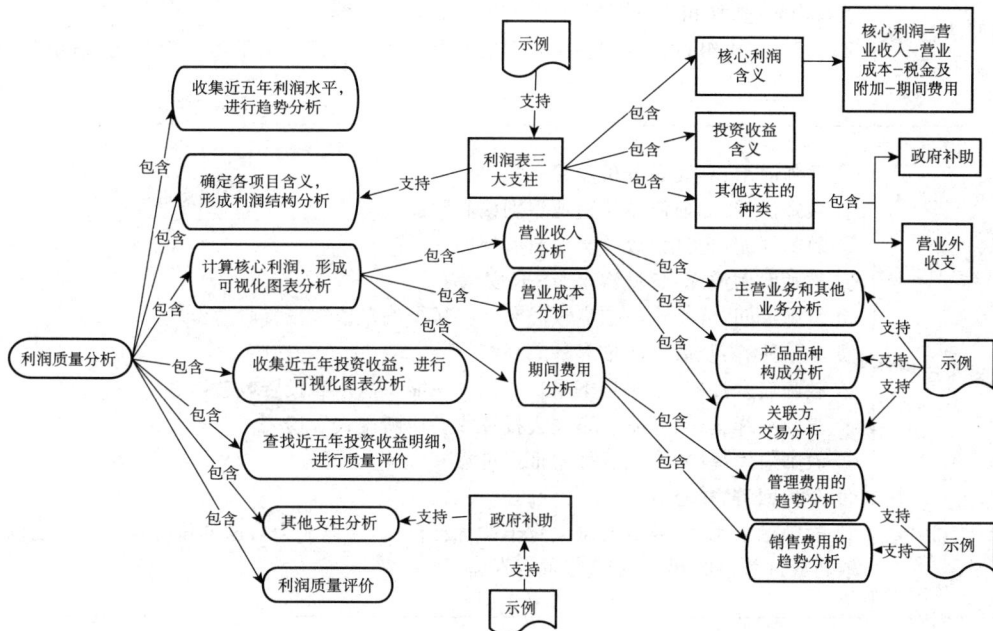

活动目标	运用方法和流程分析利润表三大支柱

活动任务序列(任务一)

任务一知识组块： 	任务描述	运用方法和流程分析利润表三大支柱
	任务时长	50分钟
	学习地点	课上

教学方法(或学习方法)	填写内容(选择相应选项即可,如有补充请填写内容)： ☑讲授　☑小组讨论　□答疑　□实验　□实训　□自主学习　□其他(请填写) _____
交互过程	① 教师演示：利润表分析步骤 ② 教师讲授：如何简单快速地识别核心利润？ ③ 教师补充：把其他收益当作政府补助 ④ 教师案例演绎：长城汽车 VS 长安汽车 ⑤ 教师提问：哪个汽车依靠核心利润？哪个汽车依靠投资收益？ ⑥ 学生回答：长城汽车依靠核心利润 ⑦ 教师启发提问：猜测接下来长安汽车还能不能靠投资收益赚钱？ ⑧ 教师演绎案例：长安汽车失去投资收益而断崖式亏损 ⑨ 教师启发提问：三大支柱中谁最可靠？ ⑩ 学生回答：核心利润 ⑪ 教师融入思政：要具有踏实肯干的优良作风,才能成为自己的核心竞争力。投机取巧或许能一时得利,但无法持续依靠

续表

学习资源	① 目标企业分析报告 ② 项目任务单
学习成果及 评价标准	无

活动任务序列(任务二)

任务二知识组块:		
	任务描述	运用方法和流程完成项目任务九——利润表三大支柱分析
	任务时长	200 分钟
	学习地点	课下

教学方法(或 学习方法)	填写内容(选择相应选项即可,如有补充请填写内容): □讲授　☑小组讨论　□答疑　□实验　□实训　☑自主学习　□其他(请填写) ————
交互过程	① 教师发布项目任务单 ② 教师解释说明项目任务 ③ 学生组内分工讨论 ④ 学生完成项目任务

学习资源	① 小组项目任务成果 ② 目标企业案例资料 ③ 企业年度报告 ④ 二维码案例库
学习成果及 评价标准	小组项目完成度： ① 利润表近五年数据(五年趋势)五年增长率及同行业对比(2分) ② 核心利润及其占利润总额的比例(五年趋势)(5分) ③ 核心利润比例同行业对比(3分) ④ 投资收益和公允价值变动损益合计数及其占利润总额的比例(五年趋势)(5分) ⑤ 第④项的同行业对比(3分) ⑥ 其他(a. 其他收益；b. 营业外收支；c. 信用减值和资产减值是否有大金额)(五年数据或占利润总额的比例)(3分) ⑦ 利润表附注中找营业收入明细(2分)

活动5知识建模图(课上)：

活动目标	汇报并完善利润表三大支柱项目任务

活动任务序列(任务一)

任务一知识组块:

收集近五年利润水平,进行趋势分析
步骤包含

确定各项目含义,形成利润结构分析
步骤包含

计算核心利润,形成可视化图表分析
步骤包含

利润质量分析
步骤包含 收集近五年投资收益,进行可视化图表分析

步骤包含 查找近五年投资收益明细,进行质量评价

步骤包含 其他支柱分析

利润质量评价

比率分析法
比较分析法
结构分析法
趋势分析法
支持

分析及评价不完善问题
支持 支持

数据分析跨度不够
比较标准定位不清
各项目识别不充分
业财融合度不够
评价结论不到位
原因 策略
包含

提升数据样本跨度
完善对比口径
加强各项目基础理论认识
增强数据敏感性
增强财务专业素养

任务描述	小组汇报、讨论、完善利润表三大支柱项目任务
任务时长	100 分钟
学习地点	课上

教学方法(或学习方法)	填写内容(选择相应选项即可,如有补充请填写内容): ☐讲授 ☑小组讨论 ☐答疑 ☐实验 ☐实训 ☑自主学习 ☐其他(请填写)
交互过程	① 学生汇报:小组利润质量数据 ② 学生总结回答:核心利润贡献程度 ③ 学生记录数据:听取并记录他小组汇报 ④ 学生汇报:投资收益贡献程度 ⑤ 教师评价:学生小组任务优劣,10 个小组汇报很好 ⑥ 教师讲授难点:核心利润计算捷径 ⑦ 学生数据修正和结论完善

续表

学习资源	① 小组项目任务成果 ② 目标企业案例资料 ③ 企业年度报告
学习成果及 评价标准	小组项目汇报完成度,具备完善的数据、规范的对比和合理的结论 ① 数据呈现完整(2分) ② 图表可视化清晰(3分) ③ 比例分析准确(5分) ④ 判定理由合理(3分) ⑤ 评价结论完善(5分)

5.3　专业基础课程教学设计实例

5.3.1　财务共享理论与实务教学案例设计

1. 财务共享理论与实务课程简介

随着新技术浪潮的蓬勃兴起,企业财务管理正处于变革转型的关口,一个以财务共享、多维预算和智能分析为核心的新时代管理会计体系正在形成。财务变革的新趋势对会计人才的培养也提出了新的要求。会计人才不仅要掌握会计专业知识与技能,更要提升业财融合能力和数据分析能力,为企业经营决策提供支持,推动会计人才培养从核算型向管理型转变。作为管理会计的基础,财务共享在企业财务管理中起着承上启下的作用。

财务共享服务是一种将分散于各业务单元、重复性高、易于标准化的财务业务进行流程再造与标准化,并集中到财务共享服务中心统一进行处理,达到降低成本、提升客户满意度、改进服务质量、提升业务处理效率的作业管理模式。财务共享理论与实务作为专业选修课程,设置 3 学分,共计 48 学时,其中理论 16 学时,实验 32 学时,建议学生先修读会计学原理、中级财务会计、财务管理等课程。

财务共享理论部分,介绍财务转型、财务共享服务的框架、战略定位、财务共享中心的流程、组织定位、信息系统、运营管理等内容。财务共享实务部分,以浪潮慧课 GS 企业管理软件为平台,要求学生按照既定的操作流程完成与财务共享相关的基础数据设置、业务及组织规划、共享业务处理等内容。本课程所使用的实践教学平台,以真实的企业应用场景为基础,预置了企业日常经营管理过程关注的多个教学案例,旨在帮助学生更好地掌握业财融合财务共享技术是如何为企业管理服务的要点。通过对课程的学习,学生能够掌握财务共享的理论和实践操作方法,培养广阔的行业视野,提升财务管理能力,为财务的创新和发展增添活力。

2. 财务共享理论与实务教学大纲

财务共享理论与实务课程大纲如表 5-9 所示。

表 5-9　财务共享理论与实务课程大纲

一、课程大纲						
课程代码	1920031006		课程名称		财务共享理论与实务	
授课教师	石洁滢					
课程性质	必修	学时	48	学分	3	授课对象	大三会计学、财务管理和审计学
课程目标	本课程的学习目标在于培养适应财务共享需求的新型财会人才,学生将学会制订财务共享中心建设规划,掌握纳入财务共享后企业会计业务处理的操作流程及方法,具备商科必需的核心知识和能力,匹配专业人才培养目标,促进学生高质量就业					
学习成果（没有可不填）	① 完成浪潮 FSSC 沙盘实训(以小组为单位) ② 学生自选企业,并为其制定共享中心建设规划方案(以小组为单位) ③ 完成浪潮财务共享综合实训,并提交实践报告(个人)					
教学方法（或学习方法）	填写内容(选择相应选项即可,如有补充请填写内容): ☑讲授　☑小组讨论　☑答疑　□实验　☑实训　☑自主学习　☑翻转课堂☑ 其他(请填写)　案例分析					
先修课程	专业基础课程:会计学、财务会计 项目化教学课程:无					
后衔接课程	大型企业会计实践					
课程资源	自主设计(选择相应选项即可,如有补充请填写内容): □教材　□教辅用书　□拓展书目　□教具　□实验室　□网络平台　□图片□音频　□视频　□软件　□学科专家、科学家、企业家等社会人士　□实地/现场　□图书馆、博物馆等社会场所　□期刊　□教学过程中生成性资源(如教学活动中提出的问题、学生的作品/作业、课堂实录等)　□其他(请填写)_____ 现成资源(选择相应选项即可,如有补充请填写内容): ☑教材　□教辅用书　□拓展书目　□教具　□实验室　□图片　□音频　☑视频☑软件　□学科专家、科学家、企业家等社会人士　□实地/现场　□图书馆、博物馆等场所　□期刊　☑教学过程中生成性资源　□其他(请填写)_____					
课程评价方式	① 平时成绩(20%) 5%出勤:无故旷课一次扣 5 分,旷课三次取消平时成绩 15%课下学习任务:在学习中心系统进行,包括视频学习、课后讨论等 ② 浪潮 FSSC 沙盘成绩(60%)					

续表

课程评价方式	其中40％沙盘系统成绩、20％共享中心建设规划方案报告成绩 ③ 浪潮慧课财务共享综合实训成绩(20％) 依据实训过程表现、成果展示及实训报告结果进行评定

二、课程教学进度表

周次	课上			课下		备注
	课程主题内容	教学场所	计划学时	学习主题内容	学生用时	
1	电子沙盘介绍 财务共享理论概述 学员实验分组 详细解读电子沙盘模拟案例公司背景资料 案例公司财务共享中心建设战略和规划方案,完成战略与政策规划	实验室	4	任务一:线上自学视频 任务二:线下自主阅读教材相关内容 任务三:完成教材课后思考与练习 任务四:阅读给定案例公司的背景资料,分析给定案例公司的财务管理现状及期望通过财务共享中心建设达成的管理目标	3	
2	案例公司财务共享中心组织人力设计方案,完成组织人力设计 基础设施与系统规划、运营体系规划	实验室	4	任务一:线上自学视频 任务二:线下自主阅读教材相关内容 任务三:完成教材课后思考与练习 任务四:阅读给定案例公司的背景资料,了解案例公司的组织架构、财务体系架构、信息化建设现状,思考案例公司共享中心组织人力设计与基础设施、运营体系规划	3	
3	费用报销业务/工资业务梳理	实验室	4	任务一:线上自学视频 任务二:线下自主阅读教材相关内容 任务三:完成教材课后思考与练习 任务四:阅读给定案例公司的具体业务原有的业务流程,包括业务流程调研报告的填写、业务场景和业务流程梳理的方法	3	

续表

周次	课上			课下		备注
	课程主题内容	教学场所	计划学时	学习主题内容	学生用时	
4	应收业务/应付业务/固定资产业务梳理 展示并报告实验结果	实验室	4	任务一:线上自学视频 任务二:线下自主阅读教材相关内容 任务三:完成教材课后思考与练习 任务四:阅读给定案例公司的具体业务原有的业务流程,包括业务流程调研报告的填写、业务场景和业务流程梳理的方法	3	
5	不同行业企业共享中心建设案例分享 展示、讨论与评价学生财务共享中心自主建设规划报告	实验室	4	任务一:回顾复习共享中心的全部建设流程及注意要点 任务二:收集共享中心建设企业案例 任务三:完成案例企业共享中心的规划建设,形成一份完整的建设规划报告	5	
6	浪潮 GS 教学软件及实训模拟背景介绍 回顾铸远汽车集团财务共享体系设计 备用金及费用报销业务处理	实验室	4	任务一:线上自学视频 任务二:线下自主阅读教材相关内容 任务三:熟悉浪潮 GS 教学软件及实训过程中涉及的岗位职责、实训规则、实务业务流程 任务四:完成翻转校园思考问题,梳理费用报销业务与传统财务模式下的异同点 任务五:撰写实训报告	3	
7	销售与收款共享业务处理 采购与付款共享业务处理	实验室	4	任务一:线上自学视频 任务二:线下自主阅读教材相关内容 任务三:完成翻转校园思考问题,梳理销售与收款共享业务/采购与付款共享业务与传统财务模式下的异同点 任务四:撰写实训报告	3	

续表

周次	课上			课下		备注
	课程主题内容	教学场所	计划学时	学习主题内容	学生用时	
8	薪资共享业务处理 固定资产共享业务处理	实验室	4	任务一:线上自学视频 任务二:线下自主阅读教材相关内容 任务三:完成翻转校园思考问题,梳理薪资共享业务/固定资产共享业务与传统财务模式下的异同点 任务四:撰写实训报告	3	
9	税务共享业务处理 共享中心运营分析	实验室	4	任务一:线上自学视频 任务二:线下自主阅读教材相关内容 任务三:完成翻转校园思考问题,梳理税务共享业务与传统财务模式下的异同点 任务四:小组讨论运营看板展示内容及各种数据分析方法 任务五:撰写实训报告	3	
10	总账与报表业务处理 会计电子档案管理	实验室	4	任务一:线上自学视频 任务二:线下自主阅读教材相关内容 任务三:完成翻转校园思考问题,梳理总账与报表业务、会计档案管理与传统财务模式下的异同点 任务四:撰写实训报告	3	
11	共享中心任务及质量管理 展示并报告实验结果	实验室	4	任务一:线上自学视频 任务二:线下自主阅读教材相关内容 任务三:小组讨论财务共享中心质量管理的作用和意义 任务四:完成并检查全部实训报告	3	
12	分组展示并讨论六类业务在财务共享平台下与传统财务模式的异同点梳理结果	实验室	4	任务一:以PPT方式汇总六类业务在财务共享平台下与传统财务模式的异同点 任务二:结合本学期所学内容,思考自己对于"业财融合"的理解	3	
合　计			48	合　计	38	

3. 财务共享理论与实务教学设计展示

财务共享理论与实务专业基础课教学设计如表 5-10～表 5-12 所示。

表 5-10　财务共享理论与实务专业基础课教学设计（一）

2023—2024 年第 2 学期第 6 周

知识建模图：

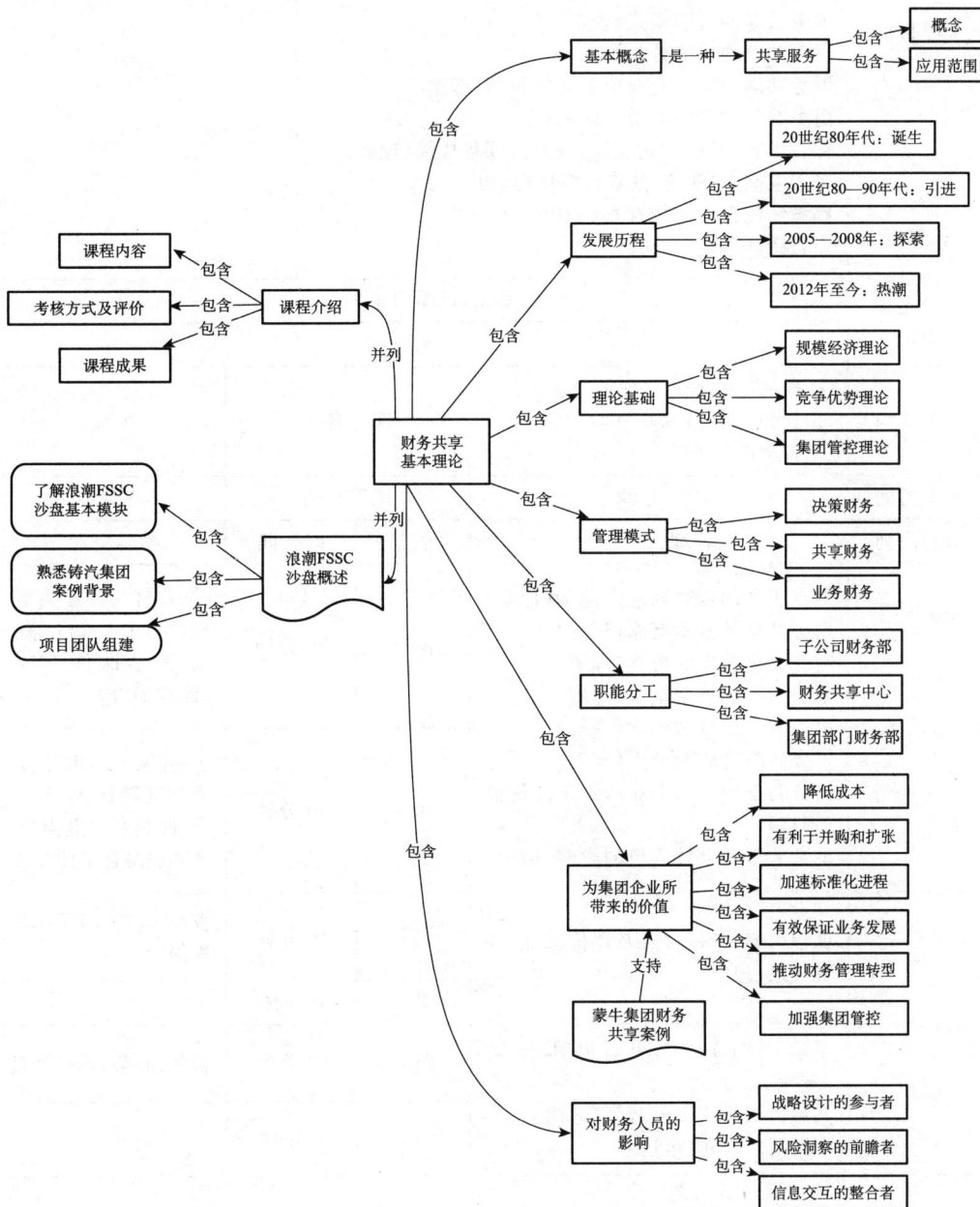

续表

	知识点(学习水平)	素质目标(课程思政点)
学习目标	共享服务的概念和应用范围(理解) 财务共享的基本概念(理解) 财务共享的发展历程(理解) 财务共享的理论基础(理解) 财务共享的管理模式(理解) 财务共享的职能分工(理解) 财务共享为集团企业所带来的价值(理解) 财务共享对会计人员的影响(运用) 课程内容、考核方式及评价标准、课程成果(理解) 了解浪潮 FSSC 沙盘基本模块(运用) 熟悉铸汽集团案例背景(运用) 项目团队组建(运用)	无

学习先决知识	知识点(学习水平)		
	无		

课上资源	① 教材:《财务共享理论与实务》 ② 软件:浪潮 FSSC 沙盘 ③ 教学课件 PPT	课下资源	视频
课上时间	100 分钟	课下时间	60 分钟

活动序列	活动目标	地点	时间	学习资源
活动 1	共享服务的概念和应用范围(理解) 财务共享的基本概念(理解) 财务共享的发展历程(理解) 财务共享的理论基础(理解) 财务共享的管理模式(理解) 财务共享的职能分工(理解) 财务共享为集团企业所带来的价值(理解) 财务共享对会计人员的影响(运用)	课上	50 分钟	① 教材:《财务共享理论与实务》第一章 ② 教学课件 PPT《课程简介》
		课下	60 分钟	① 视频1:《财务转型到底转什么》 ② 视频2:《业财融合到底融合了什么》
活动 2	课程内容、考核方式及评价标准、课程成果(理解)	课上	10 分钟	教学课件 PPT《课程简介》
		课下	0 分钟	
活动 3	了解浪潮 FSSC 沙盘基本模块(运用) 熟悉铸汽集团案例背景(运用) 项目团队组建(运用)	课上	50 分钟	软件:浪潮 FSSC 沙盘
		课下	0 分钟	

续表

活动 1 知识建模图(课上＋课下)：

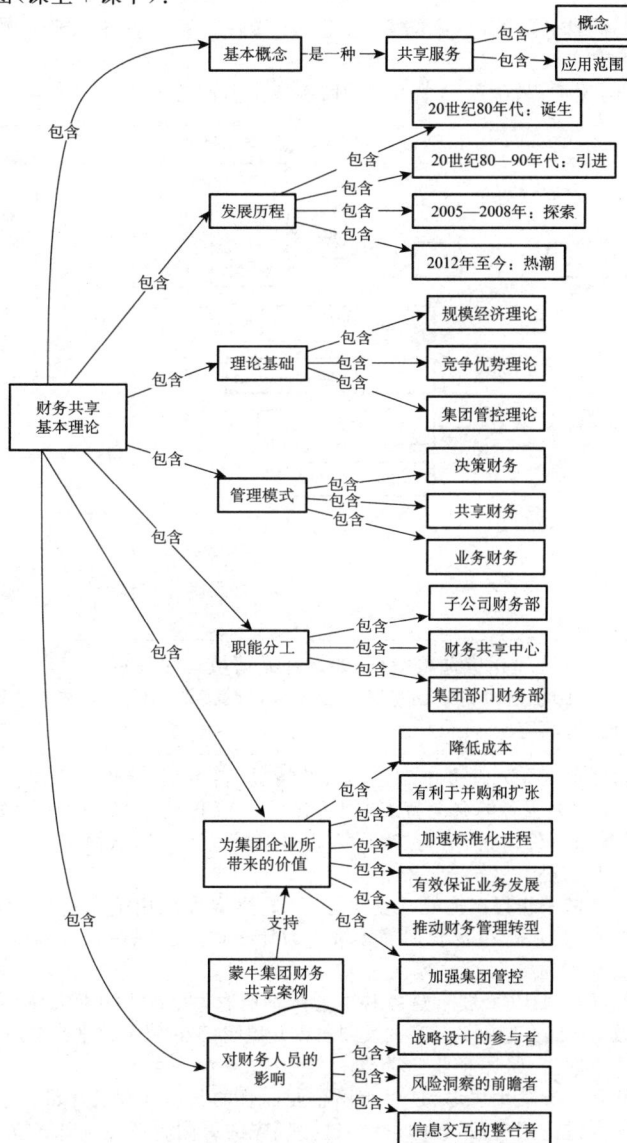

活动目标	共享服务的概念和应用范围(理解) 财务共享的基本概念(理解) 财务共享的发展历程(理解) 财务共享的理论基础(理解) 财务共享的管理模式(理解) 财务共享的职能分工(理解) 财务共享为集团企业所带来的价值(理解) 财务共享对会计人员的影响(运用)

	活动任务序列（导入任务描述）
交互过程	教师通过教学课件展示问题：你是否了解过"共享服务"，请举例说明？引出本节知识点"共享服务" 学生讨论后，教师鼓励学生主动回答或点名回答

活动任务序列（任务一）		
任务一知识组块： 	任务描述	采用讲授、小组讨论的教学方式，使学生理解知识点共享服务的概念和应用范围、财务共享的基本概念和发展历程
	任务时长	15分钟
	学习地点	课上

教学方式（或学习方式）	填写内容（选择相应选项即可，如有补充请填写内容）： ☑讲授　□小组讨论　□答疑　□实验　□实训　□自主学习　□翻转课堂 □其他（请填写）_____
交互过程	① 教师根据导入任务中学生回答的情况，再举例"充电宝""共享单车"等，引导学生总结此类服务的共同特点"把重复公共流程抽出来，由专人做专事。一个人不断重复做一件事情，成为专家了，效率也就提升了"，从而引出"共享服务"的概念，通过PPT进行展示 ② 教师进一步提出问题让学生思考：共享服务应用范围很广，如财务、人力资源、采购、信息技术、市场管理等领域。为什么首先出现在财务领域？（此处仅提出问题，不做讨论与解答） ③ 教师通过PPT展示财务共享的基本概念，并介绍20世纪80年代的时代背景 ④ 教师继续介绍财务共享的发展历程并提问：引进财务共享的都是什么类型的企业？ ⑤ 学生回答：跨国企业 ⑥ 教师引导学生思考：这些跨国企业面临的共享问题是什么？ ⑦ 学生讨论回答后，教师总结：这些领先的跨国企业在全球建立分支机构，组织架构的庞大必然导致管理效率的降低和决策缓慢，难以对瞬息万变的外部环境作出敏锐的反应，从而威胁到企业的生存。因此，这些企业才会开始寻求企业变革，提升自己的竞争力 ⑧ 教师进一步提出问题：了解了财务共享产生的背景和发展历程，我们现在再回过头来思考刚刚提出的问题"为什么首先出现在财务领域？" ⑨ 学生进行讨论后，教师陈述：我们日常想要减肥的时候，是不是会从比较容易减掉脂肪的位置开始下手。对于企业来说也是一样，要进行变革，也要从最容易开展的地方进行。财务核算类业务数据结构化程度比较高，易于实现标准化、规范化的集中管理，由于其最容易实施，因而成为共享服务中心发展过程中形成的典型业务

交互过程	⑩ 由此,引导学生得到问题"共享服务为什么首先出现在财务领域"的答案:a. 时代背景;b. 财务核算业务具有数据结构化程度比较高,易于实现标准化、规范化集中管理的特征
学习资源	① 教材:《财务共享理论与实务》第一章 ② 教学课件 PPT《课程简介》
学习成果及评价标准	① 学习成果:学生自测能回答问题"共享服务为什么首先出现在财务领域",即可视为理解本节知识点 ② 评价标准:无计分。回答要点:a. 时代背景;b. 财务核算业务具有数据结构化程度比较高,易于实现标准化、规范化集中管理的特征

活动任务序列(任务二)

任务二知识组块:

任务描述	采用讲授、小组讨论的教学方式,使学生理解财务共享的理论基础、管理模式和职能分工
任务时长	10 分钟
学习地点	课上

教学方式(或学习方式)	填写内容(选择相应选项即可,如有补充请填写内容): ☑讲授　☑小组讨论　□答疑　□实验　□实训　□自主学习　□翻转课堂 □其他(请填写)_____
交互过程	① 教师通过 PPT 展示简要介绍财务共享的三个理论基础 ② 教师依次介绍财务共享的管理模式:共享财务、业务财务和决策财务,并举例说明(如业务财务:财务人员深入市场部提供市场方面的数据分析,深入研发部为项目成果投入产出比做数据分析)。并提问:财务人员最重要的作用、最核心的业务应该是什么? ③ 学生回答:服务于决策支持 ④ 教师总结,并引导学生思考财务共享新的管理模式对会计人员职能所带来的改变:是的,但在过去的财务工作中,基础核算工作占据了大量精力,而通过财务共享服务中心这种管理模式,可以把财务人员从繁杂的核算工作中解放出来去做财务管理,使财务人员的职能发生很大转变,从而弱化会计核算工作,逐步强化业务支撑、经营分析和风险分析工作。 ⑤ 教师展示 PPT 财务共享的职能分工,并提醒学生注意财务共享中心、子公司财务部和集团财务部门在职能分工中各自的侧重点的不同

学习资源	① 教材:《财务共享理论与实务》第一章 ② 教学课件 PPT《课程简介》
学习成果及 评价标准	① 学习成果:学生自测能够说出财务共享管理模式和职能分工及财务共享对会计人员职能所带来的改变,即为理解本节知识点 ② 评价标准:无计分。回答要点: a. 管理模式:共享财务、业务财务和决策财务 b. 职能分工:从共享中心、子公司财务部和集团财务部三个维度 c. 改变:弱化会计核算工作,逐步强化业务支撑、经营分析和风险分析工作

活动任务序列(任务三)

任务三知识组块:

任务 描述	采用讲授、小组讨论的教学方式,使学生理解财务共享为集团企业所带来的价值和对财务人员的影响
任务 时长	25 分钟
学习 地点	课上

教学方式(或 学习方式)	填写内容(选择相应选项即可,如有补充请填写内容): ☑讲授 ☑小组讨论 □答疑 □实验 □实训 □自主学习 ☑翻转课堂 □其他(请填写)_____
交互过程	① 教师陈述:一个大的企业集团,全国分布有很多不同的点,在过去每个点都需要财务人员,现在把这些相同的事务性工作剥离出来,集中到一个独立单元来完成。通过业务分工,不同的专业人员可以处理不同的个性化事情。提出问题:把财务中能流程化、标准化的业务通过搭建财务共享中心这样一个平台集中起来进行处理,会给企业带来什么样的好处呢? 引入案例:我们通过蒙牛集团的案例来做进一步分析 ② 教师通过 PPT 展示蒙牛集团的案例,请学生分组进行案例讨论 ③ 学生小组讨论后,教师随机提问 1～2 组同学代表回答(鼓励学生自发分享) ④ 教师再挑选其他 1～2 组同学进行点评和补充 ⑤ 教师展示 PPT 财务共享为企业集团带来的价值,进行总结:a. 减少分支机构的财务人员设置,降低成本、高效服务;b. 易于形成标准化处理结果,保证会计记录和报告统一;c. 更利于其他单位专注于发展自己的核心业务

交互过程	⑥ 接着教师提出问题:过去企业日常的财务工作主要围绕着票、账、表、钱和税,现在这些工作财务共享中心都能做了,而且成本更低、效率更高,会计人员原本的专业知识判断没有用了,那我们还能做些什么? 作为会计专业毕业生的你们,如何在这样一个浪潮中找到自己的定位和未来发展方向呢? 教师引导学生从会计人员角色、职能和工作内容三个方面的转变思维,并结合自己对于未来就业方向的规划和打算进行回答 ⑦ 教师布置课下学习任务:请结合本节内容并上网查阅资料,谈谈财务共享对会计人员的影响
学习资源	① 教材:《财务共享理论与实务》第一章 ② 教学课件 PPT《课程简介》
学习成果及评价标准	① 学习成果:完成学习中心讨论区习题"请结合本节内容并上网查阅资料,谈谈财务共享对会计人员的影响" ② 评价标准:a. 能够按时完成学习任务得分(系统自动算分),未按时完成业 0 分 b. 要点:战略设计的参与者、风险洞察的前瞻者、信息交互的整合者无标准答案,学生能够阐述自己的观点,言之有理即可

活动任务序列(任务四)

任务四知识组块: 对财务人员的影响 —包含→ 战略设计的参与者 —包含→ 风险洞察的前瞻者 —包含→ 信息交互的整合者	任务描述	采用学生自主学习的学习策略,让学生进一步了解知识点——财务共享对财务人员的影响
	任务时长	60 分钟
	学习地点	课下

教学方式(或学习方式)	填写内容(选择相应选项即可,如有补充请填写内容): □讲授　□小组讨论　□答疑　□实验　□实训　☑自主学习　□翻转课堂 □其他(请填写)_____
交互过程	① 教师通过学习中心平台发布自主学习任务单 a. 视频学习:《财务转型到底转什么》《业财融合到底融合了什么》 b. 讨论区"请结合本节内容并上网查阅资料,谈谈财务共享对会计人员的影响" ② 学生接收自主学习任务单,并通过学习平台完成学习任务
学习资源	① 视频 1:《财务转型到底转什么》 ② 视频 2:《业财融合到底融合了什么》
学习成果及评价标准	① 学习成果 1:完成学习中心学习任务单中的视频学习 ② 评价标准:能够按时完成学习任务得分(系统自动算分),未按时完成 0 分 ③ 学习成果 2:完成学习中心讨论区问题"请结合本节内容并上网查阅资料,谈谈财务共享对会计人员的影响" ④ 评价标准:a. 能够按时完成学习任务得分(系统自动算分),未按时完成业 0 分 b. 要点:战略设计的参与者、风险洞察的前瞻者、信息交互的整合者无标准答案,学生能够阐述自己的观点,言之有理即可

活动 2 知识建模图（课上）：

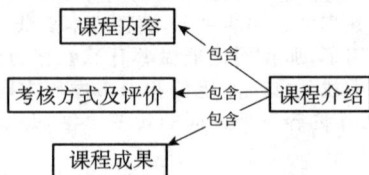

活动目标	课程内容、考核方式及评价标准、课程成果（理解）

活动任务序列（任务一）

任务一知识组块：

任务描述	采用讲授教学方式，使学生了解本门课程的课程内容、考核方式及评价标准、课程成果
任务时长	10 分钟
学习地点	课上

教学方式（或学习方式）	填写内容（选择相应选项即可，如有补充请填写内容）： ☑讲授　□小组讨论　□答疑　□实验　□实训　□自主学习　□翻转课堂 □其他（请填写）_____
交互过程	① 教师陈述：上节课我们了解了财务共享的相关基本知识，那具体到我们这门课程要学习什么呢？我来给大家做一个简单介绍 ② 接下来教师通过 PPT 展示的方式对课程内容、考核方式及评价标准做具体介绍
学习资源	教学课件 PPT《课程简介》
学习成果及评价标准	无

活动 3 知识建模图（课上）：

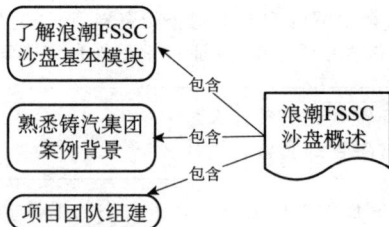

活动目标	① 了解浪潮 FSSC 沙盘基本模块（运用） ② 熟悉铸汽集团案例背景（运用） ③ 项目团队组建（运用）

续表

活动任务序列(任务一)			
任务一知识组块: 	任务描述	采用讲授和实训的教学方式,使学生了解浪潮 FSSC 沙盘的基本模块构成	
	任务时长	10 分钟	
	学习地点	课上	

教学方式(或学习方式)	填写内容(选择相应选项即可,如有补充请填写内容): ☑讲授　☑小组讨论　□答疑　□实验　☑实训　□自主学习　□翻转课堂 □其他(请填写)_____
交互过程	① 教师陈述:上节课我们了解了财务共享的相关基本知识,那具体到我们这门课程要学习什么呢? 我来给大家做一个简单介绍 ② 接下来教师对课程内容、考核方式及评价标准作具体介绍 ③ 教师打开浪潮 FSSC 沙盘展示系统界面,并介绍基本模块构成:项目团队组建、战略定位、组织人力设计、业务流程设计、基础设施与信息系统设计和 FSSC 运营体系规划。让学生对 FSSC 沙盘有一个整体的认识和了解 ④ 学生登录 FSCC 沙盘系统,自行浏览系统界面,进一步了解和认识 FSSC 沙盘系统的构成
学习资源	软件:浪潮 FSSC 沙盘
学习成果及评价标准	无

活动任务序列(任务二)			
任务二知识组块: 	任务描述	采用小组讨论的教学方式,使学生熟悉铸汽集团案例背景,并进行项目团队组建	
	任务时长	30 分钟	
	学习地点	课上	

教学方式(或学习方式)	填写内容(选择相应选项即可,如有补充请填写内容): ☑讲授　☑小组讨论　□答疑　□实验　□实训　□自主学习　□翻转课堂 □其他(请填写)_____
交互过程	① 教师简单介绍铸汽集团案例背景 ② 学生完成项目团队组建和角色分工。课前已分组,课上需要对组内角色进行分工 ③ 学生以小组为单位阅读案例背景并进行讨论 ④ 讨论后教师提问: a. 铸汽集团的公司组织架构和财务体系架构是怎样的? b. 铸汽集团信息化建设现状如何? c. 铸汽集团财务管理现状如何? 痛点有哪些? d. 铸汽集团期望通过财务共享中心建设达成哪些管理目标? e. 铸汽集团对共享中心的建设要求有哪些? ⑤ 学生自主回答或教师点名提问。通过上述问题讨论,帮助学生熟悉案例背景,为后续实训操作做好准备

续表

学习资源	软件:浪潮 FSSC 沙盘——案例背景
学习成果及评价标准	① 学习成果:学生自测能够回答出课堂老师提出的 5 个问题,即为掌握本节知识内容 ② 评价标准:无计分。答案要点均可在沙盘案例背景中找到

表 5-11　财务共享理论与实务专业基础课教学设计(二)

2023—2024 年第 2 学期第 6 周

知识建模图:

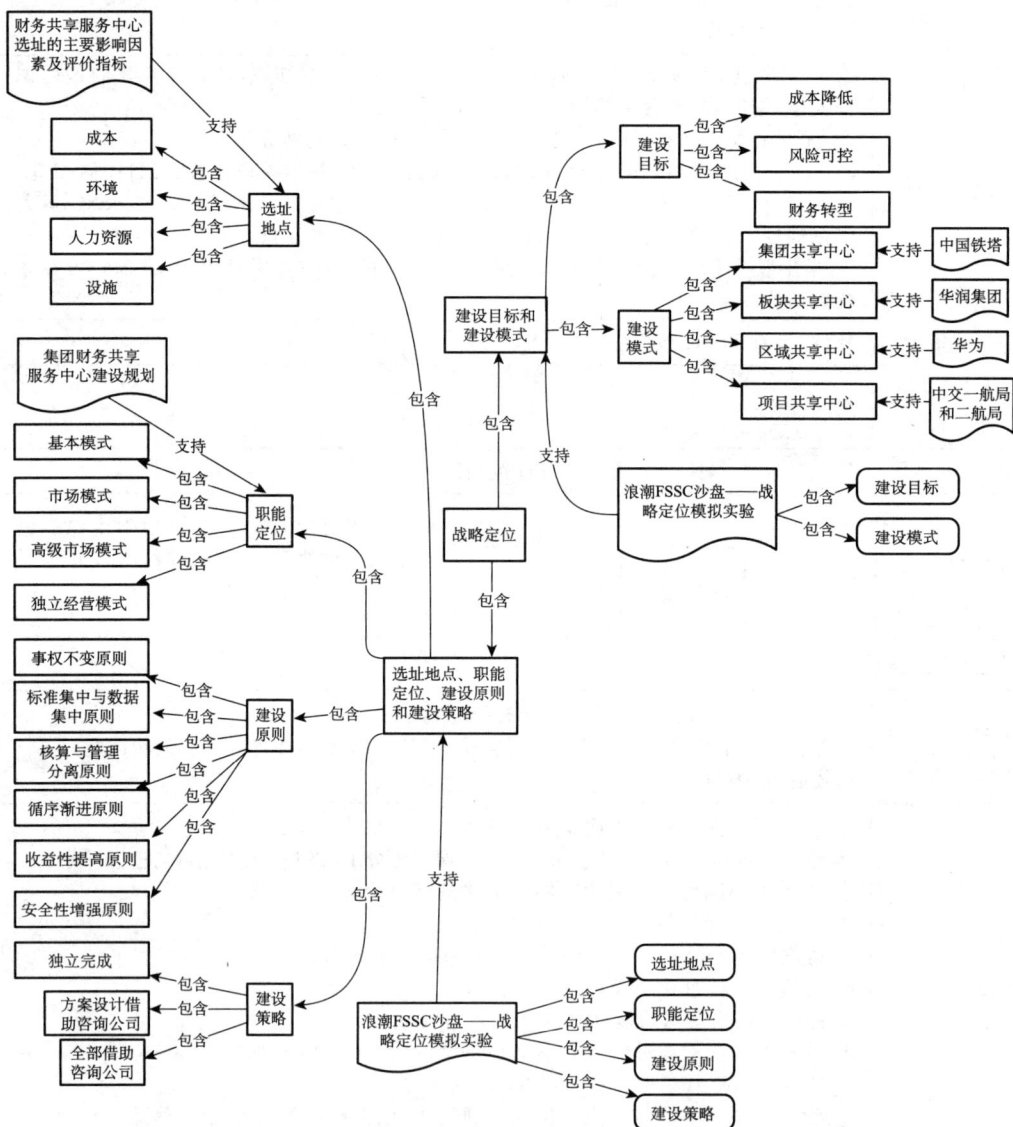

学习目标	知识点（学习水平）		素质目标（课程思政点）
	建设目标（理解）；建设模式（理解）；选址地点（理解）；职能定位（理解）；建设原则（理解）；建设策略（理解） 浪潮 FSSC 沙盘——战略定位模拟实验（运用）		无
学习先决知识	知识点（学习水平）		
	无		
课上资源	① 教材：《财务共享理论与实务》 ② 软件：浪潮 FSSC 沙盘 ③ 教学课件 PPT	课下资源	视频
课上时间	200 分钟	课下时间	80 分钟

活动序列	活动目标	地点	时　间	学习资源
活动 1	建设目标（理解）；建设模式（理解） 浪潮 FSSC 沙盘——战略定位模拟实验（运用）	课上	100 分钟	① 教材：《财务共享理论与实务》第二章 ② 教学课件 PPT：《战略定位》 ③ 软件：浪潮 FSSC 沙盘
		课下	50 分钟	视频：《战略定位与模式选择》
活动 2	选址地点（理解）；职能定位（理解）；建设原则（理解）；建设策略（理解） 浪潮 FSSC 沙盘——战略定位模拟实验（运用）	课上	100 分钟	① 教材：《财务共享理论与实务》第二章 ② 教学课件 PPT：《战略定位》 ③ 软件：浪潮 FSSC 沙盘
		课下	30 分钟	视频：《财务共享项目选址与人员配置》

活动1知识建模图（课上＋课下）：

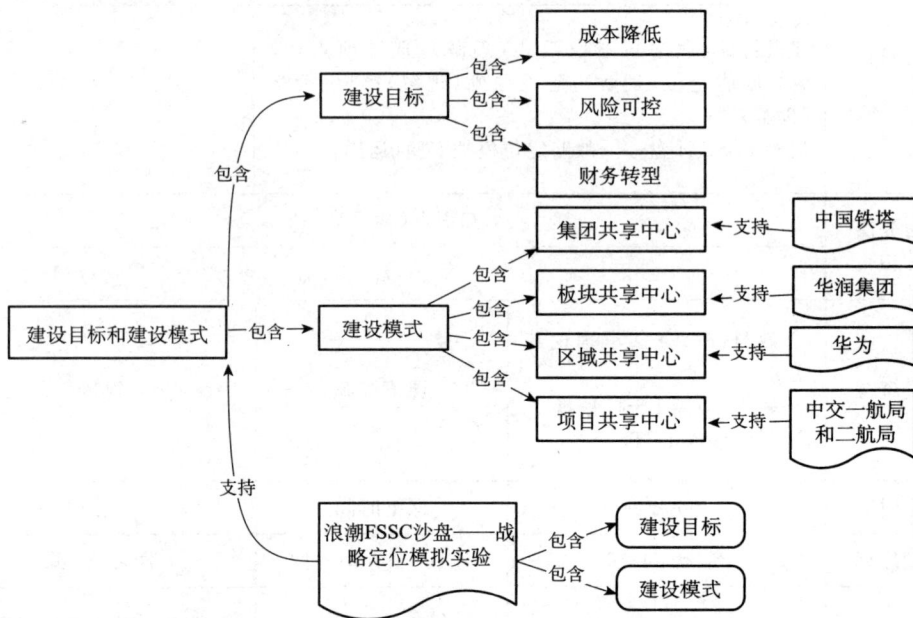

活动目标	建设目标（理解）；建设模式（理解） 浪潮 FSSC 沙盘——战略定位模拟实验：建设目标和建设模式（运用）

活动任务序列（任务一）

任务一知识组块：

任务描述	采用学生自主学习的学习策略，让学生初步了解战略定位相关知识点
任务时长	50 分钟
学习地点	课下

教学方式（或学习方式）	填写内容（选择相应选项即可，如有补充请填写内容）： □讲授　□小组讨论　□答疑　□实验　□实训　☑自主学习　□翻转课堂 □其他（请填写）_____

交互过程	① 教师通过学习中心平台发布自主学习任务单： a. 视频学习：《战略定位与模式选择》(30 分钟) b. 讨论区"财务共享中心的战略目标、建设模式各有哪些?"(20 分钟) ② 学生接收自主学习任务单，并通过学习平台完成学习任务
学习资源	视频：《战略定位与模式选择》
学习成果及评价标准	① 学习成果 1：完成学习中心学习任务单中的视频学习 ② 评价标准：能够按时完成学习任务得分(系统自动算分)，未按时完成 0 分 ③ 学习成果 2：完成学习中心讨论区问题"财务共享中心的战略目标、建设模式和职能定位各有哪些?" ④ 评价标准： a. 能够按时完成学习任务得分(系统自动算分)，未按时完成 0 分 b. 回答要点如下：战略目标——成本降低、风险可控和财务转型；建设模式——集团、板块、区域和项目共享中心
备注	收集学生完成课下学习任务中遇到的疑难问题

活动任务序列(任务二)

任务二知识组块：		
	任务描述	采用讲授、小组讨论和案例分析的教学方式，使学生理解知识点建设目标和建设模式，并能够判断财务共享中心的建设模式
	任务时长	20 分钟
	学习地点	课上

教学方式(或学习方式)	填写内容(选择相应选项即可，如有补充请填写内容)： ☑讲授　☑小组讨论　□答疑　□实验　□实训　□自主学习　□翻转课堂 ☑其他(请填写)　案例分析
交互过程	① 教师课前通过检查学生自主学习任务完成情况，了解学生对本节知识内容的学习水平，收集疑难问题，并据此有针对性地开展课堂讲授 ② 教师通过 PPT 展示，介绍财务共享的三种战略目标 ③ 教师通过 PPT 展示，介绍财务共享四种建设模式的具体方案和优缺点。而后，通过图例展示四种建设模式的具体架构，帮助学生理解 ④ 接着，教师列举华润集团、华为、中国铁塔、中交一航局和二航局的财务共享中心案例，向学生提问："利用刚刚所学的知识，想一想下列几个公司在建设共享中心时采取的是哪种建设模式呢?" ⑤ 学生组内进行讨论后回答。教师总结并点评，进一步加深学生对本知识点的理解
学习资源	① 教材《财务共享理论与实务》第二章 ② 教学课件 PPT《战略定位》

续表

学习成果及评价标准	① 学习成果:学生掌握财务共享建设模式的判断方法 ② 评价标准:学生在课堂上能够判断四个案例公司财务共享中心的建设模式,无计分。回答要点如下。 a. 华润集团:板块共享中心 b. 华为:区域共享中心 c. 中国铁塔:集团共享中心 d. 中交一航局和二航局:项目共享中心

活动任务序列(任务三)

任务三知识组块: 建设目标和建设模式 支持 浪潮FSSC沙盘——战略定位模拟实验 包含 → 建设目标 包含 → 建设模式	任务描述	采用小组讨论、实训和翻转课堂的教学方式,使学生能够利用所学理论知识为铸汽集团选择合适的建设目标和建设模式
	任务时长	80分钟
	学习地点	课上

教学方式(或学习方式)	填写内容(选择相应选项即可,如有补充请填写内容): □讲授　☑小组讨论　□答疑　□实验　☑实训　□自主学习　☑翻转课堂 □其他(请填写)_____
交互过程	① 教师陈述沙盘模拟实验要求,并通过PPT进行展示 ② 学生以小组为单位进行讨论,形成统一结果后由CFO角色登录沙盘"FSSC建设体系规划"→"战略定位"→"建设目标""建设模式"模块,完成实训操作 (其中,"建设目标"约用时40分钟,"建设模式"约用时30分钟) ③ 学生实训中,教师随机查看学生完成情况,记录产生的问题并进行指导 ④ 教师随机挑选1~2组展示实训结果,并阐述理由 ⑤ 再请其他1~2组同学点评,指出问题 ⑥ 最后,教师针对实训中出现的问题进行答疑和总结
学习资源	① 软件:浪潮FSSC沙盘 ② 教学课件PPT《战略定位》
学习成果及评价标准	① 学习成果:学生能够利用所学理论知识,为铸汽集团选择合适的"建设目标"和"建设模式" ② 评价标准: a. 分值:战略规划模块分值共15分,本节实训内容为其中一部分,实训结束后,系统自动评分 b. 评分依据:"建设目标"和"建设模式"的选择能够达到铸汽集团的预期管理目标

备注	无

活动 2 知识建模图(课上＋课下)：

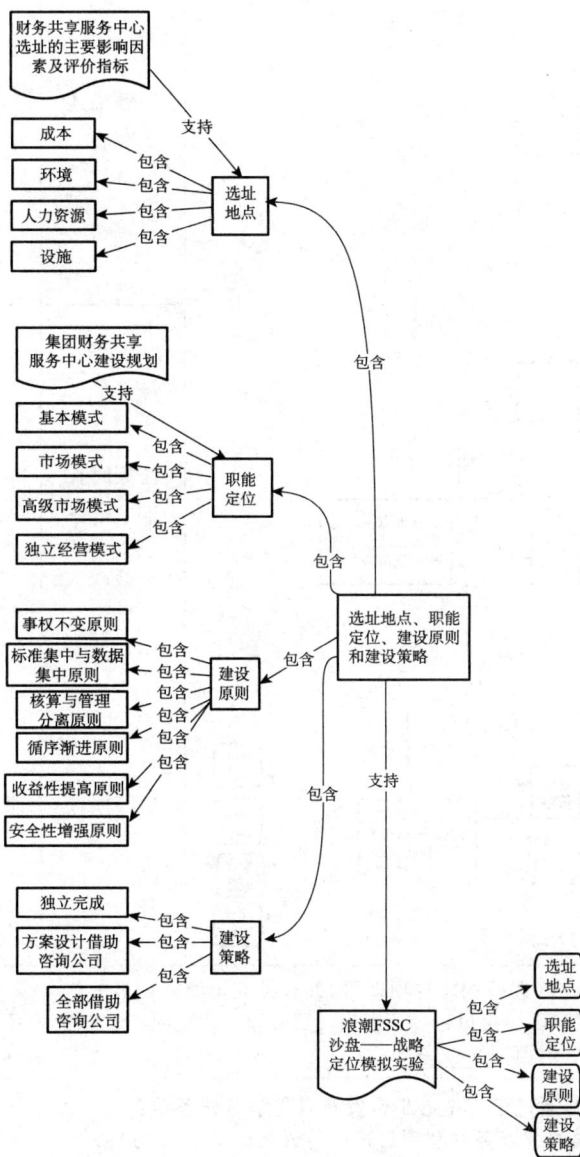

活动目标	选址地点(理解)；职能定位(理解)；建设原则(理解)；建设策略(理解) 浪潮 FSSC 沙盘——战略定位模拟实验(运用)

续表

<table>
<tr><td colspan="3" align="center">活动任务序列(任务一)</td></tr>
</table>

任务一知识组块：

任务描述	采用学生自主学习的学习策略,让学生初步了解战略定位相关知识点
任务时长	30 分钟
学习地点	课下

教学方式(或学习方式)	填写内容(选择相应选项即可,如有补充请填写内容): □讲授　□小组讨论　□答疑　□实验　□实训　☑自主学习　□翻转课堂 □其他(请填写)_____
交互过程	① 教师通过学习中心平台发布自主学习任务单: 视频学习:《财务共享项目选址与人员配置》(30分钟) ② 学生接收自主学习任务单,并通过学习平台完成学习任务
学习资源	视频《财务共享项目选址与人员配置》
学习成果及评价标准	① 学习成果完成学习中心学习任务单中的视频学习 ② 评价标准:能够按时完成学习任务得分(系统自动算分),未按时完成 0 分

续表

活动任务序列(任务二)		
任务二知识组块: 	任务描述	采用讲授、小组讨论和案例分析的教学方式,使学生理解知识点选址地点、职能定位、建设原则、建设策略
	任务时长	20 分钟
	学习地点	课上

教学方式(或学习方式)	填写内容(选择相应选项即可,如有补充请填写内容): ☑讲授 ☑小组讨论 □答疑 □实验 □实训 □自主学习 □翻转课堂 ☑其他(请填写) 案例分析
交互过程	① 教师课前通过检查学生自主学习任务完成情况、收集疑难问题,有针对性地开展课堂教学 ② 教师通过 PPT 展示,介绍财务共享选址地点的四类影响因素,并展示"财务共享服务中心选址的主要影响因素及评价指标",进一步具体说明,帮助学生理解在选址时如何进行考量 ③ 教师展示"S 集团财务共享服务中心建设规划",随机提问学生回答"S 集团财务共享中心的三个阶段分别属于哪种职能定位" ④ 学生进行小组内讨论后回答,教师点评并总结,通过 PPT 展示四种职能定位 ⑤ 教师就建设原则和建设策略作简要讲解

续表

学习资源	① 教材:《财务共享理论与实务》第二章 ② 教学课件 PPT《战略定位》
学习成果及 评价标准	无

活动任务序列(任务三)

任务三知识组块:		
	任务 描述	采用小组讨论、实训和翻转课堂的教学方式,使学生能够利用所学理论知识为铸汽集团选择合适的建设地点、职能定位、建设原则和建设策略
	任务 时长	80 分钟
	学习 地点	课上

教学方式(或 学习方式)	填写内容(选择相应选项即可,如有补充请填写内容): □讲授　☑小组讨论　□答疑　□实验　☑实训　□自主学习　☑翻转课堂 □其他(请填写)_____
交互过程	① 教师陈述沙盘模拟实验要求,并通过 PPT 进行展示 ② 学生以小组为单位进行讨论,形成统一结果后由 CFO 角色登录沙盘"FSSC 建设体系规划"→"战略定位"→"选址地点""职能定位""建设原则""建设策略"模块,完成实训操作(约用时 60 分钟) ③ 在学生实训中,教师随机查看学生完成情况,记录产生的问题并进行指导 ④ 教师随机挑选 1～2 组展示实训结果,并阐述理由 ⑤ 再请其他 1～2 组同学点评,指出问题 ⑥ 最后,教师针对实训中出现的问题进行答疑和总结
学习资源	① 软件:浪潮 FSSC 沙盘 ② 教学课件 PPT《战略定位》
学习成果及 评价标准	① 学习成果:学生能够利用所学理论知识,为铸汽集团选择合适的建设地点、职能定位、建设原则和建设策略 ② 评价标准: a. 分值:战略规划模块分值共 15 分,本节实训内容为其中一部分,实训结束后,系统自动评分 b. 评分依据:建设目标和建设模式的选择能够达到铸汽集团的预期管理目标
备注	无

表 5-12　财务共享理论与实务专业基础课教学设计（三）

2023—2024 年第 2 学期第 8 周

知识建模图：

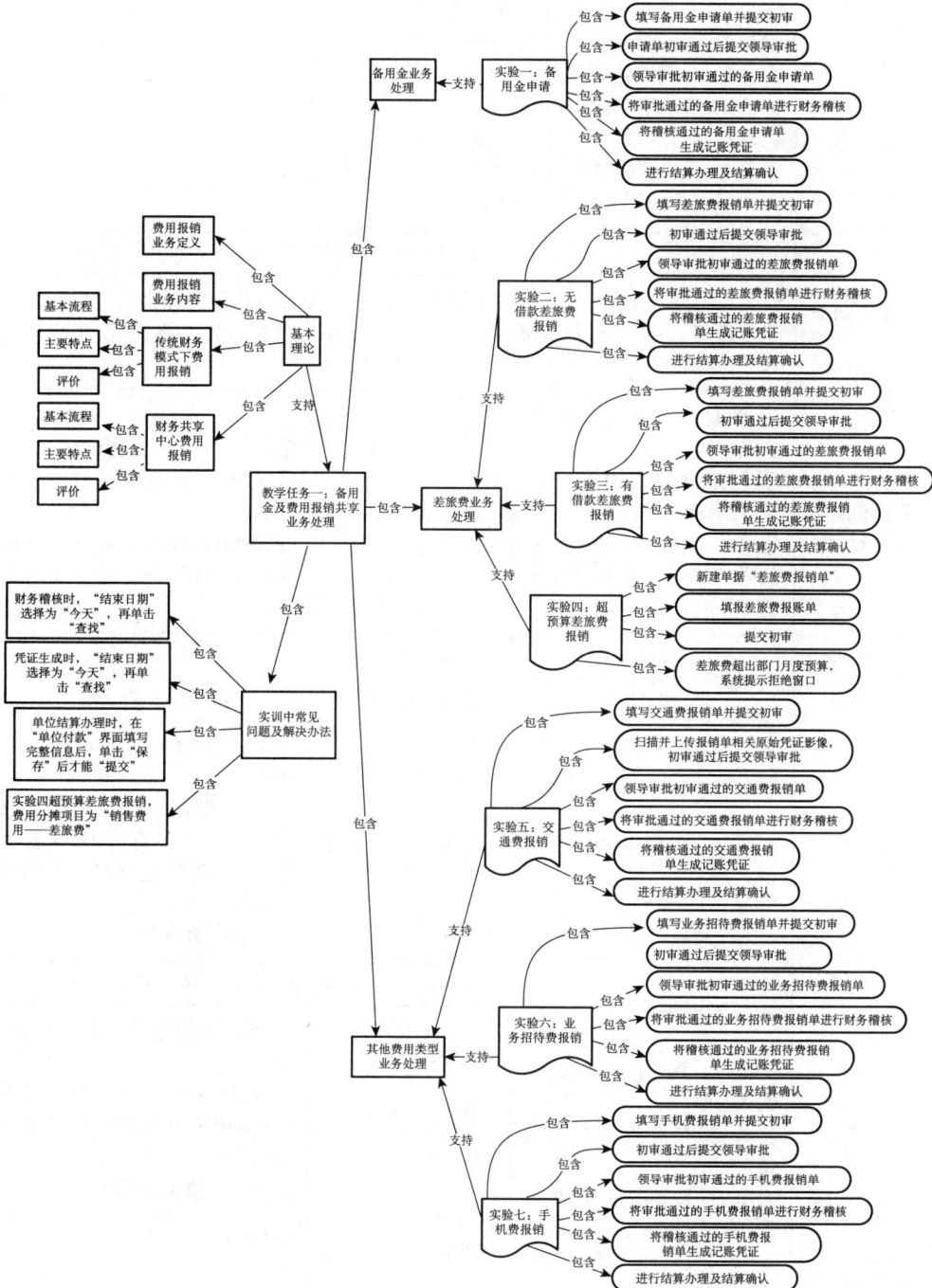

知识建模图主要内容：

- 备用金业务处理 —支持— 实验一：备用金申请
  - 包含 填写备用金申请单并提交初审
  - 包含 申请单初审通过后提交领导审批
  - 包含 领导审批初审通过的备用金申请单
  - 包含 将审批通过的备用金申请单进行财务稽核
  - 包含 将稽核通过的备用金申请单生成记账凭证
  - 进行结算办理及结算确认

- 差旅费业务处理 —支持— 实验二：无借款差旅费报销
  - 包含 填写差旅费报销单并提交初审
  - 初审通过后提交领导审批
  - 包含 领导审批初审通过的差旅费报销单
  - 将审批通过的差旅费报销单进行财务稽核
  - 包含 将稽核通过的差旅费报销单生成记账凭证
  - 进行结算办理及结算确认

- 实验三：有借款差旅费报销
  - 包含 填写差旅费报销单并提交初审
  - 初审通过后提交领导审批
  - 包含 领导审批初审通过的差旅费报销单
  - 将审批通过的差旅费报销单进行财务稽核
  - 包含 将稽核通过的差旅费报销单生成记账凭证
  - 进行结算办理及结算确认

- 实验四：超预算差旅费报销
  - 包含 新建单据"差旅费报销单"
  - 填报差旅费报账单
  - 提交初审
  - 包含 差旅费超出部门月度预算，系统提示拒绝窗口

- 费用报销业务定义
- 费用报销业务内容
- 传统财务模式下费用报销
  - 包含 基本流程
  - 包含 主要特点
  - 包含 评价
- 财务共享中心费用报销
  - 包含 基本流程
  - 包含 主要特点
  - 包含 评价

基本理论 —支持— 教学任务一：备用金及费用报销共享业务处理

- 包含 备用金业务处理
- 包含 差旅费业务处理
- 包含 其他费用类型业务处理
- 包含 实训中常见问题及解决办法

实训中常见问题及解决办法：
- 包含 财务稽核时，"结束日期"选择为"今天"，再单击"查找"
- 包含 凭证生成时，"结束日期"选择为"今天"，再单击"查找"
- 包含 单位结算办理时，在"单位付款"界面填写完整信息后，单击"保存"后才能"提交"
- 包含 实验四超预算差旅费报销，费用分摊项目为"销售费用——差旅费"

- 其他费用类型业务处理 —支持— 实验五：交通费报销
  - 填写交通费报销单并提交初审
  - 包含 扫描并上传报销单相关原始凭证影像，初审通过后提交领导审批
  - 领导审批初审通过的交通费报销单
  - 将审批通过的交通费报销单进行财务稽核
  - 包含 将稽核通过的交通费报销单生成记账凭证
  - 包含 进行结算办理及结算确认

- 实验六：业务招待费报销
  - 填写业务招待费报销单并提交初审
  - 初审通过后提交领导审批
  - 包含 领导审批初审通过的业务招待费报销单
  - 将审批通过的业务招待费报销单进行财务稽核
  - 包含 将稽核通过的业务招待费报销单生成记账凭证
  - 进行结算办理及结算确认

- 实验七：手机费报销
  - 填写手机费报销单并提交初审
  - 初审通过后提交领导审批
  - 包含 领导审批初审通过的手机费报销单
  - 将审批通过的手机费报销单进行财务稽核
  - 包含 将稽核通过的手机费报销单生成记账凭证
  - 进行结算办理及结算确认

续表

知识点(学习水平)		素质目标(课程思政点)
学习目标	实验一:备用金申请(运用) 实验二:无借款差旅费报销(运用) 实验三:有借款差旅费报销(运用) 实验四:超预算差旅费报销(运用) 实验五:交通费报销(运用) 实验六:业务招待费报销(运用) 实验七:手机费报销(运用) 实训中常见问题及解决办法(运用)	无

学习先决知识	知识点(学习水平)		
	费用报销业务定义(理解);费用报销业务内容(记忆);传统财务模式下费用报销基本流程、主要特点和评价(理解);财务共享中心费用报销基本流程、主要特点和评价(运用)		

课上资源	① 教材:《财务共享综合实训》 ② 软件:浪潮慧课 ③ 教学课件PPT ④ 在线文档:《实训常见问题及解决办法——教学任务一》	课下资源	① 学习中心平台测试题 ② 财务共享综合实训学生实践报告 ③ 在线文档:《实训常见问题及解决办法——教学任务一》

课上时间	300分钟	课下时间	150分钟

活动序列	活动目标	地点	时间	学习资源
活动1	实验一:备用金申请(运用)	课上	50分钟	① 教材:《财务共享综合实训》第四章 ② 教学课件PPT:《财务共享综合实训——导入课》《教学任务一:备用金及费用报销共享业务处理》 ③ 软件:浪潮慧课
		课下	30分钟	学习中心平台测试题
活动2	实验二:无借款差旅费报销(运用) 实验三:有借款差旅费报销(运用) 实验四:超预算差旅费报销(运用)	课上	100分钟	① 教材:《财务共享综合实训》第四章 ② 教学课件PPT:《教学任务一:备用金及费用报销共享业务处理》 ③ 软件:浪潮慧课
		课下	40分钟	《财务共享综合实训学生实践报告》

续表

活动序列	活动目标	地点	时 间	学习资源
活动 3	实验五:交通费报销(运用) 实验六:业务招待费报销(运用) 实验七:手机费报销(运用)	课上	100 分钟	① 教材:《财务共享综合实训》第四章 ② 教学课件 PPT:《教学任务一:备用金及费用报销共享业务处理》 ③ 软件:浪潮慧课
		课下	40 分钟	《财务共享综合实训学生实践报告》
活动 4	实训中常见问题及解决办法(运用)	课上	50 分钟	在线文档:《实训常见问题及解决办法——教学任务一》
		课下	40 分钟	

活动 1 知识建模图(课上+课下):

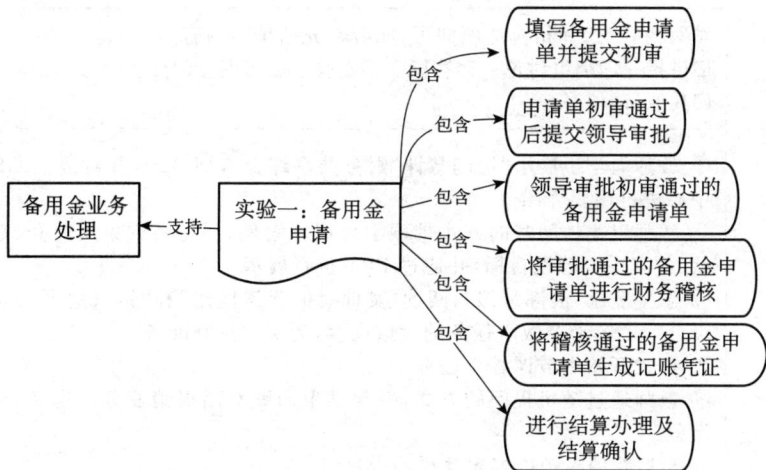

活动目标	实验一:备用金申请(运用)
活动任务序列(导入任务描述)	
交互过程	引导语:在前期的课程中,我们进行了浪潮 FSSC 沙盘模拟实训,从建设方案规划、运营体系规划、工作场景模拟三个方面模拟了企业建设财务共享中心的主要流程。从本节课开始,我们将进入课程的另一部分内容学习:《浪潮慧课财务共享综合实训》。这部分内容仍旧是以经数据脱敏后的真实建筑企业铸汽集团为例,通过对六类不同业务在财务共享信息化中的工作流程、财务共享任务质量管理、共享中心运营分析、报表统计分析、会计电子档案管理、电子影像管理等课程内容的模拟,同学们将分别扮演系统管理员、业务员、运营管理人员等岗位角色,真实体验实际企业业务在共享中心的处理过程及不同岗位角色的财务共享相关操作流程

续表

活动任务序列(任务一)		
任务一知识组块： 备用金业务处理 —支持— 实验一：备用金申请 包含→ 填写备用金申请单并提交初审 包含→ 申请单初审通过后提交领导审批 包含→ 领导审批初审通过的备用金申请单 包含→ 将审批通过的备用金申请单进行财务稽核 包含→ 将稽核通过的备用金申请单生成记账凭证 → 进行结算办理及结算确认	任务描述	采用教师讲授、现场演示和学生实训练习相结合的教学方式,让学生掌握在财务共享中心中备用金业务的处理方法
	任务时长	50分钟
	学习地点	课上
教学方式 (或学习方式)	填写内容(选择相应选项即可,如有补充请填写内容): ☑讲授　□小组讨论　□答疑　□实验　☑实训　□自主学习　□翻转课堂 □其他(请填写)_____	
交互过程	① 教师向学生展示"浪潮慧课"财务共享综合实训系统,并对浪潮GS财务共享中心进行简要介绍 ② 教师以集体问答的方式带领学生回顾案例背景:铸汽集团简介、财务管理现状、共享中心建设目标,并通过PPT进行展示 ③ 学生登录"浪潮慧课",阅读"实训模拟背景概述"和"铸汽集团共享中心体系设计",了解十个教学任务的大致内容,为实训做好准备 ④ 正式开始本节课教学任务 ⑤ 教师通过随机提问的方式,引导学生回顾费用报销业务的定义、内容和基本流程 问题1:费用报销内容包含哪些呢? 问题2:费用报销业务纳入共享的意义是什么? 问题3:请总结并梳理铸汽集团财务共享中心费用报销业务流程 ⑥ 学生回答后,教师总结并引入教学任务一:备用金及费用报销共享业务处理 ⑦ 教师重点介绍该教学任务中所涉及的业务内容(备用金业务、差旅费业务和其他费用类型业务的处理)和实验目的,并告诉学生本节课要完成的教学任务是"实验一备用金的申请" ⑧ 教师陈述实验一任务要求,并对步骤一"填写备用金申请并提交初审"的操作方法进行演示 ⑨ 学生登录浪潮慧课系统,按照任务要求开始实训操作 ⑩ 在学生实训中,教师随机查看学生完成情况进行指导,并要求学生对实训过程中遇到的问题进行记录	

续表

学习资源	① 教材:《财务共享综合实训》第四章 ② 教学课件 PPT:《财务共享综合实训——导入课》《教学任务一:备用金及费用报销共享业务处理》 ③ 软件:浪潮慧课
学习成果及评价标准	① 学习成果:完成实验一备用金的申请 ② 评价标准:a. 备用金申请单录入正确;b. 各环节均流转完成 财务共享实训评分表 | 章 节	考 核 要 点	分值(共 100 分)	得分 | |---|---|---|---|
教学任务一	① 所有费用共享业务报销单录入 ② 所有费用共享业务报销单各环节均流转完成	7		
备注	无

活动任务序列(任务二)

任务二知识组块:		
	任务描述	采用学生自主学习的学习策略,进一步加强学生对于备用金业务处理方法的理解和掌握
	任务时长	30 分钟
	学习地点	课下

教学方式 (或学习方式)	填写内容(选择相应选项即可,如有补充请填写内容): □讲授 □小组讨论 ☑答疑 □实验 □实训 □自主学习 ☑翻转课堂 □其他(请填写)_____
交互过程	① 教师通过学习中心平台发布测试题 ② 学生接收自主学习任务单,并通过学习平台完成测试 ③ 教师根据学生测试情况,在下次上课时进行答疑
学习资源	学习中心平台测试题
学习成果及评价标准	① 学习成果:学生完成学习中心 10 道测试题 ② 评价标准: a. 完成提交后,系统根据设置的正确答案自动评分(满分 100 分) b. 未完成得 0 分

活动2知识建模图(课上＋课下):

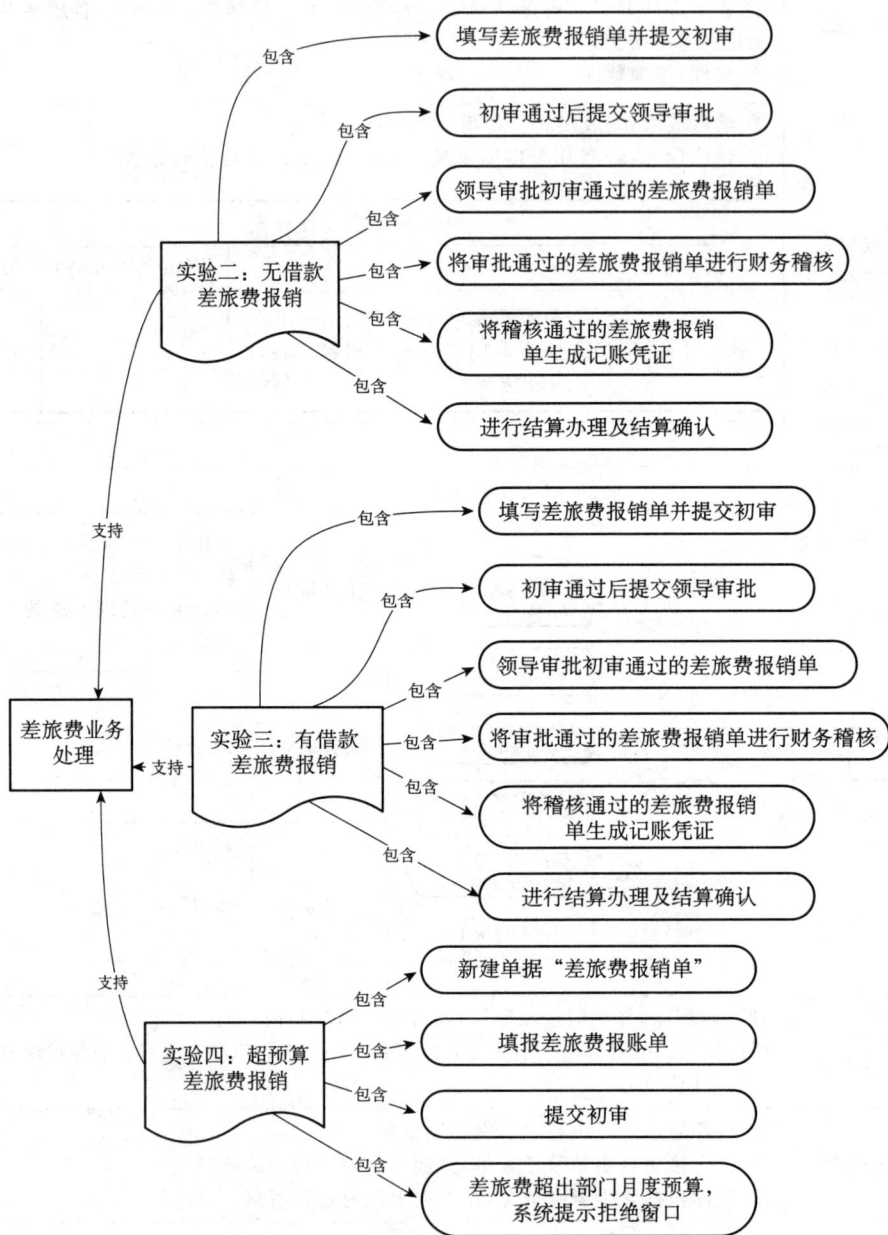

活动目标	实验二:无借款差旅费报销(运用) 实验三:有借款差旅费报销(运用) 实验四:超预算差旅费报销(运用)

活动任务序列(任务一)		
任务一知识组块: 	任务描述	采用教师讲授、学生实训练习和教师答疑指导相结合的教学方式,让学生掌握在财务共享中心中无借款差旅费业务的处理方法
	任务时长	35 分钟
	学习地点	课上

教学方式 (或学习方式)	填写内容(选择相应选项即可,如有补充请填写内容): ☑讲授 □小组讨论 ☑答疑 □实验 ☑实训 □自主学习 □翻转课堂 □其他(请填写)_____
交互过程	① 教师介绍本教学任务的内容:差旅费业务包括三个实验,分别模拟了无借款、有借款和超预算三种情况下差旅费报销的业务处理场景。我们首先进行实验二无借款差旅费报销业务的实训练习 ② 接着,通过 PPT 展示介绍实验二的任务要求,并提醒学生注意:实验四超预算差旅费报销,费用金额严格按照材料填写,不少于 1800 元 ③ 学生登录浪潮慧课系统,按任务要求开始实训操作 ④ 在学生实训中,教师随机查看学生完成情况进行指导,并要求学生对实训过程中遇到的问题进行记录 ⑤ 实训后教师提出问题让学生思考:差旅费报销业务在共享中心设置的岗位有哪些? 各岗位的工作内容分别是什么? ⑥ 鼓励学生主动举手回答,教师最后总结。 a. 初审扫描员沈民:报销单初审及原始凭证扫描上传 b. 费用稽核员李梅:差旅费报销单稽核 c. 费用核算员何月:差旅费报销单生成记账凭证 d. 资金结算员刘慧:差旅费报销结算办理与结算确认
学习资源	① 教材《财务共享综合实训》第四章 ② 教学课件 PPT《教学任务一:备用金及费用报销共享业务处理》 ③ 软件:浪潮慧课
学习成果及评价标准	① 学习成果:完成实验二无借款差旅费报销 ② 评价标准:a. 差旅费报销单录入正确;b. 各环节均流转完成 财务共享实训评分表 TABLE_BELOW

章 节	考核要点	分值(共 100 分)	得分
教学任务一	① 所有费用共享业务报销单录入 ② 所有费用共享业务报销单各环节均流转完成	7	

续表

活动任务序列（任务二）

任务二知识组块：	任务描述	采用教师讲授、学生实训练习和教师答疑指导相结合的教学方式，让学生掌握在财务共享中心中有借款差旅费业务的处理方法
	任务时长	35分钟
	学习地点	课上

教学方式（或学习方式）	填写内容（选择相应选项即可，如有补充请填写内容）： ☑讲授　□小组讨论　☑答疑　□实验　☑实训　□自主学习　□翻转课堂 □其他（请填写）_____
交互过程	① 教师通过 PPT 展示介绍实验三的任务要求 ② 学生登录浪潮慧课系统，按照任务要求开始实训操作 ③ 在学生实训中，教师随机查看学生完成情况进行指导，并要求学生对实训过程中遇到的问题进行记录 ④ 实训后教师提出问题让学生思考。鼓励学生主动举手回答，教师最后总结： 问题1：有借款差旅费报销和无借款差旅费报销的业务流程区别？ 回答：首先，与无差旅费报销业务流程相比，有借款差旅费报销在填制差旅费报销单之前多了两个步骤，即借款单的办理和稽核；其次，在财务稽核环节，除了要对报销单内容的准确性、完整性进行核对，还要进行借款核销 问题2：财务稽核时进行借款核销的意义是什么？ 回答：通过借款核销，可有效降低企业员工因不及时还款而产生的财务风险；同时，也简化借款人在还款时的烦琐流程，提高工作效率
学习资源	① 教材《财务共享综合实训》第四章 ② 教学课件 PPT《教学任务一：备用金及费用报销共享业务处理》 ③ 软件：浪潮慧课
学习成果及评价标准	① 学习成果：完成实验三有借款差旅费报销 ② 评价标准：a. 借款单录入正确；b. 差旅费报销单录入正确；c. 各环节均流转完成

活动任务序列（任务三）

任务三知识组块：	任务描述	采用教师讲授、学生实训练习和教师答疑指导相结合的教学方式，让学生掌握在财务共享中心中超预算差旅费业务的处理方法
	任务时长	30分钟
	学习地点	课上

教学方式（或学习方式）	填写内容（选择相应选项即可，如有补充请填写内容）： ☑讲授　□小组讨论　☑答疑　□实验　☑实训　□自主学习　□翻转课堂 □其他（请填写）_____

续表

交互过程	① 教师通过 PPT 展示介绍实验四的任务要求 ② 学生登录浪潮慧课系统,按照任务要求开始实训操作 ③ 在学生实训中,教师随机查看学生完成情况进行指导,并要求学生对实训过程中遇到的问题进行记录 ④ 实训后教师提出问题:对于超预算的费用报销业务,通常企业会如何处理? ⑤ 随机提问 1～2 名学生回答。教师总结:超出预算控制的报销单提交后,系统会直接拒绝,应当转由线下进行处理。需要由报销人填写特殊费用申请,领导审批后再进行超预算费用报销;或预算调整后再进行费用报销
学习资源	① 教材《财务共享综合实训》第四章 ② 教学课件 PPT《教学任务一:备用金及费用报销共享业务处理》 ③ 软件:浪潮慧课
学习成果及评价标准	① 学习成果:完成实验三有借款差旅费报销 ② 评价标准:a. 差旅费报销单录入正确;b. 各环节均流转完成

财务共享实训评分表

章　节	考 核 要 点	分值(共 100 分)	得分
教学任务一	① 所有费用共享业务报销单录入 ② 所有费用共享业务报销单各环节均流转完成	7	

活动任务序列(任务四)

任务四知识组块:

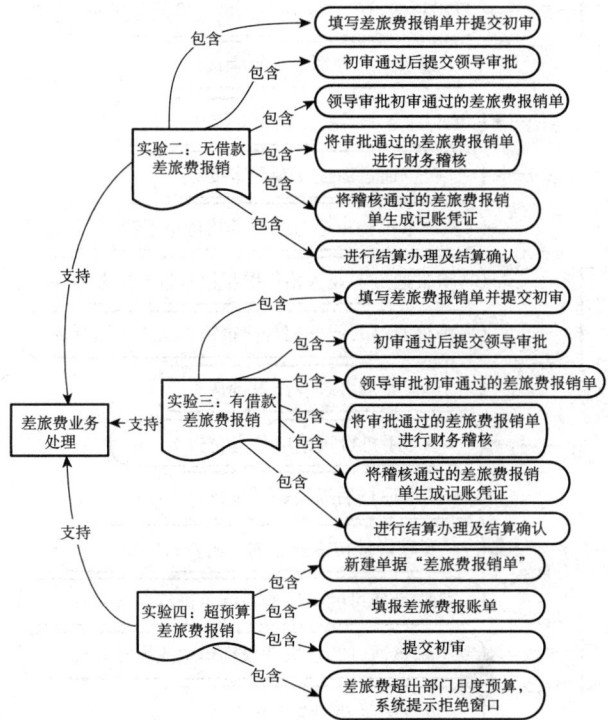

续表

教学方式（或学习方式）	填写内容（选择相应选项即可，如有补充请填写内容）： □讲授 □小组讨论 □答疑 □实验 □实训 ☑自主学习 □翻转课堂 □其他（请填写）_____
交互过程	① 教师布置课下学习任务：财务共享综合实训学生实践报告教学任务一"实践成果"相关内容和"实践总结"1～5题 ② 学生接收自主学习任务单，完成实践报告
学习资源	《财务共享综合实训学生实践报告》
学习成果及评价标准	① 学习成果：学生完成实训报告并按时提交 ② 评价标准：教学任务一满分 10 分 实践成果：有截图且流程正确得 2 分，无截图或流程错误得 0 分 实践总结：第 1、3 题回答正确得 0.5 分，其余各题回答正确得 1 分，回答错误得 0 分，未提交者得 0 分

活动 3 知识建模图（课上＋课下）：

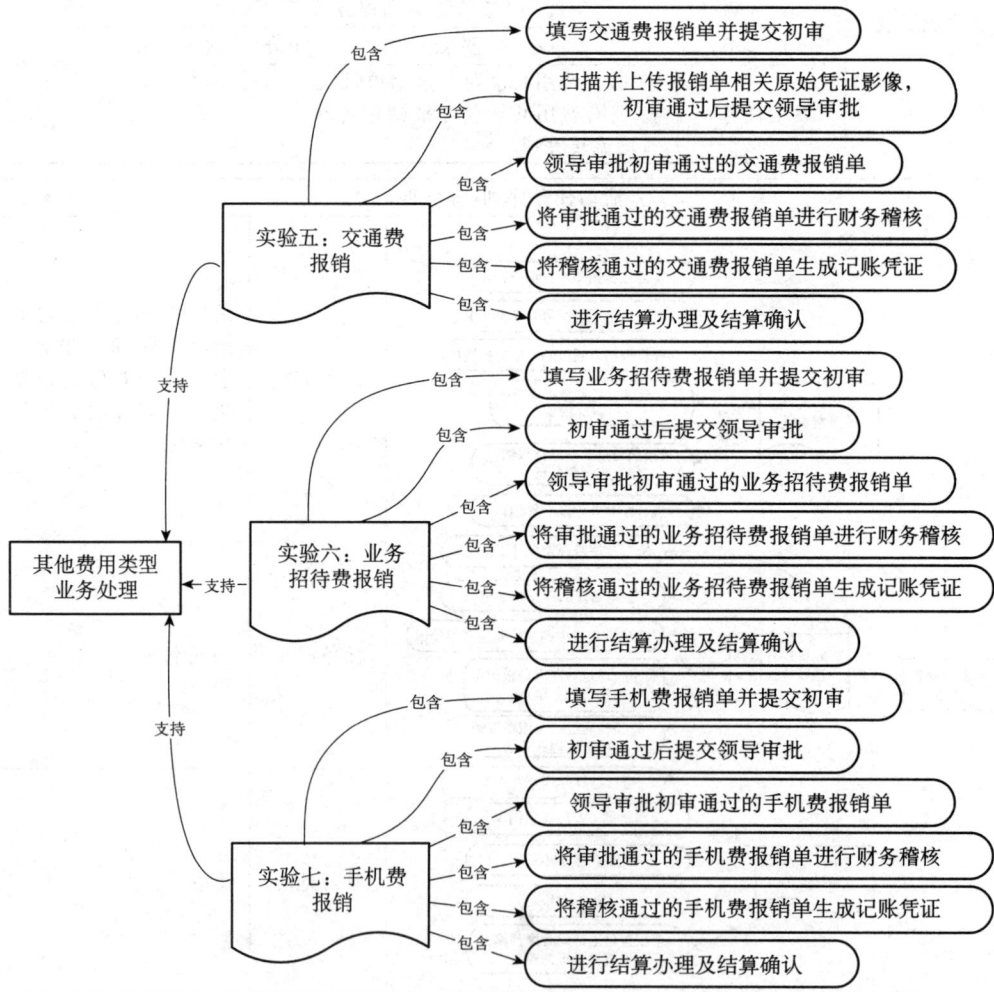

续表

活动目标	实验五：交通费报销(运用) 实验六：业务招待费报销(运用) 实验七：手机费报销(运用)		

活动任务序列(任务一)

任务一知识组块： 	任务描述	采用教师讲授、学生实训练习和教师答疑指导相结合的教学方式,让学生掌握在财务共享中心中交通费报销的处理方法
	任务时长	40 分钟
	学习地点	课上

教学方式 (或学习方式)	填写内容(选择相应选项即可,如有补充请填写内容)： ☑讲授　□小组讨论　☑答疑　□实验　☑实训　□自主学习　□翻转课堂 □其他(请填写)_____
交互过程	① 教师介绍本教学任务的内容：除了差旅费业务外,费用报销业务的类型还有很多,这里我们主要学习交通费、业务招待费和手机费三类常见费用业务类型。本部门包括三个实验,分别模拟了交通费、业务招待费和手机费三种业务处理场景。我们首先进行实验五交通费报销业务的实训练习 ② 接着,通过 PPT 展示介绍实验五的任务要求 ③ 学生登录浪潮慧课系统,按照任务要求开始实训操作 ④ 在学生实训中,教师随机查看学生完成情况进行指导,并要求学生对实训过程中遇到的问题进行记录 ⑤ 实训后教师提出问题让学生思考,鼓励学生主动举手回答,教师最后总结。 问题 1：单据初审人员需对报销单及原始凭证进行初步审核,并可对报销人员提交的原始凭证扫描生成电子影像,以便后续领导审批等环节进行调阅查看。假设设备或相关程序均满足电子影像应用诉求,请思考在领导审批、财务稽核、财务核算等业务环节是否可以通过仅查阅影像进行业务处理? 回答：在设备或相关程序均满足电子影像应用诉求的情况下,领导审批、财务稽核、财务核算等业务环节是可以通过查阅影像,审批原始凭证和报账单据来进行业务处理 问题 2：以交通费初审为例,请思考上传的电子影像具体有哪些内容? 回答：上传的电子影像是与报账相关的原始凭证的影像 以案例中的交通费为例,上传的电子影像应是产生此笔交通费的出租车发票、公交车发票、地铁发票等

| 学习资源 | ① 教材《财务共享综合实训》第四章
② 教学课件 PPT《教学任务一:备用金及费用报销共享业务处理》
③ 软件:浪潮慧课 | | | |

学习成果及评价标准

① 学习成果:完成实验五交通费报销
② 评价标准:a. 交通费报销单录入正确;b. 各环节均流转完成

财务共享实训评分表

章　节	考　核　要　点	分值(共 100 分)	得分
教学任务一	① 所有费用共享业务报销单录入 ② 所有费用共享业务报销单各环节均流转完成	7	

活动任务序列(任务二)

任务二知识组块:

任务描述	采用教师讲授、学生实训练习和教师答疑指导相结合的教学方式,让学生掌握在财务共享中心中业务招待费报销的处理方法
任务时长	30 分钟
学习地点	课上

教学方式 (或学习方式)	填写内容(选择相应选项即可,如有补充请填写内容): ☑讲授　□小组讨论　☑答疑　□实验　☑实训　□自主学习　□翻转课堂 □其他(请填写)_____
交互过程	① 教师通过 PPT 展示介绍实验六的任务要求 ② 学生登录浪潮慧课系统,按照任务要求开始实训操作 ③ 在学生实训中,教师随机查看学生完成情况进行指导,并要求学生对实训过程中遇到的问题进行记录
学习资源	① 教材《财务共享综合实训》第四章 ② 教学课件 PPT《教学任务一:备用金及费用报销共享业务处理》 ③ 软件:浪潮慧课

续表

| 学习成果及评价标准 | ① 学习成果：完成实验六业务招待费报销
② 评价标准：a. 业务招待费报销单录入正确；b. 各环节均流转完成 | | | |

财务共享实训评分表

章　节	考　核　要　点	分值(共 100 分)	得分
教学任务一	① 所有费用共享业务报销单录入 ② 所有费用共享业务报销单各环节均流转完成	7	

活动任务序列(任务三)

任务三知识组块：

```
                    填写手机费报销单并提交初审
            包含
                    初审通过后提交领导审批
        包含
                    领导审批初审通过的手机费报销单
      包含
  实验七：手机费    将审批通过的手机费报销单进行财务稽核
  报销      包含
                    将稽核通过的手机费报销单生成记账凭证
            包含
                    进行结算办理及结算确认
        包含
```

任务描述	采用教师讲授、学生实训练习和教师答疑指导相结合的教学方式，让学生掌握在财务共享中心中手机费报销的处理方法
任务时长	30 分钟
学习地点	课上

教学方式 (或学习方式)	填写内容(选择相应选项即可,如有补充请填写内容)： ☑讲授　□小组讨论　☑答疑　□实验　☑实训　□自主学习　□翻转课堂 □其他(请填写)_____
交互过程	① 教师通过 PPT 展示介绍实验七的任务要求 ② 学生登录浪潮慧课系统，按照任务要求开始实训操作 ③ 在学生实训过程中，教师随机查看学生完成情况进行指导，并要求学生对实训过程中遇到的问题进行记录
学习资源	① 教材《财务共享综合实训》第四章 ② 教学课件 PPT《教学任务一：备用金及费用报销共享业务处理》 ③ 软件：浪潮慧课
学习成果及评价标准	① 学习成果：完成实验七手机费报销 ② 评价标准：a. 手机费报销单录入正确；b. 各环节均流转完成

财务共享实训评分表

章　节	考　核　要　点	分值(共 100 分)	得分
教学任务一	① 所有费用共享业务报销单录入 ② 所有费用共享业务报销单各环节均流转完成	7	

活动任务序列(任务四)		
任务四知识组块： 实验五：交通费报销 包含 → 填写交通费报销单并提交初审 包含 → 扫描并上传报销单相关原始凭证影像，初审通过后提交领导审批 包含 → 领导审批初审通过的交通费报销单 包含 → 将审批通过的交通费报销单进行财务稽核 包含 → 将稽核通过的交通费报销单生成记账凭证 包含 → 进行结算办理及结算确认 其他费用类型业务处理（支持） 实验六：业务招待费报销 包含 → 填写业务招待费报销单并提交初审 包含 → 初审通过后提交领导审批 包含 → 领导审批初审通过的业务招待费报销单 包含 → 将审批通过的业务招待费报销单进行财务稽核 包含 → 将稽核通过的业务招待费报销单生成记账凭证 包含 → 进行结算办理及结算确认 实验七：手机费报销 包含 → 填写手机费报销单并提交初审 包含 → 初审通过后提交领导审批 包含 → 领导审批初审通过的手机费报销单 包含 → 将审批通过的手机费报销单进行财务稽核 包含 → 将稽核通过的手机费报销单生成记账凭证 包含 → 进行结算办理及结算确认	任务描述	采用学生自主学习的学习策略，进一步加强学生对于交通费、业务招待费和手机费报销处理方法的理解和掌握
	任务时长	40分钟
	学习地点	课下

教学方式 （或学习方式）	填写内容(选择相应选项即可,如有补充请填写内容)： □讲授 □小组讨论 □答疑 □实验 □实训 ☑自主学习 □翻转课堂 □其他(请填写)_____
交互过程	① 教师布置课下学习任务:财务共享综合实训学生实践报告教学任务一"实践成果"相关内容和"实践总结"6～9题 ② 学生接收自主学习任务单,完成实践报告
学习资源	《财务共享综合实训学生实践报告》
学习成果及 评价标准	① 学习成果:学生完成实训报告,并按时提交 ② 评价标准:教学任务一满分10分

续表

学习成果及评价标准	实践成果:有截图且流程正确得 2 分,无截图或流程错误得 0 分 实践总结:第 1、3 题回答正确得 0.5 分,其余各题回答正确得 1 分,回答错误得 0 分,未提交者得 0 分

活动 4 知识建模图(课上＋课下):

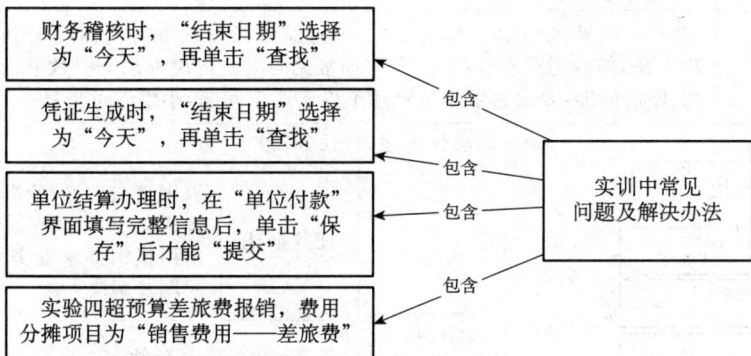

活动目标	实训中常见问题及解决办法(运用)

活动任务序列(任务一)

任务一知识组块:

	任务描述	采用翻转课堂、小组讨论的教学方式,帮助学生解决教学任务一实训过程中遇到的问题
	任务时长	50 分钟
	学习地点	课上

教学方式 (或学习方式)	填写内容(选择相应选项即可,如有补充请填写内容): □讲授　☑小组讨论　□答疑　□实验　□实训　□自主学习　☑翻转课堂 □其他(请填写)_____
交互过程	① 教师首先明确本节课教学目标:通过教学任务一中七个实验的学习,相信大家对于备用金和费用报销共享业务的处理方法有了进一步的理解和认识。在实训过程中,你们一定也遇到了各种各样的问题,这节课我们就共同来对这些问题进行一个总结。下面给大家 15 分钟的时间,请大家以小组为单位先进行讨论,讨论后梳理出你们在教学任务一实训过程中遇到的 3～5 个疑难问题 ② 学生以小组为单位进行讨论(15 分钟) ③ 讨论结束,教师随机挑选 3～5 个小组进行分享,每个小组分享时长不超过 5 分钟(15～20 分钟) ④ 在每个小组分享后,再由其他小组对该组提出的问题进行回答或点评 ⑤ 由教师进行总结,对各组提出的重难点问题进行讲解,并对实训操作中的几个注意事项进行提醒: a. 财务稽核时,"结束日期"应选择为"今天",再单击"查找" b. 凭证生成时,"结束日期"应选择为"今天",再单击"查找"

续表

交互过程	c. 单位结算办理时,在"单位付款"界面填写完整信息后,单击"保存"再"提交" d. 实验四超预算差旅费报销,费用分摊项目为"销售费用——差旅费" ⑥ 最后,教师布置课下任务:小组内进一步讨论,再次梳理教学任务一实训中应注意的常见问题及解决方法,并形成文档上交
学习资源	在线文档:《实训常见问题及解决办法——教学任务一》
学习成果及评价标准	① 学习成果:学生以小组为单位,梳理总结教学任务一实训过程中的问题及解决方法,整理记录在在线文档《实训常见问题及解决办法——教学任务一》中 ② 评价标准:要求每组学生梳理不少于 3 个问题,小组间可重复

活动任务序列(任务二)

任务二知识组块:		任务描述	采用自主学习、分组讨论的学习方式,让学生梳理总结备用金和费用报销共享业务实训中常见问题及解决办法
财务稽核时,"结束日期"选择为"今天",再单击"查找" 凭证生成时,"结束日期"选择为"今天",再单击"查找" 单位结算办理时,在"单位付款"界面填写完整信息后,单击"保存"后才能"提交" 实验四超预算差旅费报销,费用分摊项目为"销售费用——差旅费" 〔包含→ 实训中常见问题及解决办法		任务时长	40 分钟
		学习地点	课下

教学方式 (或学习方式)	填写内容(选择相应选项即可,如有补充请填写内容): □讲授 ☑小组讨论 □答疑 □实验 □实训 ☑自主学习 □翻转课堂 □其他(请填写)_____
交互过程	① 教师发布学习任务:以小组为单位,梳理总结自己在教学任务一"备用金和费用报销共享业务实训中"可能会遇到的问题有哪些? 又是如何解决的? 并建立在线文档《实训常见问题及解决办法》,发送给学生 ② 学生接收自主学习任务单,回顾实训过程,将实训中遇到的问题及解决方法梳理总结,并记录在在线文档中 ③ 教师对在线文档进行整理,将同学们所记录的问题进行分类汇总
学习资源	在线文档:《实训常见问题及解决办法——教学任务一》
学习成果及评价标准	① 学习成果:学生梳理总结教学任务一实训过程中的问题及解决方法,整理记录在在线文档《实训常见问题及解决办法——教学任务一》中 ② 评价标准:要求每组学生梳理不少于 3 个问题,小组间可重复
备注	无

5.3.2 成本与管理会计教学案例设计

1. 成本与管理会计课程简介

成本与管理会计是会计学和财务管理专业的核心课程,是在会计学、管理学、财务管理等课程的基础上开设的一门后续课程。课程内容围绕企业经营循环展开,从预算编制到年中执行,再到财务核算及最后的绩效考核,进而对来年预算编制提供参考。

整个循环由成本会计和管理会计两部分组成：成本会计部分主要包括成本计算的相关内容；管理会计部分包括变动成本法、本量利分析、短期经营决策、全面预算和绩效考核等内容。

新的授课模式是线上和线下的混合式教学模式，整个授课流程分为四个阶段。该课程可以帮助学生了解企业经营过程，解决企业经营决策问题的基本方法，通过对本课程的学习，学生可以熟悉企业决策的理论和工具模型，具备参与公司的发展预测、管理决策、评价经营情况、从事综合性价值管理的初步能力；同时，可以为后续的企业财务预算和制造型企业财务管理岗位实践两门项目化教学课程提供点对点的支撑，从而为将来项目化教学课程的学习培养理财观念与技能。

2. 成本与管理会计教学大纲

成本与管理会计课程大纲如表 5-13 所示。

表 5-13　成本与管理会计课程大纲

一、课程大纲							
课程代码	kg2022jc61		课程名称		成本与管理会计		
授课教师	雷舒靓						
课程性质	必修	学时	48	学分	3	授课对象	财务管理与会计学专业
课程目标	① 知识目标：了解管理会计的基本原理，熟悉管理会计活动的内容，掌握变动成本法、本量利分析、经营预算、长短期决策、绩效考核等相关计算方法 ② 能力目标：使学生能够为企业的管理决策提供依据；掌握企业成本、利润和销量之间的动态平衡、不同项目之间的决策方法、企业发展预算的编制以及经营成果考核的方法等 ③ 素质目标：树立科学的决策观念，养成具有敬业精神、团队精神和求索精神、严格执行财务相关法律法规、具有良好的人际沟通能力和职业道德品格，为将来走向企事业单位从事管理会计等相关决策工作及自主创业提供管理观念与技能						
学习成果（没有可不填）	案例小组汇报报告、课堂案例讨论、考试成绩						
教学方法（或学习方法）	填写内容（选择相应选项即可，如有补充请填写内容）： ☑讲授　☑小组讨论　☑答疑　□实验　□实训　☑自主学习　□其他（请填写）_____						
先修课程	专业基础课程：会计学、财务管理						
后衔接课程	财务分析、ERP						
课程资源	自主设计（选择相应选项即可，如有补充请填写内容）： ☑教材　☑教辅用书　□拓展书目　□教具　□实验室　☑网络平台　□图片　□音频　☑视频　□软件　□学科专家、科学家、企业家等社会人士　□实地/现场　☑图书馆、博物馆等社会场所　□期刊　☑教学过程中生成性资源（如教学活动中提出的问题、学生的作品/作业、课堂实录等）　□其他（请填写）_____						

续表

课程资源	现成资源(选择相应选项即可,如有补充请填写内容)： ☑教材　☑教辅用书　☐拓展书目　☐教具　☐实验室　☐图片　☐音频 ☑视频　☐软件　☐学科专家、科学家、企业家等社会人士　☐实地/现场　☐图书馆、博物馆等场所　☐期刊　☑教学过程中生成性资源　☐其他(请填写)
课程评价方式	① 考核方式为过程性评价(占比40％)和总结性评价(占比60％)相结合的复合评价 ② 过程性评价包括课前线上视频课程完成情况、课堂案例分析分享情况、课后章节测验等 ③ 总结性评价教考分离,非授课老师随机抽取真题题库作为期末测试题,以期末考试成绩为依据

二、课程教学进度表

课　次	课　上			课　下		备注
	课程主题内容	教学场所	计划学时	学习主题内容	学生用时	
第1次	第一章　概论 1. 成本与管理会计的概念 2. 中西方成本与管理会计的形成和发展	教室	2	课下任务一:阅读教材 《成本与管理会计》,孙茂竹,中国人民大学出版社,1-9页,计划用时35分钟 课下任务二:观看视频 智慧黄科视频:慕课《管理会计的概念》(16分钟)、慕课《成本与管理会计的产生》(6分钟)、慕课《成本与管理会计的发展》(9分钟)、慕课《标准成本管理》(10分钟)、慕课《企业内部资源与能力分析:价值链分析》(14分钟)、慕课《SWOT分析法》(5分钟),计划用时70分钟 课下任务三:完成相应习题,计划用时70分钟	3	
第2次	第一章　概论 1. 成本与管理会计的基本任务 2. 成本管理的循环与规划 第二章　成本的分类 1. 财务成本的基本分类	教室	2	课下任务一:阅读教材 《成本与管理会计》,孙茂竹,中国人民大学出版社,10-25页,计划用时25分钟 课下任务二:观看视频 智慧黄科视频:慕课《成本会计的职能》(10分钟)、慕课《成本会计的任务》(7分钟)、慕课《成本会计的对象》(11分钟)、慕课《成本的概念与分类》(7分钟)、慕课《成本按其经济用途的分类》(22分钟),计划用时57分钟 课下任务三:完成相应习题,计划用时143分钟	4	

续表

课　次	课　上			课　下		备注
	课程主题内容	教学场所	计划学时	学习主题内容	学生用时	
第 3 次	第二章　成本的分类 2. 管理成本的基本分类 （1）按成本性态分类 （2）按成本可控性分类 （3）按管理需要确认或分类	教室	2	课下任务一：阅读教材《成本与管理会计》，孙茂竹，中国人民大学出版社，25-40 页，计划用时 50 分钟 课下任务二：观看视频智慧黄科视频：慕课《混合成本的分解》（16 分钟），计划用时 16 分钟 课下任务三：完成相应习题，计划用时 134 分钟	4	
第 4 次	第五章　变动成本法 1. 完全成本法的概念 2. 完全成本法下产品成本的构成 3. 变动成本法的概念 4. 变动成本法下产品成本的构成 5. 两种计算方法下期间费用的区别 6. 两种计算方法下利润计算的原理	教室	2	课下任务一：阅读教材《管理会计学》（第 9 版），孙茂竹，中国人民大学出版社，41-43 页，计划用时 10 分钟 课下任务二：观看视频智慧黄科视频：慕课《变动成本法概念》（17 分钟）、慕课《变动成本法与完全成本法的区别（上）》（12 分钟）、慕课《变动成本法与完全成本法的区别（下）》（15 分钟），计划用时 44 分钟 课下任务三：完成相应习题，计划用时 146 分钟	5	
第 5 次	第五章　变动成本法 1. 变动成本法和完全成本法下利润的计算过程 2. 变动成本法和完全成本法下期初无存货，连续多年产量相同、销量不同时利润的区别 3. 变动成本法和完全成本法下期初无存货，连续多年销量相同、产量不同时利润的区别	教室	2	课下任务一：阅读教材《管理会计学》（第 9 版），孙茂竹，中国人民大学出版社，43-45 页，计划用时 23 分钟 课下任务二：重看视频智慧黄科视频：慕课《变动成本法与完全成本法的区别（上）》（12 分钟）、慕课《变动成本法与完全成本法的区别（下）》（15 分钟），计划用时 27 分钟 课下任务三：完成相应习题，计划用时 100 分钟	3	

续表

课　次	课　上			课　下		备注
	课程主题内容	教学场所	计划学时	学习主题内容	学生用时	
第6次	第五章　变动成本法 1. 变动成本法计算利润的特点 2. 完全成本法计算利润的特点 3. 两种方法计算利润的关系 4. 变动成本法的优缺点	教室	2	课下任务一:阅读教材 《管理会计学》(第9版),孙茂竹,中国人民大学出版社,45-49页,计划用时30分钟 课下任务二:观看视频 智慧黄科视频:慕课《变动成本法与完全成本法的优缺点》,计划用时50分钟 课下任务三:阅读文献资料 肖成光. 变动成本法结合现金流量分析对企业持续经营的指导研究[J]. 商讯,2023(23):101-104;刘旺辉. 变动成本法在商砼企业经营决策的应用[J]. 中国产经,2023(20):103-104;刘靖. 管理会计工具对公立医院决策的影响研究:以变动成本法为例[J]. 经济研究导刊,2023(15):123-125。计划用时60分钟 课下任务四:完成相应习题,计划用时60分钟	4	
第7次	第六章　本量利分析 1. 本量利分析的概念 2. 本量利分析的四个假设 3. 保本分析的概念 4. 保本分析举例	教室	2	课下任务一:阅读教材 《管理会计》(第9版),孙茂竹,中国人民大学出版社,56-59页,计划用时20分钟 课下任务二:观看视频 智慧黄科视频:慕课《本量利分析概述》(10分钟)、慕课《单一产品本量利分析》(30分钟),计划用时40分钟 课下任务三:案例分析,计划用时180分钟 课下任务四:完成相应习题,计划用时60分钟	5	
第8次	第六章　本量利分析 1. 安全性分析 2. 保利分析	教室	2	课下任务一:阅读教材 《成本与管理会计》(第4版),孙茂竹,中国人民大学出版社,131-136页,计划用时20分钟 课下任务二:观看视频 智慧黄科视频:慕课《本量利分析概述》(20分钟)、慕课《单一产品的保利分析》(10分钟),计划用时30分钟	3	

续表

课　次	课　上			课　下		备注
	课程主题内容	教学场所	计划学时	学习主题内容	学生用时	
第 8 次				课下任务三:对保本分析的概念和公式进行初步了解、并记忆,计划用时 20 分钟 课下任务四:案例分析,计划用时 60 分钟 课下任务五:完成相应习题,计划用时 50 分钟		
第 9 次	第六章　本量利分析 1. 多产品分析 2. 影响本量利分析的因素 3. 利润的敏感性分析	教室	2	课下任务一:阅读教材 《成本与管理会计》(第 4 版),孙茂竹,中国人民大学出版社,137-149 页,计划用时 30 分钟 课下任务二:观看视频 智慧黄科视频:慕课《多品种条件下本量利分析的方法》(20 分钟),计划用时 20 分钟 课下任务三:完成相应习题,计划用时 190 分钟	4	
第 10 次	第六章　本量利分析 案例分析 习题讲解	教室	2	课下任务一:阅读教材 《成本与管理会计》(第 4 版),孙茂竹,中国人民大学出版社,154-156 页,计划用时 20 分钟 课下任务二:案例分析,计划用时 240 分钟 课下任务三:完成相应习题,计划用时 90 分钟	7	
第 11 次	第七章　短期成本与经营决策 1. 短期成本的特性 2. 短期成本的变动原因 3. 短期经营决策的主要方法 4. 生产何种新产品的决策 5. 亏损产品是否继续生产	教室	2	课下任务一:阅读教材 《成本与管理会计》(第 4 版),孙茂竹,中国人民大学出版社,157-164 页,计划用时 39 分钟 课下任务二:观看视频 智慧黄科视频:慕课《决策分析概述》(10 分钟)、慕课《短期经营决策的相关概念》(11 分钟),计划用时 21 分钟 课下任务三:完成相应习题教材《成本与管理会计》(第 4 版),孙茂竹,中国人民大学出版社,183-185 页,计划用时 190 分钟	5	

课次	课　上			课　下		备注
	课程主题内容	教学场所	计划学时	学习主题内容	学生用时	
第 12 次	第七章 短期成本与经营决策 1. 亏损产品是否继续生产 2. 零部件自制还是外购 3. 半成品是否深加工	教室	2	课下任务一：阅读教材《成本与管理会计》(第 4 版)，孙茂竹，中国人民大学出版社，164-173 页，计划用时 30 分钟 课下任务二：完成相应习题教材《成本与管理会计》(第 4 版)，孙茂竹，中国人民大学出版社，184-185 页，计划用时 120 分钟	3	
第 13 次	第七章 短期成本与经营决策 1. 特殊订单的决策 2. 产品组合优化决策	教室	2	课下任务一：阅读教材《成本与管理会计》(第 4 版)，孙茂竹，中国人民大学出版社，173-182 页，计划用时 30 分钟 课下任务二：完成相应习题教材《成本与管理会计》(第 4 版)，孙茂竹，中国人民大学出版社，185 页，计划用时 270 分钟	6	
第 14 次	第八章 预算管理 1. 全面预算概述 2. 定性预测方法 3. 定量预算编制的方法	教室	2	课下任务一：阅读教材《成本与管理会计》(第 4 版)，孙茂竹，中国人民大学出版社，233-238、249-253 页，计划用时 50 分钟 课下任务二：完成相应习题教材《成本与管理会计》(第 4 版)，孙茂竹，中国人民大学出版社，254-255 页，计划用时 50 分钟	2	
第 15 次	第八章 预算管理 1. 销售预算 2. 生产预算 3. 生产成本预算 4. 销售成本预算	教室	2	课下任务一：阅读教材《成本与管理会计》(第 4 版)，孙茂竹，中国人民大学出版社，238-249 页，计划用时 40 分钟 课下任务二：利用免费网站查阅上市公司年报，预测其未来销售数量，计划用时 210 分钟	5	
第 16 次	第八章 预算管理 1. 成本预测的步骤 2. 降低成本的方法 3. 现金预算 4. 预计资产负债表 5. 预计利润表	教室	2	课下任务一：阅读教材《成本与管理会计》(第 4 版)，孙茂竹，中国人民大学出版社，246-249 页，计划用时 20 分钟 课下任务二：查阅上市公司年报，预测其未来发展趋势，计划用时 80 分钟	2	

续表

课 次	课 上			课 下		备注
	课程主题内容	教学场所	计划学时	学习主题内容	学生用时	
第 17 次	第三章 成本计算原理 1. 成本计算的内容 2. 成本计算的对象 3. 成本计算的基本程序 4. 成本计算的基本要求 5. 成本归集和分配的账户 6. 材料费用、人工费用和制造费用的归集与分配 7. 跨期摊提费用的归集与分配	教室	2	课下任务一:阅读教材《成本与管理会计》,孙茂竹,中国人民大学出版社,43-58 页,计划用时 53 分钟 课下任务二:观看视频智慧黄科视频:慕课《成本会计的对象》(11 分钟)、慕课《成本核算的基本要求 1》(9 分钟)、慕课《成本核算的基本要求 2》(9 分钟)、慕课《成本费用的分类》(9 分钟)、慕课《成本核算的一般程序》(9 分钟),计划用时 47 分钟 课下任务三:完成相应习题,计划用时 100 分钟	4	
第 18 次	第三章 成本计算原理 1. 辅助生产费用的归集和分配应用的账户 2. 直接分配法 3. 交互分配法 4. 计划成本分配法	教室	2	课下任务一:阅读教材《成本与管理会计》,孙茂竹,中国人民大学出版社,58-63 页,计划用时 30 分钟 课下任务二:观看视频智慧黄科视频:慕课《辅助生产费用的归集与分配概述》(7 分钟)、慕课《直接分配法》(14 分钟)、慕课《交互分配法》(13 分钟)、慕课《计划成本分配法》(15 分钟),计划用时 49 分钟 课下任务三:完成相应习题,计划用时 121 分钟	4	
第 19 次	第三章 成本计算原理 1. 在产品数量的核算 2. 生产成本在完工产品和在产品之间的归集和分配 3. 完工产品成本的结转	教室	2	课下任务一:阅读教材《成本与管理会计》,孙茂竹,中国人民大学出版社,63-66 页,计划用时 10 分钟 课下任务二:观看视频智慧黄科视频:慕课《在产品数量核算》、慕课《生产费用在完工产品和在产品之间的分配方法》,计划用时 17 分钟 课下任务三:完成相应习题,计划用时 173 分钟	4	

课　次	课　上			课　下		备注
	课程主题内容	教学场所	计划学时	学习主题内容	学生用时	
第20次	第三章 成本计算原理 1. 在产品数量的核算 2. 完工产品和在产品之间分配费用的方法 3. 完工产品成本的结转	教室	2	课下任务一:阅读教材《成本与管理会计》,孙茂竹,中国人民大学出版社,66-68页,计划用时10分钟 课下任务二:观看视频智慧黄科视频:慕课《定额比例法》(11分钟);慕课《在产品成本按定额成本计算》(11分钟),计划用时22分钟 课下任务三:完成相应习题,计划用时68分钟	2	
第21次	第四章 成本计算的基本方法 1. 品种法的适用范围 2. 品种法的主要特点 3. 品种法的成本计算程序 4. 品种法举例 5. 分批法的适用范围 6. 分批法的主要特点 7. 分批法的成本计算程序 8. 分批法举例	教室	2	课下任务一:阅读教材《成本与管理会计》,孙茂竹,中国人民大学出版社,71-80页,计划用时61分钟 课下任务二:观看视频智慧黄科视频:慕课《品种法概述》(9分钟)、慕课《品种法运用》(25分钟)、慕课《分批法》(15分钟),计划用时49分钟 课下任务三:完成相应习题,计划用时190分钟	6	
第22次	第四章 成本计算的基本方法 1. 分步法的适用范围 2. 分步法的主要特点 3. 分步法的成本计算程序 4. 分步法举例:逐步结转分步法,平行结转分步法	教室	2	课下任务一:阅读教材《成本与管理会计》,孙茂竹,中国人民大学出版社,80-86页,计划用时64分钟 课下任务二:观看视频智慧黄科视频:慕课《分步法概述》(11分钟)、慕课《逐步结转分步法》(10分钟)、慕课《平行结转分步法》(15分钟),计划用时36分钟 课下任务三:完成相应习题,计划用时200分钟	6	

续表

课　次	课　上			课　下		备注
	课程主题内容	教学场所	计划学时	学习主题内容	学生用时	
第 23 次	第九章 责任成本管理 1. 责任中心的概念 2. 责任中心的分类及日常考核 3. 责任成本的概念与特征 4. 责任成本差异计算	教室	2	课下任务一:阅读教材 《成本与管理会计》(第 4 版),孙茂竹,中国人民大学出版社,89-97 页,计划用时 20 分钟 课下任务二:观看视频 智慧黄科视频:慕课《分权管理与责任会计》(12 分钟)、慕课《责任会计制度的内容和原则》(9 分钟)、慕课《责任中心的类型》(12 分钟)、慕课《成本中心和利润中心评价》(9 分钟)、慕课《投资中心评价》(12 分钟),计划用时 54 分钟 课下任务三:完成相应习题教材《成本与管理会计》(第 4 版),孙茂竹,中国人民大学出版社,128-129 页,计划用时 96 分钟	3	
第 24 次	第十章 绩效管理 1. 以企业为主体的业绩考核 2. 以责任中心为主体的业绩考核 3. 基于 EVA 的业绩考核 4. 基于平衡计分卡的业绩考核	教室	2	课下任务一:阅读教材 《成本与管理会计》(第 4 版),孙茂竹,中国人民大学出版社,256-280 页,计划用时 70 分钟 课下任务二:完成相应习题教材《成本与管理会计》(第 4 版),孙茂竹,中国人民大学出版社,280-281 页,计划用时 30 分钟	2	
	合　计		48	合　计	96	

3. 成本与管理会计教学设计展示

成本与管理会计专业基础课教案如表 5-14～表 5-16 所示。

表 5-14　成本与管理会计专业基础课教案（一）

2023—2024 第 2 学期第 1 周第 1 次课

知识建模图：

续表

学习目标	知识点（学习水平）	素质目标（课程思政点）
学习目标	管理会计的概念（理解）；成本会计的概念（理解）；形成与发展的阶段（理解、记忆）	成为一个有执业道德的管理会计从业者，能够遵守职业原则——诚实、能力、保密、可信

学习先行知识技能	无

课上资源	课下资源
① 教具：课件 PPT ② 参考教材：《成本与管理会计》，孙茂竹，中国人民大学出版社 ③ 学生作业	① 教具：课件 PPT ② 参考教材：《成本与管理会计》，孙茂竹，中国人民大学出版社 ③ 智慧黄科视频 ④ 泰勒标准化的视频 ⑤ 学生作业

课上时间	课下时间
100 分钟	210 分钟

活动序列	活动的学习目标	地点	时间	学习资源
活动 1	根据日常生活理解管理会计存在的原因，掌握管理会计的相关概念（理解、记忆）	课上 课下	10 分钟 50 分钟	① 教具：课件 PPT ② 参考教材：《成本与管理会计》，孙茂竹，中国人民大学出版社，6 页 ③ 智慧黄科视频：慕课《管理会计概念》（16 分钟） ④ 智慧黄科视频：慕课《成本会计的产生》（6 分钟） ⑤ 智慧黄科视频：慕课《成本会计的发展》（9 分钟）
活动 2	结合经济现状与理论背景，了解管理会计的发展过程（理解）	课上	90 分钟	① 教具：课件 PPT ② 参考教材：《成本与管理会计》，孙茂竹，中国人民大学出版社，5-11 页 ③ 泰勒标准化的视频 ④ 智慧黄科视频：慕课《企业内部资源与能力分析：价值链分析》（14 分钟） ⑤ 智慧黄科视频：慕课《SWOT 分析法》（5 分钟）

续表

活动序列	活动的学习目标	地点	时间	学习资源
活动 2	结合经济现状与理论背景，了解管理会计的发展过程（理解）	课下	160 分钟	⑥学生作业：惠达卫浴价值链分析 ⑦学生作业：格力电器价值链分析 ⑧学生作业：希望公司战略成本管理分析

活动 1 知识建模图（课上＋课下）：

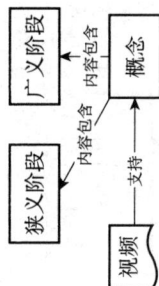

活动目标	根据日常生活理解管理会计存在的原因，掌握管理会计的相关概念（理解、记忆）广义阶段（理解、记忆；狭义阶段（理解、记忆；概念（理解、运用；意义（理解、运用）

活动任务序列（导入任务描述）

交互过程	① 教师描述场景并提问：在综艺《中餐厅》，有一个情境不知道大家还有没有印象。这里有三个人，总经理黄晓明，财务总监秦海璐，还有我们的林大厨，大概的情境是林大厨看到食材以后比较兴奋，两眼放光，总想买买买，但是我们的总经理黄晓明，就在里面和稀泥，总是什么都可以买。这采播出后呢，很多网友都在吐槽秦海璐，说她不懂得尊重别人，都要大家听她的建议等，现在我想请大家思考一下，你们认为在这个情景当中，谁的做法是正确的？ ② 学生回答：秦海璐 ③ 教师陈述：当我从财务的角度去看待这个问题的时候，其实是完全可以理解秦海璐的做法的。餐厅只有换来的 200 欧元当作启动资金，却要背负 21 天总营业额超过 20000 欧元的盈利任务，如果是必要的食材，那肯定需要采购，这没有问题，但是我们的林大厨坚持用 35 欧元购买的 5 个啤梨，只是用作 5 个人的晚餐，然后申请 10 欧元去打火机来搞小情调。餐厅只有 125 欧元的资金用来购买食材的情况下，林大厨的这种做法显然是不合时宜的，我们的财务人员是在竭尽所能地用好每一笔资金。所以，从这个角度来看待的话，秦海璐的做法就是我们能够理解的了吧，甚至我们财务人员是非常优秀的一位财务负责人啊，根据餐厅的预算来严格地执行预算，轻配餐厅的各种支出，这其实就是我们管理会计在企业当中经常扮演的角色

续表

任务一知识组块：

活动任务序列（任务一）（课下）	
任务描述	通过引导视频认识管理会计的概念
任务时长	50 分钟
学习地点	课下

教学方法	填写内容（选择相应选项即可，如有补充请填写内容）： □讲授 □小组讨论 □答疑 □实训 □实验 ☑自主学习 □翻转课堂 □其他（请填写）_____
交互过程	①教师提前将引导视频图片上传至平台，并发布自主学习任务单 ②学生接受自主学习任务单，在平台上学习视频，做思考题检测学习情况
学习资源	①教具：课件 PPT ②参考教材：《成本与管理会计》，孙茂竹，中国人民大学出版社，6 页 ③智慧黄科视频《管理会计概念》(16 分钟) ④智慧黄科视频《成本会计的产生》(6 分钟) ⑤智慧黄科视频《成本会计的发展》(9 分钟)
学习成果及评价标准	①教师发布思考题：管理会计的概念是什么？ ②学生将问题答案发布在讨论区

任务二知识组块：

活动任务序列（任务二）	
任务描述	记忆管理会计狭义和广义阶段理的意义
任务时长	10 分钟
学习地点	课上

教学方法	填写内容（选择相应选项即可，如有补充请填写内容）： ☑讲授 □小组讨论 □答疑 □实训 □实验 □自主学习 □翻转课堂 □其他（请填写）_____

记忆管理会计狭义和广义阶段的不同特征，理解管理会计对企业日常管理……答出预测、决策、信息系统为企业服务，便算回答正确，得 10 分，少一个关键词扣 3 分

续表

交互过程	①教师展示图片:"双十一"("6·18"等)活动打折图片。 ②教师提问:大家有没有见过这类似的图片,这些商家在做什么? ③学生观看图片:回答看图片。 ④教师提问:企业的利润是收入扣除成本费用,打折会使价格降低,卖一件商品的收入就会减少,商家为什么要这么做? ⑤学生回答问题 ⑥教师提问:价格最低订到多少合适?引出管理会计 ⑦教师讲述:管理会计的概念,以及广义和狭义阶段的分类 ⑧教师发布练习:智慧黄科测试题 ⑨学生认同同:学生接收并开始练习 ⑩教师反馈:教师根据学生完成情况进行针对对讲解
学习资源	①教具:课件PPT ②参考教材:《成本与管理会计》,孙茂竹,中国人民大学出版社,6页 ③智慧黄科测试题
学习成果及评价标准	智慧黄科测试题,每道题目2分,选对即得分,错误不得分

活动2 知识建模图:

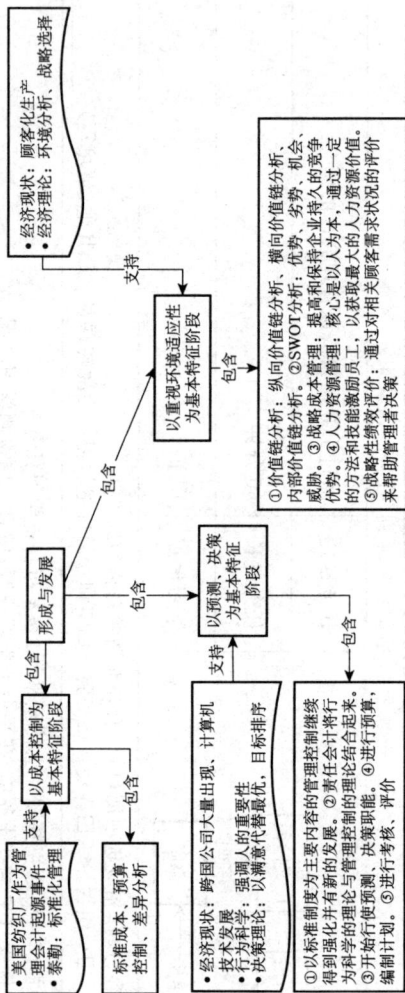

活动目标	理解并记忆管理会计发展三个阶段的内容

任务一知识组块：

● 美国纺织厂工作作为管理会计起源事件
● 泰勒：标准化管理 —支持→ 以成本控制为基本特征阶段
包含 → 标准成本、预算控制、差异分析

活动任务序列（任务一）

任务描述	从 20 世纪 50 年代社会经济发展的基本特征了解了企业需求，结合经济管理会计起源事件，理解本阶段管理会计的工作内容。理解本阶段解决需求的方案
任务时长	20 分钟
学习地点	课上

教学方法	填写内容（选择相应选项即可，如有补充请填写内容）：☑讲授 ☑小组讨论 □答疑 □实验 □实训 □自主学习 □翻转课堂 □其他（请填写）
交互过程	① 教师陈述：20 世纪 50 年代社会经济特征为社会化大生产，这时开始关注成本，强调加强企业内部管理，降低成本费用 ② 教师提问：此时企业若想取得成功，关键因素是哪些？ ③ 教师陈述：具有代表性的经济组织理论为古典组织理论，代表人物是泰勒；代表性观点是强调提高生产和工作效率，出现"标准化"，认为完成任何一项工作都有最佳途径 ④ 教师播放视频：泰勒制，霍桑实验与 8 小时工作制 ⑤ 教师提问：此时的经济理论可以从哪个途径帮助企业实现更多的利润？ ⑥ 学生分小组讨论 ⑦ 学生回答：通过运用标准化的理论，制定一件产品最少的单耗，从而帮助企业节约成本，进而帮助企业实现更多的利润 ⑧ 教师总结：此时管理会计的核心是控制成本，在实际经营结束后，通过标准化对比总成本和预计总成本，寻找成本产生差异的原因，进而进行成本优化。比如，原材料耗用量高，那就要分析是生产车间单耗多了，还是销量多了，销量多是正常的，但是单耗高就要看具体情况，如果是工人技术不熟练，那就要给员工提供培训，招聘合适的工人，如果材料质量不行，导致浪费增加，那就要更换材料或者追查采购部门的原因 ⑨ 教师发布练习：智慧黄科测试题 ⑩ 学生认同：学生接收并开始练习 ⑪ 教师反馈：教师根据学生完成情况进行针对性讲解

续表

学习资源	①教具：课件PPT ②参考教材：《成本与管理会计》，孙茂竹，中国人民大学出版社，5页 ③网络资源：泰勒标准化的视频（10分钟）
学习成果及评价标准	智慧黄科测试题，每道题目2分，选对即得分，错误不得分

活动任务序列（任务二）

任务描述	从20世纪50年代后社会经济发展的基本特征了解企业需求，结合经济理论发展特征找出解决需求的方案。理解本阶段管理会计的工作内容
任务时长	15分钟
学习地点	课上

任务二知识组块：

- 经济现状：跨国公司大量出现，计算机科技发展
- 行为科学：强调人的重要性
- 决策理论：以满意代替最优，目标排序

支持 ⟶ 以预测、决策为基本特征阶段

①以标准制度为主要内容的管理控制继续得到强化并有新的发展。②责任会计将行为科学的理论与管理控制理论是行为科学，决策职能。③开始作使预测、决策职能。③进行预算、编制计划。④进行考核、评价

内容包含

教学方法	填写内容（选择相应选项即可，如有补充请填写内容）： ☑讲授 ☑小组讨论 □实训 □实验 □答疑 □自主学习 □翻转课堂 □其他（请填写）_____
交互过程	①教师陈述：20世纪50年代社会经济特征为科学技术的日新月异，跨国公司的大量涌现，竞争的激烈，计算机技术的迅速发展 ②教师提问：此时企业若想取得成功，关键因素是哪些？ ③学生回答：创新等 ④教师提问：企业如何能够实现创新 ⑤学生回答：靠员工的创造力 ⑥教师总结：所以我们发现，这种企业的发展已经从单纯的降低成本过渡到依靠创新创造吸引消费者，从而实现更多的收入和利润。而此时，学科理论研究中最具代表性的经济理论是行为科学，其强调组织中"人"的重要性。决策理论有"以满意代替最优""目标排序" ⑦教师提问：此时的经济理论可以从哪个途径帮助企业实现目标？ ⑧学生分小组讨论上述问题，并回答 ⑨学生回答：依靠恰当的激励手段 ⑩教师提问：什么样的激励手段有效呢？

续表

交互过程	① 学生回答：落到实处的物质奖励和精神奖励 ② 教师提问：如何让员工对奖惩机制心服口服？ ③ 学生回答：考核标准合理 ④ 教师总结：用数据说话的标准最为真实，合理的数据标准如何得到？通过预算得到，所以此时管理会计的重点是预测和决策
学习资源	① 教具：课件 PPT ② 参考教材：《成本与管理会计》，孙茂竹，中国人民大学出版社，6 页 ③ 智慧黄科测试题
学习成果及评价标准	智慧黄科测试题，每道题目 2 分，选对即得分，错误不得分

任务三知识组块：

①价值链分析：纵向价值分析，内部价值链分析，横向价值链分析。②SWOT 分析：优势，劣势，机会，威胁。③战略成本管理：提高和保持企业持久的竞争优势。④人力资源管理：核心是以人为本，通过一定的方法和技能激励员工，以获取最大的人力资源价值。⑤战略性绩效评价：通过对相关战略需求状况的评价来帮助管理者决策

- 经济现状：顾客化生产
- 经济理论：环境适应性

支持 → 以重视环境适应性为基本特征阶段 → 内容包含

活动任务序列（任务三）：

任务描述	通过大学生慕课等网络资源和学生小组讨论和价值链管理成本管理战略分析的教学方法，达到学生了解 SWOT 分析，了解战略成本管理和价值链分析的教学效果
任务时长	40 分钟
学习地点	课下

教学方法	填写内容（选择相应选项即可，如有补充请填写内容）： 口讲授　☑小组讨论　☑问答　口实验　口实训　☑自主学习　口翻转课堂　口其他（请填写）
交互过程	① 教师发布任务：通过班委发布课下任务，大家如果有疑问，可在微信群进行沟通分享 　a. 智慧黄科视频：慕课《企业内部资源与能力分析：价值链分析》（14 分钟） 　b. 智慧黄科视频：慕课《SWOT 分析法》（5 分钟） 　c. 预习教材：《成本与管理会计》，中国人民大学出版社，7-11 页 ② 学生认同：及时完成学习任务，教师在后台及时关注学生学习进度 ③ 教师督促：教师根据后台数据，及时在群里督促促学生学习

续表

学习资源	①智慧黄科视频：慕课《企业内部资源与能力分析：价值链分析》（14分钟） ②智慧黄科视频：慕课《SWOT分析法》（5分钟） ③参考教材：《成本与管理会计学》，中国人民大学出版社，7-11页 ④教具：课件PPT
学习成果及评价标准	视频观看情况，评价标准：根据智慧黄科后台数据，完成得10分，完不成得0分

活动任务序列（任务四）

任务描述	通过互动的教学方式，达到学生了解"重视环境适应性为基本特征阶段"的管理会计的教学效果
任务时长	15分钟
学习地点	课上

任务四知识组块：

①价值链分析：纵向价值链分析，横向价值链分析、内部价值链分析，优势、劣势、机会、威胁，②SWOT分析、成本管理：提高和保持企业长久的竞争优势，通过一定的资源管理：③战略性员工，以获取最大的人力资源价值。绩效评价：通过对相关顾客需求状况的评价来帮助管理者决策

经济现状：顾客化生产
经济理论：环境分析、战略选择
支持 → 以重视环境适应性为基本特征阶段
内容包含

教学方法	填写内容（选择相应选项即可，如有补充请填写内容）： ☑讲授　□小组讨论　☑答疑　□实验　□实训　□自主学习　□翻转课堂　□其他（请填写）
交互过程	①教师陈述：20世纪70年代，社会经济竞争要求企业进行"顾客化生产"，科学技术的发展为"顾客化生产"提供了可能，整个社会重视环境 ②教师提问：此时企业若想取得成功，关键因素是哪些？ ③教师陈述：具有代表性的经济理论为战略管理理论，教师结合音像公司案例讲解战略管理理论 a.环境分析：内部环境分析 + 外部环境分析（PEST分析 + 波特五力） b.战略选择：公司层 + 业务层 + 职能层 c.战略执行与控制 ④教师提问：此时的经济理论可以从哪个途径帮助企业实现目标？

续表

交互过程	⑤学生分小组讨论上述问题，并回答：SWOT 分析可以帮助企业找准目前定位，做到知己知彼，战略选择能够帮助企业筛选出合适的发展路径，帮助企业更容易实现愿景和使命 ⑥教师发布练习：智慧黄科测试题 ⑦学生认同：学生接收并开始练习 ⑧教师反馈：教师根据学生完成情况进行针对讲解
学习资源	①参考教材：成本与管理会计学，孙茂竹，中国人民大学出版社，7-11 页 ②教具：课件 PPT ③智慧黄科测试题
学习成果及评价标准	智慧黄科测试题，每道题目 2 分，选对即得分，错误不得分

任务五知识组块：

①价值链分析：纵向价值链分析、横向价值链分析。②SWOT 分析：优势、劣势、机会、威胁。③战略成本管理：提高和保持企业持久的竞争优势。④人力资源管理。⑤人力资源的价值，通过一定的方法和科技能激励员工，以获取最大的竞争价值。⑥战略性绩效评价：通过对相关顾客需求状况的评价来帮助管理者决策

经济现状：顾客化生产、战略选择

经济理论：环境分析、环境分析 —— 支持

以重视环境适应性为基本特征阶段

内容包含

活动任务序列（任务五）

任务描述	采用案例分析的教学方法，达到学生理解并运用公司战略、SOWT 分析和价值链分析的学习效果
任务时长	120 分钟
学习地点	课下

教学方法	填写内容（选择相应选项即可，如有补充请填写内容）： □讲授　☑小组讨论　□答疑　□实验　□实训　☑自主学习　□翻转课堂　□其他（请填写）　☑案例分析
交互过程	①教师发布任务：教师通过微信群发布课下任务，大家有疑问可以在微信群中及时进行沟通分享 ②根据预习内容按要求制作 PPT，并准备汇报，PPT 汇报要求 第一，内容丰富性（是否涵盖所学内容） 第二，PPT 美观性（版面设计及创新性） 第三，汇报流畅性（是否准备充分） 第四，要求其他组在汇报过程中认真听讲，汇报结束后对汇报内容进行评价

续表

交互过程	③学生认同:学生接任务,并分组完成案例分析,制作 PPT 及汇报准备 ④教师督促:教师提前一天收集小组 PPT 进行检查
学习资源	①学生作业:惠达卫浴价值链分析 ②学生作业:格力空调价值链分析 ③学生作业:希音公司战略成本管理
学习成果及评价标准	按时提交 PPT 得(75分) 按时提交 PPT 得(60分) 按时提交 PPT,并且资料收集充分,并且有自己的分析(90分) 按时提交 PPT,资料收集充分,有自己的分析,并且 PPT 制作精美(100分)

活动任务序列(任务六)

任务描述	采用案例分析的教学方法,达到学生理解并运用公司战略,SOWT 分析和价值链分析的学习效果 采用学生汇报的教学方法,通过学生讲解希音公司战略成本和格力电器价值链,其他力小组提问的方式,实现学生运用战略成本管理和价值链分析进行决策的学习效果
任务时长	40 分钟
学习地点	课上

任务六知识组块：

以重视环境适应性为基本特征阶段

支持 → 内容包含

①经济现状：顾客化生产
②经理理论：环境分析、战略选择

①价值链分析：纵向价值链分析、横向价值链分析。②SWOT 分析。③战略成本管理：提高和保持企业持久的竞争优势。④人力资源管理：核心建以人为本,以获取最大的人力资源价值。⑤战略绩效评价：通过对相关顾客需求状况的评价来帮助管理者决策

教学方法	填写内容(选择相应项选即可,如有补充请填写内容)： ☐讲授　☑小组讨论　☐答疑　☐实验　☐自主学习　☐翻转课堂　☑其他(请填写)学生讲课
交互过程	①教师组织小组分享：首先强调小组分享的标准.PPT 汇报要求 第一,内容丰富性(是否涵盖所学内容) 第二,PPT 美观性(版面设计及创新性) 第三,汇报流畅性(是否准备充分) 第四,要求其他组在汇报过程中认真听讲,汇报结束后对汇报内容进行评价

续表

交互过程	② 学生汇报：惠达卫浴价值链分析 ③ 小组提问：其他小组的同学根据讲授内容提问 ④ 学生回答：针对其他小组提出的问题进行解答 ⑤ 教师总结：汇报过程中存在的问题和优点，并解答学生疑问
学习资源	① 学生作业：惠达卫浴价值链分析 ② 学生作业：格力电器价值链分析 ③ 学生作业：希音公司战略成本管理分析
学习成果及评价标准	成果一：惠达卫浴价值链分析汇报。评价标准： 第一，内容丰富性（25 分） 第二，PPT 美观性（25 分） 第三，汇报流畅性（是否准备充分）（25 分） 第四，汇报互动性（是否与同学有互动）（25 分） 成果二：格力电器价值链分析汇报。评价标准： 第一，内容丰富性（25 分） 第二，PPT 美观性（25 分） 第三，汇报流畅性（是否准备充分）（25 分） 第四，汇报互动性（是否与同学有互动）（25 分） 成果三：希音公司战略成本管理汇报。评价标准： 第一，内容丰富性（25 分） 第二，PPT 美观性（25 分） 第三，汇报流畅性（是否准备充分）（25 分） 第四，汇报互动性（是否与同学有互动）（25 分）
备注	学生常见的学习问题：混淆横向价值链和纵向价值链

表 5-15　成本与管理会计专业基础课教案（二）

2023—2024 第 2 学期 第 1 周第 2 次课

知识建模图：

对象　时间　规则　报告期间　会计主体　货币计量

管理会计和财务会计的区别

试题：翻转校园测试题目　范例

支持　学生练习　教师讲解

总论　基本理论　对象　任务

本质：生产经营活动

经济效益：价值运动

实践：①价值生产和交换过程的优化，②价值管理

正确计算成本，为管理和决策提供成本信息

科学评价价值和估值，参与企业的经营管理

概念　教师讲解　学生练习　范例

试题：翻转校园测试题目

财务费用　销售费用　管理费用　期间费用

成本分类　按成本习性分类　按经济用途分类

生产成本　变动成本　固定成本

直接材料　直接人工　制造费用

酌量性　约束性

包含　支持

续表

	知识点（学习水平）	素质目标（课程思政点）
学习目标	管理会计的概念（理解）；成本会计的概念（理解）；形成与发展的阶段（理解，记忆）	能够准确区分企业当期消耗的资源需要计入哪一个会计科目，具备成为一名成本会计从业人员需要的基本技能
学习先行知识技能	无	

课上资源	课下资源
① 教具：课件 PPT ② 参考教材：《成本与管理会计》，孙茂竹，中国人民大学出版社	① 教具：课件 PPT ② 参考教材：《成本与管理会计》，孙茂竹，中国人民大学出版社 ③ 智慧黄科视频

课上时间	课下时间
100 分钟	160 分钟

活动序列	活动的学习目标	地点	时间	学习资源
活动 1	理解管理会计基本理论；理解并记忆管理会计与财务会计的区别与联系	课上	20 分钟	① 教具：课件 PPT ② 参考教材：《成本与管理会计》，孙茂竹，中国人民大学出版社，11-12 页 ③ 智慧黄科视频：《成本会计的职能》（10 分钟） ④ 智慧黄科视频：慕课《成本会计的任务》（7 分钟） ⑤ 智慧黄科视频：慕课《成本会计的对象》（11 分钟）
		课下	60 分钟	
活动 2	掌握管理会计与财务会计的区别与联系（理解，记忆）	课上	40 分钟	① 教具：课件 PPT ② 参考教材：《成本与管理会计》，孙茂竹，中国人民大学出版社，26-28 页 ③ 智慧黄科视频：慕课《成本的概念与分类》（7 分钟）
		课下	30 分钟	
活动 3	结合生活实际了解及运用成本按经济用途分类的方法（理解，记忆，运用）	课上	40 分钟	① 教具：课件 PPT ② 参考教材：《成本与管理会计》，孙茂竹，中国人民大学出版社，29-34 页 ③ 智慧黄科视频：慕课《成本按其性态分类》（22 分钟）
		课下	70 分钟	

续表

活动 1 知识建模图：

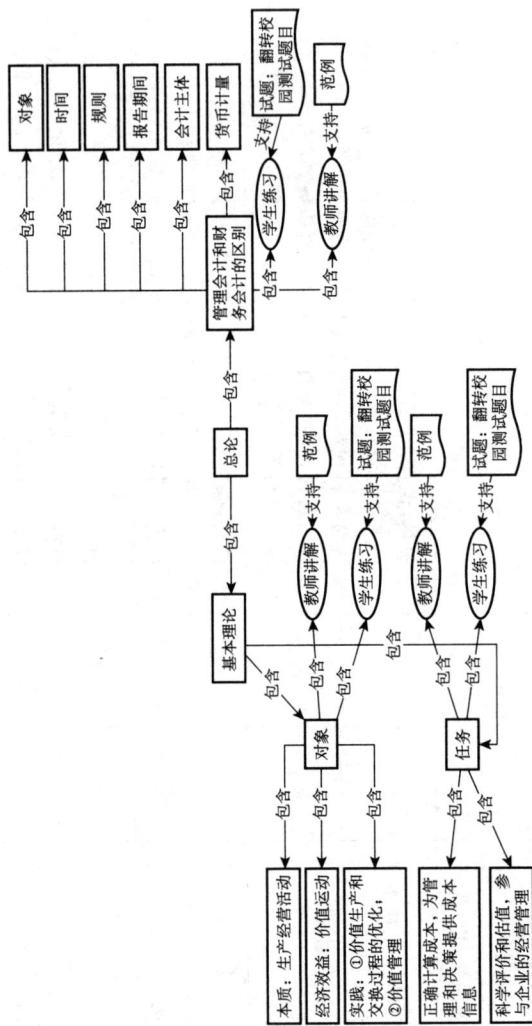

活动目标	理解并记忆管理会计基本理论的内容
	活动任务序列（导入任务描述）
交互过程	① 教师提问：前面我们已经了解了管理会计的基本概念和发展历程，大家认为管理会计的工作内容、工作方式和财务会计一样吗？ ② 学生回答：不一样 ③ 教师总结：下面我们来梳理成本与管理会计工作的对象，具体任务要求及与财务会计的差异。其中，管理会计和财务会计的区别也是我们研究生复试的考点

续表

任务一知识组块：

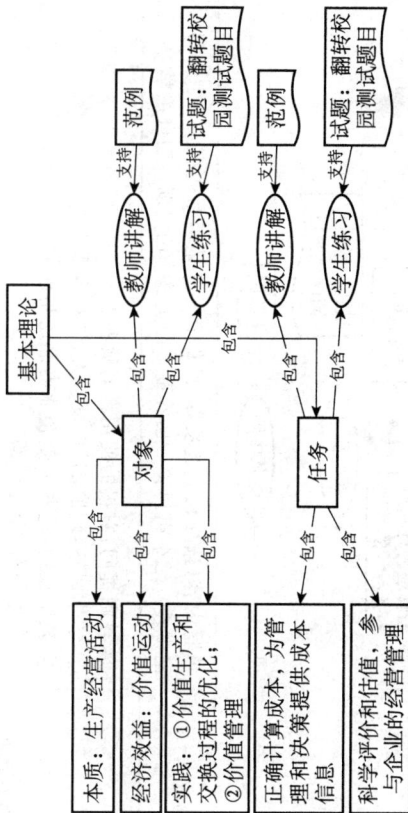

活动任务序列（任务一）	
任务描述	通过大学生慕课和小组讨论的教学方法，达到让学生理解成本会计的对象和需要承担任务描述的教学效果
任务时长	60 分钟
学习地点	课下
教学方法	填写内容（选择相应选项即可，如有补充请填写内容）： □讲授　☑小组讨论　□答疑　□实验　☑自主学习　□翻转课堂　□其他（请填写）
交互过程	① 教师发布任务：通过班委发布课下任务，大家如果有疑问，可在微信群进行沟通分享 　a. 智慧黄科视频：慕课《成本会计的职能》(10 分钟) 　b. 智慧黄科视频：慕课《成本会计的任务》(7 分钟) 　c. 智慧黄科视频：慕课《成本与管理会计的对象》(11 分钟) 　d. 预习教材：《成本与管理会计学》，中国人民大学出版社，11-12 页 ② 学生认同：及时完成学习任务，教师在后台及时关注学生学习进度 ③ 教师督促：教师根据后台数据及时在群里督促学生学习
学习资源	① 参考教材：《成本与管理会计学》，中国人民大学出版社，10,15 页 ② 教具：课件 PPT ③ 智慧黄科练习题

续表

学习成果及评价标准	视频完成情况，根据智慧黄科后台数据，完成得 10 分，未完成得 0 分		

活动任务序列（任务二）

任务二知识组块：

任务描述	通过课堂互动的教学方式，达到学生理解管理会计和财务会计区别的教学效果
任务时长	20 分钟
学习地点	课上

教学方法	填写内容（选择相应选项即可，如有补充请填写内容）： ☑讲授　☐小组讨论　☐答疑　☐实验　☐自主学习　☐翻转课堂　☐其他（请填写）_____
交互过程	①教师提问：财报的使用者有哪些？ ②学生回答：政府部门,投资人,债权人等 ③教师提问：这些人是企业内部还是外部？ ④学生回答：企业外部 ⑤教师提问：管理用财务报告的使用人是谁？ ⑥学生回答：企业管理者 ⑦教师总结：财务会计是对外的,管理会计是对内的 ⑧教师提问：财务会计什么时候做对内的工作？

续表

交互过程	⑨学生回答：经济业务发生之后 ⑩教师提问：管理会计要做哪些工作呢？ ⑪学生回答：对企业经营情况进行预测，对不同的投资项目进行筛选 ⑫教师总结：财务会计是记录过去的会计，管理会计是控制现在和预测未来的会计 ⑬教师提问：财务会计报告有没有特定的报告时间？ ⑭学生回答：月度，季度，半年度和年度 ⑮教师提问：管理会计报告有没有特定的报告时间？ ⑯学生回答：随时需要随时提供 ⑰教师总结：管理会计没有特定的报告期间，财务会计有 ⑱教师提问：财务会计工作过程中所有的数据都是货币数据吗？ ⑲学生回答：是 ⑳教师提问：管理会计工作过程中所有的数据都是货币数据吗？ ㉑学生回答：不是 ㉒教师总结：财务会计要求货币计量，管理会计既可以提供货币性的信息，也可以提供非货币性的信息 ㉓教师总结：因此，我们发现，管理会计是一个侧重控制现在，预测未来的为企业内部服务信息的会计，也可以提供非货币性的信息，是没有特定的为企业内部服务的会计；而财务会计是针对过去已经发生的经济业务，用货币的语言把符合会计准则约束的，既不受会计准则约束且不受会计准则约束报告期间对过去已经发生的经济业务，用货币的语言把符合会计准则要求进行记录，在特定日期提供报告的对外会计 ㉔教师发布练习：智慧黄科测试题 ㉕学生认同：学生接收并开始练习 ㉖教师反馈：教师根据学生完成情况进行针对讲解
学习资源	①教具：课件 PPT ②参考教材：《管理会计学》（第 9 版）孙茂竹，中国人民大学出版社，16-18 页 ③智慧黄科练习题
学习成果及评价标准	测试题：每道题目 2 分，选对即得分，错误不得分

续表

活动 2 知识建模图：

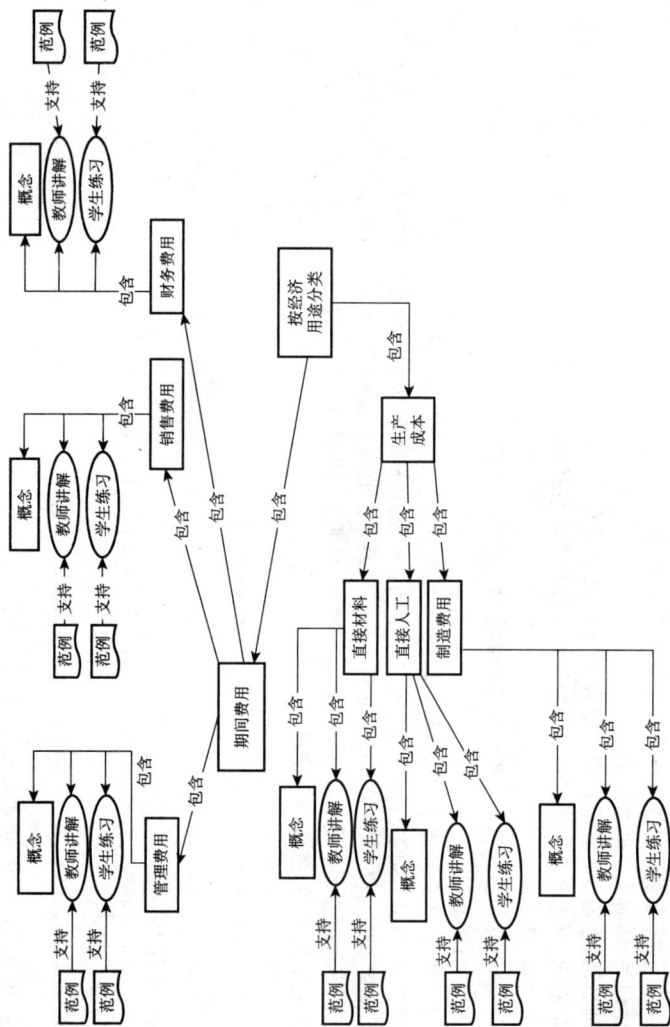

概念　教师讲解　学生练习　支持　范例

财务费用　销售费用　管理费用　期间费用

按经济用途分类　生产成本

直接材料　直接人工　制造费用

包含

活动目标	根据日常生活理解成本按经济用途分类的方法（理解、记忆、运用）
	活动任务序列（导入任务描述）
交互过程	① 教师提问：在财务会计工作过程中，我们当期如果发生了资源消耗，都可能计入哪些会计科目？ ② 学生回答：直接材料、直接人工、制造费用、销售费用、管理费用和财务费用 ③ 教师总结：这种对资源的分类是基于编制财务报告的目的，我们称之为按照经济用途进行分类

续表

任务一知识模块：

活动任务序列(任务一)		
	任务描述	通过大学生慕课,参考教材和小组讨论的教学方法,达到学生理解成本的概念,了解成本按经济用途是如何分类的教学效果
	任务时长	30 分钟
	学习地点	课下

（流程图：按经济用途分类 → 生产成本、期间费用；生产成本包含直接材料、直接人工、制造费用；期间费用包含管理费用、销售费用、财务费用；各项下设"概念—教师讲解、学生练习",支持范例）

教学方法	填写内容(选择相应选项即可,如有补充请填写内容): □讲授　☑小组讨论　□答疑　□实验　□实训　☑自主学习　□翻转课堂　□其他(请填写)
交互过程	① 教师发布任务:教师在课堂发布课下自学任务,小组长进行督促完成,大家如果有疑问,可以及时在群里沟通 　a. 结合课件 PPT,学习智慧黄科视频《慕课《成本的概念与分类》》(7 分钟) 　b. 预习教材《成本与管理会计》(第 9 版),孙茂竹,中国人民大学出版社,26-28 页 ② 学生认同:及时完成学习任务,教师在后台及时关注学生学习进度

续表

交互过程	③教师督促:教师根据后台数据,及时在群里督促学生学习
学习资源	①教具:课件PPT ②参考教材:《成本与管理会计》,孙茂竹,中国人民大学出版社,26-28页 ③智慧黄科测试题 ④智慧黄科视频:慕课《成本的概念与分类》(7分钟)
学习成果及评价标准	①成果一:思考什么是成本 学生将一问题答案发布在讨论区,答出"成本是企业为生产商品和提供劳务等所耗费的物化劳动(或)劳动中的必要劳动价值的货币表现,是商品价值的重要组成部分,由原料、材料、燃料等费用;折旧费用;工资等构成",便算回答正确,得10分 ②成果二:学习视频 视频完成情况,根据智慧黄科后台数据,完成得10分,未完成得0分

活动任务序列(任务二)

任务描述	采用案例分类分析的教学方法,达到学生按经济用途分类成本的方法的识别实际资源消耗的成本分类的教学效果
任务时长	30分钟
学习地点	课上

任务二知识组块:

续表

教学方法	填写内容（选择相应选项即可，如有补充请填写内容）： ☑讲授 □小组讨论 ☑答疑 □实验 □实训 □自主学习 □翻转课堂 □其他（请填写）
交互过程	①教师提问：什么是直接材料？ ②学生回答：在制造过程中，直接用以构成产品主要实体的各种材料成本 ③教师提问：什么是直接人工？ ④学生回答：在制造过程中，直接对制造对象施加影响，以改变其性质或形态所耗费的人工成本 ⑤教师提问：什么是制造费用？ ⑥学生回答：为制造产品或提供劳务而发生的各项间接费用 ⑦教师出示图片以方便面工厂加工车间的流程图 ⑧教师提问：图片当中有哪些成本？ ⑨学生回答：直接材料，直接人工，制造费用 ⑩教师提问：哪些是直接材料？ ⑪学生回答：面粉，调料 ⑫教师提问：哪些是直接人工？ ⑬学生回答：设备操作人员的工资 ⑭教师提问：哪些是制造费用？ ⑮学生回答：车间管理人员工资，设备折旧，水电费 ⑯教师发布练习：智慧黄科测试题 ⑰学生认同：智慧黄科学生接收并开始练习 ⑱教师反馈：教师根据学生完成情况进行针对讲解
学习资源	①教具：课件 PPT ②参考教材：《成本与管理会计》，孙茂竹，中国人民大学出版社，26-28 页 ③智慧黄科测试题
学习成果及评价标准	智慧黄科测试题，每道题目 2 分，选对即得分，错误不得分

续表

任务三知识组块：

活动任务序列（任务三）

管理费用　范例—支持　教师讲解　学生练习—支持　范例
期间费用　包含
概念　包含

销售费用　范例—支持　教师讲解　学生练习—支持　范例
概念　包含

财务费用　范例—支持　教师讲解　学生练习—支持　范例
概念　包含

按经济用途分类

任务描述	采用课堂互动的教学方法，达到学生理解管理费用、财务费用和销售费用的教学效果
任务时长	10 分钟
学习地点	课上

教学方法	填写内容（选择相应选项即可，如有补充请写内容）： ☑讲授　□小组讨论　☑答疑　□实验　□实训　□自主学习　□翻转课堂　□其他（请填写）
交互过程	①教师提问：什么是非制造成本？包括哪些具体内容？ ②学生回答：非制造成本是指管理部门在组织和管理过程中所发生的各项费用，包括销售费用、管理费用、财务费用 ③教师提问：4S店支付的电费属于哪一项成本？ ④学生回答：销售费用 ⑤教师提问：4S店支付的工人工资属于哪一项成本？ ⑥学生回答：销售费用 ⑦教师提问：企业财务部门取出应收款项属于哪一项成本？ ⑧学生回答：管理费用 ⑨教师提问：企业提前取出收款支付的款项属于哪一项成本？ ⑩学生回答：财务费用 ⑪教师总结：管理费用、销售费用和财务费用都属于企业的期间费用，不和生产环节直接相关 ⑫教师发布练习：智慧黄科测试题 ⑬学生认同：学生接收并开始练习 ⑭教师反馈：教师根据学生完成情况，进行有针对性的讲解

续表

学习资源	① 教具:课件 PPT ② 参考教材:《成本与管理会计》,孙茂竹,中国人民大学出版社,28 页 ③ 智慧黄科视频:慕课《管理会计概念》(16 分钟) ④ 智慧黄科测试题
学习成果及 评价标准	智慧黄科测试题,每道题目 2 分,选对即得分,错误不得分

活动 3　知识建模图:

成本分类 —包含→ 按成本习性分类 —包含→ 变动成本、固定成本

变动成本 —包含→ 概念、酌量性、约束性；教师讲解(支持 范例)、学生练习(支持 范例)

固定成本 —包含→ 概念、约束性、酌量性；教师讲解(支持 范例)、学生练习(支持 范例)

活动目标	根据日常生活理解成本按经济用途分类的方法(理解、记忆、运用)
	活动任务序列(导入任务描述)
交互过程	① 教师提问:刚才我们梳理了泡面车间的成本,其每项成本都会随着产量的增加而增加吗? ② 学生回答:不会 ③ 教师总结:下面我们就一起来探寻成本总额和产量之间的不同关系

续表

活动任务序列（任务一）		
任务一—知识组块： 	任务描述	通过大学生慕课，参考教材和小组讨论的教学方法，达到学生了解成本按性态分类是如何分类的教学效果
	任务时长	70分钟
	学习地点	课下
教学方法	填写内容（选择相应选项即可，如有补充请填写内容）： 口讲授　☑小组讨论　口答疑　口实验　口实训　☑自主学习　口翻转课堂　口其他（请填写）	
交互过程	① 教师发布任务：教师在课堂发布课下自学任务，小组长进行督促完成，大家如果有疑问，可以及时在群里沟通 　a. 智慧黄科视频：慕课《成本按其性态分类》(22分钟) 　b. 预习教材：《成本与管理会计》(第9版)，孙茂竹，中国人民大学出版社，29-31页 ② 学生认同：及时完成学习任务，教师在后台及时关注学生学习进度 ③ 教师督促：教师根据后台数据及时督促学生学习	
学习资源	① 教具：课件PPT ② 参考教材：《成本与管理会计》孙茂竹，中国人民大学出版社，29-31页 ③ 智慧黄科测试题 ④ 智慧黄科视频：慕课《成本按其性态分类》(22分钟)	
学习成果及评价标准	视频完成情况，根据智慧黄科后台数据，完成得10分，未完成得0分	

续表

任务二知识模块：

活动任务序列（任务二）		
任务描述	通过课堂互动和案例分析的教学方法，达到学生运用成本的特征识别变动成本的教学效果	
任务时长	15 分钟	
学习地点	课上	

教学方法	填写内容（选择相应选项即可，如有补充请填写内容）： ☑讲授　□小组讨论　☑答疑　□实验　□实训　□自主学习　□翻转课堂　□其他（请填写）_____
交互过程	① 教师陈述：请大家回忆方便面工厂的加工流程图，我们之前分析了它的各项开支，比如有面粉、设备折旧和水电费，假设生产 1 箱泡面需要 1 袋面粉 10 元钱，设备当月计提折旧额为 100 元，下面我们分析一下 ② 教师提问：如果生产 1 袋泡面，我们需要多少面粉呢？ ③ 学生回答：如果生产 1 袋面粉，10 元钱 ④ 教师提问：如果生产 2 袋泡面呢？ ⑤ 学生回答：2 袋面粉，20 元钱 ⑥ 教师提问：如果生产 3 袋泡面呢？ ⑦ 学生回答：3 袋面粉，30 元钱 ⑧ 教师总结：所以我们会发现，面粉的消耗随着泡面产量的增加而增加，我们把这样的成本称为变动成本 ⑨ 教师讲解完整的变动成本概念：在一定时期和一定的业务量范围内，其成本总额随着业务量正比例变动的成本，单位业务量中的变动成本则是一个定量 ⑩ 教师在黑板展示变动成本总额与产量、变动成本单位值与产量的关系图 ⑪ 教师发布练习：智慧职教测试题 ⑫ 学生接收并开始练习 ⑬ 教师反馈：教师根据学生完成情况进行针对讲解

续表

学习资源	① 教具：课件 PPT ② 参考教材：《成本与管理会计》，孙茂竹，中国人民大学出版社，31 页 ③ 智慧黄科测试题
学习成果及评价标准	智慧黄科测试题，每道题目 2 分，选对即得分，错误不得分

活动任务序列（任务三）

任务三知识组块：

任务描述	通过课堂互动和案例分析的教学方法，达到学生运用成本习性特征识别固定成本的教学效果
任务时长	15 分钟
学习地点	课上

教学方法	填写内容（选择相应选项即可，如有补充请填写内容）： ☑讲授段　☐小组讨论　☑答疑　☐实验　☐实训　☐自主学习　☐翻转课堂　☐其他（请填写）_____
交互过程	① 教师提问：假设我们的生产都在这台设备上完成。如果生产 1 箱泡面，我们当月需要计提多少折旧？ ② 学生回答：100 元钱 ③ 教师提问：如果生产 2 箱泡面呢？ ④ 学生回答：100 元钱 ⑤ 教师提问：如果生产 3 箱泡面呢？ ⑥ 学生回答：100 元钱 ⑦ 教师总结：所以我们会发现，折旧的金额不会随着泡面产量的增加而上升，只要设备的数量不增加，折旧的金额就不会变，我们把这种总额不随产量变化而变化的成本称为固定成本

续表

交互过程	⑧教师陈述完整的固定成本概念:在一定时期和一定的业务量范围内,其成本总额不受业务量增减变动的影响而保持固定不变 ⑨教师在黑板展示固定成本总额与产量、固定成本单位值与产量的关系图 ⑩教师发布练习:智慧黄科测试题 ⑪学生接收并开始练习 ⑫教师反馈:教师根据学生完成情况进行针对讲解
学习资源	①教具:课件 PPT ②参考教材:《成本与管理会计》,孙茂竹,中国人民大学出版社.30 页 ③智慧黄科测试题
学习成果及 评价标准	智慧黄科测试题,每道题目 2 分,选对即得分,错误不得分

活动任务序列(任务四)

任务四知识组块:

任务描述	结合生活实际固定成本和变动成本中的酌量部分和约束部分,并运用概念将固定成本和变动成本分为酌量成本和约束成本
任务时长	10 分钟
学习地点	课上

教学方法	填写内容(选择相应选项即可,如有补充请填写内容): ☑讲授　□小组讨论　☑答疑　□实验　□实训　☑自主学习　□翻转课堂　□其他(请填写)_____

续表

交互过程	① 教师陈述酌量成本的概念：数额大小取决于企业管理当局根据企业的经营状况而作出的决策 ② 教师陈述约束成本的概念：企业管理当局的当前决策无法改变其支出数额的成本 ③ 教师提问：广告费属于什么成本？ ④ 学生回答：酌量成本 ⑤ 学生回答：税金属于什么成本？ ⑥ 学生回答：约束成本 ⑦ 教师提问：培训费属于什么成本？ ⑧ 学生回答：酌量成本 ⑨ 教师发布练习：智慧黄科测试题 ⑩ 学生接收并开始练习 ⑪ 教师反馈：学生根据学生完成情况进行针对讲解
学习资源	① 教具：课件PPT ② 参考教材：《成本与管理会计》，孙茂竹，中国人民大学出版社，31-32页 ③ 智慧黄科测试题
学习成果及评价标准	智慧黄科测试题，每道题目2分，选对即得分，错误不得分
备注	学生常见的学习问题：容易混淆固定成本单位值是一个变量，而变动成本单位值是一个定量

表 5-16　成本与管理会计专业基础课教案（三）

2023—2024 第 2 学期第 2 周第 1 次课

知识建模图：

续表

学习目标	知识点（学习水平）	素质目标（课程思政点）
	掌握混合成本的概念和分类方法，理解并运用相关性的条件对成本按相关性进行分类	能够准确区分相关成本和无关成本，能够为管理者提供决策信息，具备成为一名管理会计从业人员所需要的基本技能
学习先行知识技能	无	

课上资源	课下资源
① 教具：课件PPT ② 参考教材：《成本与管理会计》，孙茂竹，中国人民大学出版社 ③ 智慧黄科测试题	① 教具：课件PPT ② 参考教材：《成本与管理会计》，孙茂竹，中国人民大学出版社 ③ 智慧黄科视频 ④ 智慧黄科测试题
课上时间　100分钟	课下时间　90分钟

活动序列	活动的学习目标	地点	时间	学习资源
活动1	理解混合成本和混合成本分解的概念，运用概念对成本进行分类	课上	50分钟	① 教具：课件PPT ② 参考教材：《成本与管理会计》，孙茂竹，中国人民大学出版社，31-34页 ③ 智慧黄科视频：慕课《混合成本的分解》（16分钟） ④ 智慧黄科测试题
		课下	40分钟	
活动2	理解混合成本的分解方法，能够运用不同的方法分解企业的混合成本以供决策	课上	50分钟	① 教具：课件PPT ② 参考教材：《成本与管理会计》，孙茂竹，中国人民大学出版社，34-43页
		课下	50分钟	

续表

活动 1 知识建模图:

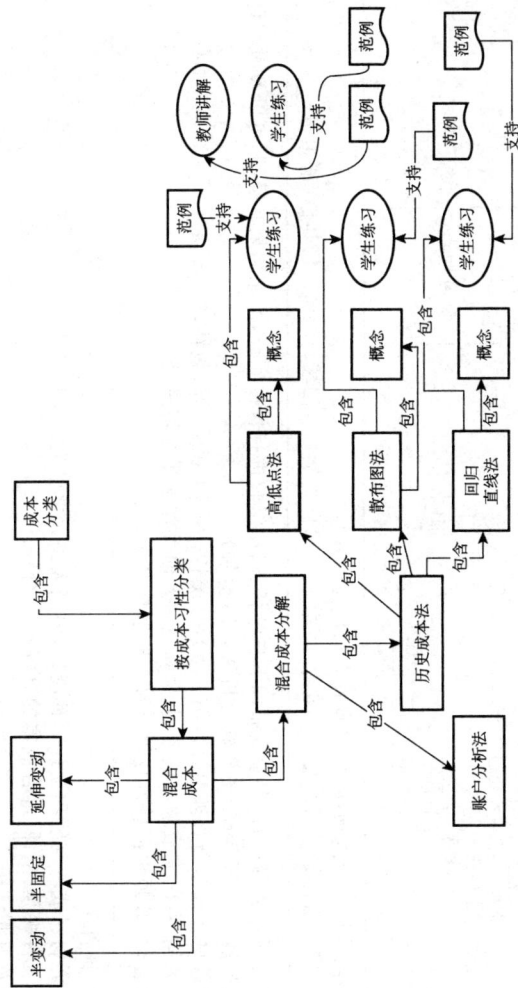

活动目标	理解混合成本和混合成本分解的概念,运用概念对成本进行分类
	活动任务序列(导入任务描述)
交互过程	① 教师提问:现实生活中的成本多以什么性态存在? ② 学生回答:混合成本 ③ 教师提问:管理层进行决策的时候需要我们管理会计提供什么性态的成本信息? ④ 学生回答:变动成本和固定成本 ⑤ 教师总结:所以,我们需要想办法识别出混合成本中有多少是变动的部分,有多少是固定的部分,即混合成本如何进行分解

续表

活动任务序列(任务一)		
任务一—知识组块:		
（知识组块结构图：半变动、半固定、延伸变动、成本分类、混合成本、账户分析法、按成本习性分类、高低点分法、混合成本分解、历史成本法、散布图法、回归直线法、概念、学生练习、范例、教师讲解、支持、包含）	任务描述	利用大学生慕课资源和小组讨论的教学方法,达到对学生了解混合成本及混合成本分解的教学效果
	任务时长	40 分钟
	学习地点	课下
教学方法	填写内容(选择相应选项即可,如有补充请填写内容): □讲授　☑小组讨论　☑答疑　□实验　□答疑　☑自主学习　□实训　□翻转课堂　□其他(请填写)	
交互过程	① 教师发布任务:教师在课堂发布课下自学任务,小组长进行督促完成,大家如果有疑问,可以及时在群里沟通 a.智慧黄科视频:慕课《历史资料分析法》(第 9 版),孙茂竹,中国人民大学出版社,31-34 页》(13 分钟) b.预习教材《成本与管理会计》(第 9 版),孙茂竹,中国人民大学出版社,31-34 页 ② 学生认同:及时完成学习任务,教师在后台及时关注学生学习进度 ③ 教师督促:教师根据后台数据及时在群里督促学生学习	
学习资源	① 教具:课件 PPT ② 参考教材:《成本与管理会计》,孙茂竹,中国人民大学出版社,31-34 页 ③ 智慧黄科视频:慕课《混合成本的分解》(16 分钟) ④ 智慧黄科测试题	
学习成果及评价标准	视频完成情况,根据智慧黄科后台数据,完成得 10 分,未完成得 0 分	

续表

活动任务序列（任务二）		
任务二知识组块：		

任务二知识组块中的图示：半变动、半固定、延伸变动、混合成本，各框之间为"包含"关系。

	任务描述	采用课堂互动的教学方法，达到学生运用混合成本的概念对成本进行分类的学习效果
	任务时长	30 分钟
	学习地点	课上

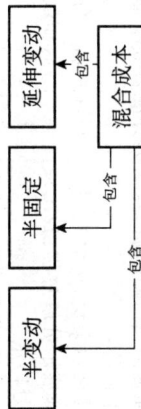

教学方法	填写内容（选择相应选项即可，如有补充请填写内容）： ☑讲授　☐小组讨论　☑答疑　☐实验　☐实训　☐自主学习　☐翻转课堂　☐其他（请填写）
交互过程	① 教师提问：生产车间有很多用电的地方，如车间照明需要用电，机器运转需要用电等，那车间的电费会不会随着产量的增加而增加？ ② 学生回答：会 ③ 教师提问：电费的增加量和产量还能不能保持特定的比例关系 ④ 学生回答：不能 ⑤ 教师总结：电费中支持设备运转的部分会随着产量的增加而增加，但是照明用电和产量的增加，但是不能保持这样的比例关系高，我们把这类保持特定态的成本为混合成本而变化，所以电费的总成本会随着产量的提高而提高。混合成本了固定成本和变动成本两种不同性态的成本，这类成本发生额高低虽然直接受业务量大小的影响，但不存在严格的比例关系。常见的混合成本包括三种类型：半固定、半变动和延伸变动 ⑥ 教师陈述：完整的混合成本概念是 ⑦ 教师举例：如果 1 台设备能够生产 10000 箱以后，企业需要再买 1 台设备，当设备数量变成 2 台以后，折旧额会变成原先的两倍（200 元），折旧额第 10001 箱的时候折旧额维持 200 元，一直到 20001 箱的时候折旧额变成 300 元，画出图形的话是阶梯状，我们把这样的成本称为半固定成本量在 10000～20000 箱的时候，折旧额都是 100 元，当产量突破 10000 箱，生产第 10001 箱的时候，折旧额维持 200 元，也就是说，当产量在 1～10000 箱的时候，折旧额是 100 元，当产量突破 200 元，因为了生产 200 元，这 1 箱泡面需要多使用 1 台设备，当产量 10000 箱泡面会突然从 100 元变成 200 元，折旧额变成 300 元，一直到 20000 箱的时候，折旧额变成 300 元，画出图形的话是阶梯状，我们把这样的成本称为半固定成本 ⑧ 教师举例：无责底薪是，当一件产品也不生产的时候发工资 1000 元，每生产一件产品给 100 元提成，图形表现为从一个非零起点开始向上倾斜的直线，我们称这种图形为半变动成本才有 1000 元，超过 1000 件后，每生产一件给 100 元提成，必须完成 1000 件的基础任务才有 1000 元，超过 1000 件后，每生产一件给 100 元提成，图形表现为 1000 件以内是一条平行于 X 轴的水平线，1000 件以后是一条向上倾斜的斜线，这样的图形我们称之为延伸变动成本 教师发布练习：智慧黄树测试题 学生认同：学生接收并开始练习 教师反馈：教师根据学生完成情况进行针对讲解

续表

学习资源	① 教具：课件 PPT ② 参考教材：《成本与管理会计》，孙茂竹，中国人民大学出版社，31-34 页 ③ 智慧黄科视频：慕课《管理会计概念》(16 分钟) ④ 智慧黄科测试题
学习成果及评价标准	智慧黄科测试题，每道题目 2 分，选对即得分，错误不得分

活动任务序列(任务三)

任务描述		采用案例分析和课堂互动的教学方法，达到学生运用高低点法分解混合成本的学习效果
任务时长	15 分钟	
学习地点	课上	

任务三知识组块：

高低点法 —包含→ 概念 —包含→ 范例 —支持→ 学生练习

教学方法：填写内容(选择相应选项即可，如有补充请填写内容)：
☑讲授段 ☐小组讨论 ☑答疑 ☐实验 ☐实训 ☐自主学习 ☐翻转课堂 ☐其他(请填写)

交互过程：
① 教师提问：根据课下学习的慕课视频回忆，高低点法的基本做法是什么？
② 学生回答：高低点法是以某一期间最高业务量与最低业务量的混合成本与混合成本的差数，除以最高业务量与最低业务量的差数，得出的商数即为成本变动系数
③ 教师提问：在判断最高点的时候，是看 X 的值还是看 Y 的值？
④ 学生回答：看 X 的值
⑤ 教师提问：在运用高低点法拆分混合成本的时候 A(10,1) 和 B(1,10) 谁是高点？
⑥ 学生回答：A 点
⑦ 教师展示案例：中海集团 12 个月的电费，分解电费中的固定成本和混合成本
⑧ 教师展示分解过程：找出最高点 12 月，和最低点 2 月，$b=$(12 月电费－2 月电费)$/$(12 月产量－2 月产量)，$a=$12 月电费－ $b×$12 月产量
⑨ 教师提问：高低点法有什么缺点？
⑩ 学生回答：高低点法容易受到极端值的影响
⑪ 教师发布练习：《成本与管理会计》孙茂竹，中国人民大学出版社，44 页
⑫ 学生认同：学生接收并开始练习

续表

项目	内容
交互过程	⑬教师反馈：教师根据学生完成情况，进行有针对性的讲解
学习资源	①教具：课件 PPT ②参考教材：《成本与管理会计》，孙茂竹，中国人民大学出版社，34，44 页
学习成果及评价标准	求出 $b=3.33$ 得 5 分，求出 $a=1250$ 得 5 分，总分 10 分

活动任务序列（任务四）

任务四知识组块：

任务描述	采用案例分析和课堂互动的教学方法，达到学生了解散布图法和回归直线法分解混合成本的学习效果
任务时长	5 分钟
学习地点	课上

项目	内容
教学方法	填写内容（选择相应选项即可，如有补充请填写内容）： ☑讲授　☑小组讨论　☑答疑　□实验　□实训　□自主学习　□翻转课堂　□其他（请填写）_____
交互过程	①教师提问：散布图法和回归直线法的原理一样吗？ ②学生回答：一样 ③教师提问：散布图法的优点是什么？ ④学生回答：避免极端值的影响 ⑤学生提问：散布图法的局限性是什么？ ⑥学生回答：主观随意性太强 ⑦教师提问：回归直线法的优点是什么？ ⑧学生回答：最准确 ⑨教师提问：回归直线法的缺点是什么？ ⑩学生回答：计算工作量大 ⑪教师发布练习：智慧黄科测试题 ⑫学生接收并开始练习 ⑬教师反馈：教师根据学生完成情况，进行有针对性的讲解

续表

学习资源	① 教具:课件 PPT ② 参考教材:《成本与管理会计》,孙茂竹,中国人民大学出版社,31-34 页 ③ 智慧黄科测试题
学习成果及评价标准	智慧黄科测试题,每道题目 2 分,选对即得分,错误不得分

活动 2 知识建模图(课上+课下):

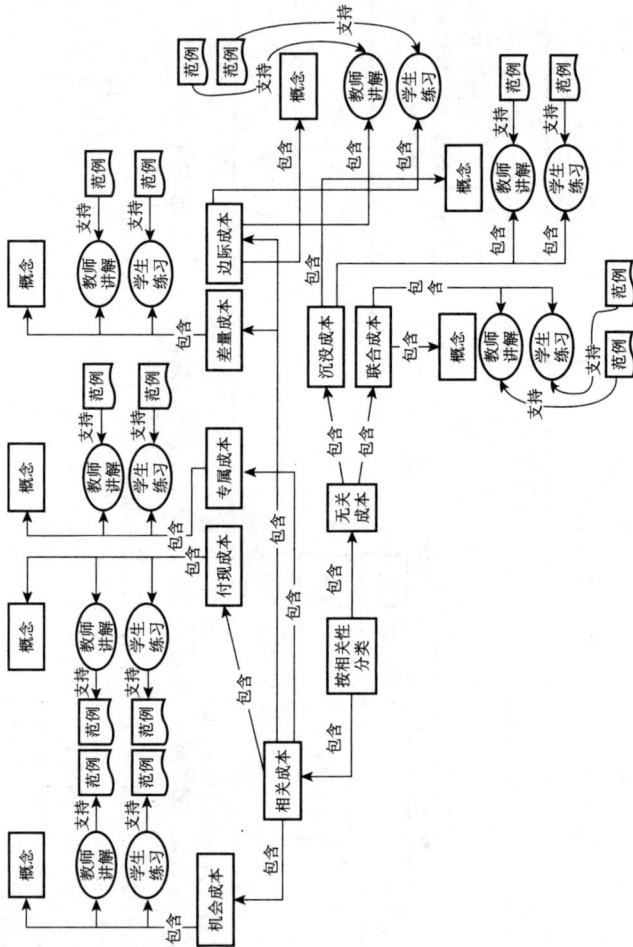

续表

活动目标	结合生活实际了解及运用成本按决策相关性分类的方法(理解,记忆,运用)
交互过程	活动任务序列(导入任务描述) ①教师提问:如果我昨天天买了两张电影票花费 70 元,今天看电影时发现电影票丢失,在我决定是否重新买票看电影的时候,昨天花费的 70 元会对我的决策产生影响? ②学生回答:不会 ③教师总结:企业决策也是一样,我们需要分辨哪些信息会影响企业管理者进行决策,哪些信息不会

任务一知识组块:

概念 → 教师讲解 → 范例
学生练习 → 范例
包含　机会成本

任务描述	采用案例分析和课堂互动的教学方法,达到学生了解机会成本,能够判断机会成本的教学效果
任务时长	15 分钟
学习地点	课上

活动任务序列(任务一)

教学方法	填写内容(选择相应选项即可,如有补充请填写内容): ☑讲授　□小组讨论　□答疑　□实验　□实训　□自主学习　□翻转课堂　□其他(请填写)_____
交互过程	①教师陈述机会成本概念:企业进行经营决策时,必须从多个备选方案中选择一个最优方案。此时,被放弃的次优方案所可能获得的潜在利益就称为已选方案的机会成本。 ②教师描述案例:小贾明天上午八点有三个选择,其一,在办公室改卷子,酬劳是 20 元;其二,在学校上课,酬劳是 50 元;其三,外出上课,酬劳 100 元。 ③教师提问:小贾明天是否存在机会成本,如果有,机会成本是多少? ④学生回答:有,机会成本是 50 元 ⑤教师提问:如果小贾明天只能在学校上课,他还有没有放弃的收益 ⑥学生回答:没有机会成本,因为没有放弃的判断 ⑦教师总结:对机会成本的判断,最核心两点是,第一个放弃,第二个放弃项目中的最大的收益才是机会成本

续表

交互过程	⑧教师发布思考题:机会成本是真实存在的成本吗?财务会计如何核算? ⑨学生认同:学生接收并开始练习 ⑩教师反馈:教师根据学生完成情况进行针对讲解
学习资源	①教具:课件PPT ②参考教材:《成本与管理会计》,孙茂竹,中国人民大学出版社,39页
学习成果及评价标准	学生答出机会成本不是真实的实际支出,也无须入账核算,也无须真实的实际支出(得10分);答出机会成本不是真实成本进行短期经营决策时必须认真加以考虑的现实因素(得8分)

活动任务序列(任务二)

任务描述	采用案例分析和课堂互动的教学方法,达到让学生了解付现成本和沉没成本的教学效果,能够判断付现成本和沉没成本的教学效果
任务时长	10分钟
学习地点	课上

任务二知识组块:

概念 —包含→ 按相关性分类 —包含→ 付现成本 / 沉没成本
概念 —包含→ 教师讲解 —支持→ 范例
概念 —包含→ 学生练习 —支持→ 范例

教学方法	采用案例分析和课堂互动的教学方法
交互过程	填写内容(选择相应选项即可,如有补充请填写内容): ☑讲授 □小组讨论 ☑答疑讨论 □答疑 □实验 ☑自主学习 □翻转课堂 □其他(请写) ①教师讲述概念:沉没成本(又称非付现成本)是指过去已经发生了并无法由现在或将来的任何决策所改变的成本。付现成本是指由现在或将来所能够改变其支出数额的成本 ②教师讲述案例:小贾下午想去看电影,上午的时候购买了一张电影票,上午去看电影的时候发现电影票丢失,为了能够看电影,又买了一张20元的电影票 ③教师提问:对于下午做的决策,上午购买的35元电影票和下午购买的20元电影分别是什么成本?

续表

交互过程	④ 学生回答：上午购买的 35 元电影票是付现成本，下午购买的 20 元电影票是相关成本还是无关成本？ ⑤ 教师发布思考题：付现成本和沉没成本是相关成本 ⑥ 学生认同，学生接收并开始练习 ⑦ 教师反馈：教师根据学生完成情况进行针对讲解
学习资源	① 教具：课件 PPT ② 参考教材：《成本与管理会计》，孙茂竹，中国人民大学出版社，42 页
学习成果及 评价标准	学生答出沉没成本是无关成本，付现成本是相关成本得 10 分，错一个扣 5 分

任务三知识组块：

活动任务序列（任务三）

任务描述	采用案例分析和课堂互动的教学方法，达到学生了解差量成本和边际成本的教学效果，能够判断差量成本和边际成本的教学效果
任务时长	15 分钟
学习地点	课上

教学方法	填写内容（选择相应选项即可，如有补充请填写内容）： ☑ 讲授　口小组讨论　口答疑　口实验　口实训　口自主学习　口翻转课堂　口其他（请填写）
交互过程	① 教师陈述概念：边际成本是产量每增加或减少一个单位所引起的成本变动数额。差量成本是不同备选方案的成本差异 ② 教师陈述案例：小贾去学校可以选择打车和坐地铁，打车费用是 30 元，地铁费是 5 元 ③ 教师提问：两种出行方案的成本差异是多少？

续表

交互过程	④学生回答:25元 ⑤教师陈述案例:中航公司产量中第 100~107 件产品的成本明细 ⑥教师提问:生产第 101 件产品的边际成本是多少? ⑦学生回答:2元,用 101 件产品的总成本减去 100 件产品的总成本? ⑧教师发布思考题:差量成本和边际成本是相关成本还是无关成本? ⑨学生认同:学生接收并开始练习 ⑩教师反馈:教师根据学生完成情况进行针对讲解
学习资源	①教具:课件 PPT ②参考教材:《成本与管理会计》,孙茂竹,中国人民大学出版社,40-41 页
学习成果及评价标准	学生答出边际成本和差量成本都是相关成本得 10 分,错一个扣 5 分

活动任务序列(任务四)

任务描述	采用案例分析和课堂互动的教学方法,达到学生了解专属成本和联合成本,能够判断专属成本和联合成本的教学效果
任务时长	10 分钟
学习地点	课上

任务四知识组块:

续表

教学方法	填写内容（选择相应选项即可，如有补充请填写内容）： ☑讲授　☑小组讨论　☑答疑　☑实验　☑实训　☑自主学习　☑翻转课堂　☑其他（请填写）_____
交互过程	① 教师陈述概念：专属成本是指可以明确归属于企业生产的某种产品，或为企业设置的某个部门而发生的固定成本。没有这些产品或部门，就不会发生这些成本，所以专属成本是与特定的产品或部门相联系的特定的成本。联合成本是指为多种产品的生产或多个部门的设置而发生的，应由这些产品或部门共同负担的成本 ② 教师陈述案例：小贾去培训机构上课使用 CMA 考试培训教材，成本是 200 元，在学校上课使用教材《成本与管理会计》，成本是 48 元 ③ 教师提问：教材《成本与管理会计》的 48 元是什么成本？ ④ 学生回答：专属成本 ⑤ 教师陈述案例：小贾去培训机构上课使用教材《成本与管理会计》，成本是 48 元，在学校上课使用教材《成本与管理会计》，成本是 48 元，是同一本书 ⑥ 教师提问：教材《成本与管理会计》的 48 元是什么成本？ ⑦ 学生回答：联合成本 ⑧ 教师发布思考题：专属成本和联合成本是相关成本还是无关成本？ ⑨ 学生认同：学生接收并开始练习 ⑩ 教师反馈：教师根据学生完成情况进行针对讲解
学习资源	① 教具：课件 PPT ② 参考教材：《成本与管理会计》，孙茂竹，中国人民大学出版社，43 页
学习成果及评价标准	学生答出联合成本是无关成本、专属成本是相关成本得 10 分，错一个扣 5 分

续表

	任务描述	运用小组讨论的教学方法，达到学生灵活运用相关性概念区分成本的教学效果
	任务时长	50 分钟
	学习地点	课下

活动任务序列（任务五）

任务五知识组块：

概念 — 支持 — 教师讲解 范例 — 学生练习 范例

概念 — 支持 — 教师讲解 范例 — 学生练习 范例

概念 — 支持 — 教师讲解 范例 — 学生练习 范例

机会成本 — 包含 — 相关成本 — 包含 — 按相关性分类 — 包含 — 付现成本 — 专属成本 — 差量成本 — 边际成本 — 沉没成本 — 无关成本 — 联合成本

概念 — 支持 — 教师讲解 — 学生练习 — 范例

概念 — 支持 — 教师讲解 — 学生练习 — 范例

教学方法

填写内容（选择相应选项即可，如有补充请填写内容）：
☑讲授 □小组讨论 ☑答疑 □实验 □实训 ☑自主学习 □翻转课堂 □其他（请填写）_____

续表

交互过程	① 教师发布试题：智慧黄科测试题 ② 学生认同：学生接收并开始练习 ③ 教师反馈：教师根据学生完成情况进行针对讲解
学习资源	① 教具：课件 PPT ② 参考教材：《成本与管理会计》，孙茂竹，中国人民大学出版社，34~43 页
学习成果及 评价标准	智慧黄科测试题，每道题题目 2 分，选对即得分，错误不得分
备注	学生常见问题：错把机会成本当成本当实际成本消耗

结　语

在大数据时代,信息化发展越来越快,各行各业的竞争也越来越激烈,这对高层次人才也提出了更高的要求。大数据、互联网＋会计、财务机器人等的出现给财务管理人员带来巨大冲击的同时,也带来了机遇与挑战。因此,民办高校财务管理专业的教育培养体系亟须转变:从传统的以教师为中心的教学向以学生为中心、师生合作的教学转变;从传统的线下教学向线上线下混合教学转变,以期最终实现民办高校财务管理专业人才培育与企业需求的无缝对接,力求做到在校即就业,实现全方位、全领域就业,进而达到企业、学校与学生三者间的互利共赢。

一、建设总结

(一)持续推进财务管理教学改革

1. 优化实践教学体系

民办高校应积极探索应用型人才培养模式,严格遵循国标要求,修订完善财务管理专业人才培养方案,并扩充选修课资源,使学生可以按照个人意愿选择选修课程,从而丰富学生的专业知识体系,在一定程度上实现因材施教,切实保障毕业生具有一定的人文知识、专业技能和综合素养水平。此外,应将实践教学比例提高到 25％,构建实践教学体系,增强学生的实践应用能力。

2. 创新教学模式

为提升青年教师的教育教学水平,激发全体教师投身于教学改革探索的热情,推行动态课程评估,打破职称和课程的传统匹配模式,将教学方式的改革作为评价激励的重要依据。为了促进信息技术与财务管理专业教学的融合,应组织教师参加学校的微课教学比赛等活动,合理利用现代技术手段及设备,创新教学模式。

3. 加快课程建设

学校应加快课程建设,不断丰富教学资源,努力构建线上线下相结合的新型教学模式。为此,应成立财务管理专业核心课程组,积极打造省级精品在线课程,各课程团队应通力合作,完成课程在线资源(教学大纲、教学视频、PPT、案例、在线题库、在线作业等)的上传工作,为精品课程的打造提供有力支撑。

（二）加快产教融合协同育人纵深发展

目前,院校在与企事业单位或行业合作开展专业建设、共建教学资源、合作培养人才、合作促进就业及共同发展等方面尚处于起步阶段,合作的深度和广度有待提高,合作育人的效果还未充分展现。在大数据时代,高校需树立服务地方经济社会发展、加快推进"社会资源合作工程"、挖掘当地资源、积极向周边拓展的理念。具体而言,一是成立产教融合协同育人指导委员会,邀请专家学者、行业人士对学院产学研协同育人进行研讨,并提出解决方案;二是制定产教融合实施方案,结合产业变化及用人需求,明确专业培养方向和培养计划;三是完善产教融合合作激励机制,与企业合作共建专业、共享资源、协同育人。

（三）内外兼修打造教师团队

1. 加强财务管理教学团队建设

团队建设目标:开展财务管理专业教学资源建设及教学科研,提升教学质量,加强财务管理专业转型发展试点专业改革;提高学生理论知识与实践能力的深度融合;提高"双师型"教师实践能力,鼓励拥有注册会计师、注册税务师、中级会计师证书的教师去会计师事务所、企业实习;通过教学研讨和经验交流,提高团队知名度,打造结构合理的教学团队,建设一支高层次的教学团队,使副高以上职称教师的比例达到70%,将财务管理专业建设成为服务地方经济、惠及全国的品牌专业。具体方式:一是从外部引进专业带头人、特聘客座教授、教学指导委员、企业导师;二是重视内部培养,包括导师助教制、周观摩课、全员过课与金课、青年教师教学技能竞赛、外出交流与研修、深入企业实践锻炼、青年骨干教师培养、访问学者及委培博士;三是加强团队建设,如课程组建设、专业团队建设、混合式教改团队建设,成立专业建设指导委员会等。

2. 加大课程育人力度

深度挖掘财务管理专业各门课程的思政教育元素和育德功能,不断拓展课程思政新路径,将课程思政融入专业知识中,渗透到教书育人的方方面面,充分体现育人和育才相统一,全方位引导学生树立正确的价值观。

3. 提升教师专业职业资格

应高度重视本校教师的职称结构,为教师提供各种职称晋升机会。同时,要求教师与时俱进,在进行财务管理专业教学改革的基础上,做好科研,使得教学科研两不误,既能提升教师个人的素质,又能加强财务管理专业整个教师梯队的建设。

4. 重视青年教师培训

要充分认识到青年教师在整个专业发展中的重要作用,有针对性地制订青年教师培养培训计划。发挥传帮带作用,经验丰富的教师采取"一对一"帮扶制,耐心细致地指导青年教师教学全过程,包括课堂资料准备,课前、课中、课后设置,反思总结,教学前沿知识的及时传达,教学理念的转变,教学方法的改革,以及每节课教学过程中亮点的提炼,真正做到跟踪到位、指导到位、关爱到位、帮扶到位,鼓励青年教师探索课堂新教法,不断提升专业水平,提高教师多元化教学水平。为了培养应用型财务管理人才,教师本身需具备双师双能,除了具备扎实的理论功底,还应具备贴近大数据环境的实操能力,采用把课堂搬进企业、企业导师进课堂等多种方式,进行多元化教学,充分体现教学模式的多样化。

二、未来展望

在大数据背景下,高等院校财务管理专业的人才培养应当聚焦企业的实际需求,结合日新月异的信息技术,依托产业发展,探索基于产教融合的智能财务人才培养。通过产业和教育的深度融合,充分利用现有社会资源,实现智能财务人才培养和经济发展的双重目标。这是高等院校和企业在经济发展过程中的共赢,而且对于推动经济发展与社会进步具有重要作用。

(一)利用产教融合搭建智能财务人才联合培养的通道

理想状态的产教融合是通过构建校企利益共同体,推动人才培养和产业经济共同发展,从而实现学校、企业、社会的利益共赢。资源共享、协同育人、成果转化等是产教融合的共同诉求。同时,在产教融合的过程中,高校的教育成本和企业的人力成本均是较低的。在大数据背景下,企业的财务革命已经开始,并且在"大智移云物区"等技术的支持下,大型集团公司的会计核算流程、岗位设置、职能权限等均发生了重大变化。智能财务对传统财务工作的延伸,包括在资金管理、资产管理、税务管理、预算管理、成本管理、投资管理和绩效管理等方面的精细化和前瞻性,将大幅提升财务规划指导和规范管理的职能。会计领域的这一变革,对财会人才的专业素质提出了更高的要求。然而,我国的学术型师资养成与聘用制度,使师资队伍普遍偏重理论知识,对前沿产业技术变革的反应远不及产业界敏锐,实践经验匮乏,在承担解决以真实问题为导向的专业技能训练方面明显存在短板。通过搭建产教融合的平台,企业可以协助高校进行会计发展前沿理论与实践知识的讲授,补充高校师资力量不足、实验和实训场景不符合企业实际的现实情况。对于企业而言,高校的学生资源能帮助企业完成大批量的简单财务工作,能为企业节省大量的用工成本。这对于高校和产教融合的企业而言,都是双赢的局面,也有利于社会的发展进步。这要求我们整合全社会的优质资源。在产教融合模式下,技术重塑教育的实践探索,对于构建未来教育新形态,具有重要的开拓意义。

(二)利用产教融合夯实智能财务人才培养的项目化教学课程

会计学和财务管理专业的特点要求在设置培养方案时,必须融入相应的项目化实验等课程,旨在帮助学生将理论知识与实践操作相结合,从而提升学生的实践操作水平。为了达到这一目的,高等院校在会计学和财务管理专业的建设过程中,普遍引入了虚拟仿真实验平台,主要包括会计核算、成本管理、管理会计、会计信息化和审计实务等方面的教学软件采购,以便于开展实践类课程。

现阶段,高校与企业开展深度校企合作的模式较多。部分高校和企业合力打造专业实验室,既实现了智能财务教学软件的推广和运用,也为高校的专业建设添砖加瓦。还有部分高校与企业设立校企合作实验基地或设立校企合作办学建制班,并直接合作建设智能财务实验室、财务共享实验室等,均对高校的实践类课程的开设起到了很好的辅助作用。对于智能财务人才的培养而言,产教融合的校企合作模式同样至关重要。一方面,高校可以运用先进的虚拟仿真平台来辅助教学,以提高课堂教学的效率和效果;另一方面,通过深度的校企合作,学生能够真正走进企业,近距离接触企业的工作场景,完成实际的工作内容,这将更有利于培养学生解决问题的能力。通过产教融合的模式,高校能够进一步巩固和加强智能财务实践类课程的教学质量。

(三)利用产教融合充实智能财务人才培养的师资资源

依托产教融合的优势资源,可以有效促进高校教师知识体系的完善,形成学科交叉融合的教育理念,并更好地体现在教学内容的更新、教学方法的革新和教学模式的创新等方面。同时,产教融合过程中开展的"企业导师进课堂"活动在很大程度上缓解了高校师资的实践工作经验不足的问题。以百胜共享服务中心为例,其在武汉的共享服务中心与多所高校建立了产教融合合作方案。在产教融合的过程中,该中心财务运营总监以"企业导师"的身份进入大学课堂,为会计学和财务管理专业的同学们进行前沿知识的讲授,帮助同学们直观地了解会计工作,以及会计工作需要的专业知识和职业技能等,开阔了学生的视野,有助于学生形成更全面的专业认知体系。这是产教融合在深度合作的过程中对高等教育事业发展带来的新思路,不仅拓宽了学生专业知识的获取渠道,还有效弥补了高校现有师资存在的实践经验不足的短板。

参 考 文 献

［1］中华人民共和国教育部．普通高等学校本科专业目录(2020 年版)［EB/OL］.(2020-02-25).
http://www. moe. gov. cn/srcsite/A08/moe_1034/s4930/202003/W020200303365403079451. pdf.

［2］麦可思研究院．2019 年中国大学生就业报告(就业蓝皮书)［EB/OL］.(2019-08-14). http://
www. 360doc. com/content/19/0814/16/60953837_854828120. shtml.

［3］中华人民共和国财政部．会计改革与发展"十四五"规划纲要［EB/OL］.(2021-11-24). http://
big5. www. gov. cn/gate/big5/www. gov. cn/zhengce/zhengceku/2021-11/30/5654912/files/1096024
zzocc4fc4889f338cb03b3883. pdf.

［4］中华人民共和国财政部．会计信息化发展规划(2021—2025 年)［EB/OL］.(2021-12-30).
http://www. gov. cn/zhengce/zhengceku/2022-01/06/5666675/files/d6bfaa9d79cb434e98be290-
f344dc7ec. pdf.

［5］国务院国有资产监督管理委员会．关于中央企业加快建设世界一流财务管理体系的指导意见
［EB/OL］.(2022-03-02). http://www. sasac. gov. cn/n2588030/n16436136/c23471965/content. html.

［6］张男星,张炼,王新凤,等．理解 OBE:起源、核心与实践边界——兼议专业教育的范式转变［J］.
高等工程教育研究,2020(3):109-115.

［7］佟华．OBE 理念下师范类专业人才培养方案修订的思考与实践——以白城师范学院为例［J］.
白城师范学院学报,2023,37(6):87-93.

［8］施晓秋．遵循专业认证 OBE 理念的课程教学设计与实施［J］．高等工程教育研究,2018(5):
154-160.

［9］李怀晖,张景宏,钟燕,等．基于 OBE 理念的智能化会计人才培养研究［J］．大众科技,2023,25
(10):143-146.

［10］吴飞,吴超,朱强．科教融合和产教协同促进人工智能创新人才培养［J］．中国大学教学,2022
(Z1):15-19.

［11］高巍,宋海涛,林秀琴．基于 OBE 理念的应用型本科会计学专业课程改革［J］．教书育人(高教
论坛),2021(27):95-97.

［12］雷望红．组织协作视角下产教融合实践困境与破解之道［J］．高等工程教育研究,2022(1):
104-109.

［13］谢笑珍．"产教融合"机理及其机制设计路径研究［J］．高等工程教育研究,2019(5):81-87.

［14］唐洋,周金标,胡海波.新文科背景下地方高校会计学一流本科专业人才培养模式研究［J］.黑
龙江教育(高教研究与评估),2022(2):8-10.

［15］马超平.新文科背景下经管类应用型人才培养模式探索与实践［J］.产业与科技论坛,2022(7):

234-236.

［16］闫婷婷,张燕.新文科背景下应用型高校会计人才培养模式研究［J］.中国储运,2022(4)：152-153.

［17］王金龙,张晓莉,牛胜芹.新文科背景下应用型本科院校会计学课程教学改革研究与实践［J］.对外经贸,2023(4)：157-160.

［18］微软,普华永道·迈向未来财务——中国企业财务数字化转型白皮书报告［EB/OL］.(2022-03-31).https：//www.doc88.com/p-15959793590228.html.

［19］用友.2023大型企业财务数智化转型白皮书报告［EB/OL］.(2023-03-16).https：//www.doc88.com/p-51961275284365.html.

［20］用友.中国财务从业者生存现状白皮书报告［EB/OL］.(2023-04-16).https：//www.waitang.com/report/554796.html.

［21］智能财务研究院.智能财务背景下财务人才能力框架和培养路径研究报告［EB/OL］.(2022-12-10).https：//www.doc88.com/p-90129760609459.html.

［22］用友.2022大型企业财务数智化转型白皮书——实时会计智能财务报告［EB/OL］.(2022-04-20).https：//www.sgpjbg.com/baogao/76252.html.

［23］德勤中国.2022年中国首席财务官调查报告［EB/OL］.(2022-12-15).https：//www2.deloitte.com/cn/zh/pages/finance/articles/pr-2022-china-cfo-survey-report-issue-2.html.

［24］智能财务.2021调查报告中国企业财务智能化现状报告［EB/OL］.(2021-12-12).https：//www.ztccloud.com.cn/researchreportccontent/2239557/.

［25］杨开城.课程开发：一种技术学的视角［M］.北京：北京师范大学出版社,2018.

附录 A　知识建模法

一、知识建模法简介

（一）概念及应用

知识建模法应用非常广泛，是一个复杂的过程，涉及多个步骤和方法。它旨在创建一个专业知识建模图，为培养新型人才搭建坚实的知识体系基础。

知识建模法将知识域可视化或映射为地图。通过可视化技术，理解知识与知识之间的关系。知识建模法是以图的形式表示知识，其中节点代表实体，如人物、地点或事物；线则代表实体之间的关系。知识建模法在操作中通常需要借助 Microsoft Visio 软件。

（二）作用

知识建模法可以将传统的学科知识体系和企业的实践知识体系用一个逻辑联系起来，形成统一的人才培养的知识点数据库；可实时动态更新"有用"的教学知识、企业任务知识等。知识建模法不仅在技术领域发挥着重要的作用，而且在教育教学领域也带来了革命性的变化，其主要作用体现在以下三个方面。

第一，帮助教师进行课程先后序列的排布。

第二，帮助教师进行每课教学任务的分解。

第三，检查专业的人才培养目标与课程结构之间的对应性，以及课程目标与其知识结构的对应性是否清晰、合理。

二、准备工作

在进行知识建模前，教师需提前做好以下准备工作。

（1）每个专业以一门项目化教学课程及其对应的专业基础课程为分析单位。

（2）本专业参与项目化教学课程及其对应的专业基础课程的所有教师。

（3）项目化教学课程相关的所有资料：教材、企业任务说明书、企业任务工单、视频学习资料、其他资料等。

（4）所有教师携带笔记本电脑，提前安装好 Microsoft Visio 软件。

（5）以 2~3 位教师为一组，合作一个模块的知识建模，可以按照模块内容或者章节内容进行分工。

三、方法与规则

（一）罗列知识点

罗列专业基础课程中要讲授的所有专业知识点，要注意以下事项。

（1）知识点应该是某种学习的结果。

（2）列出不属于教学资料的先决知识。

（3）有些知识点不在教学材料中，但需要学生掌握。

（4）对于无法确定的知识点，只要团队达成共识，就可以罗列进去。

（5）有可能不能完全将知识点罗列出来，后续还可以进一步补充。

以"中国近代史"课程中的"鸦片战争"章节为例，提取出的知识点包括鸦片战争、半殖民地半封建社会、鸦片战争前的中国、马嘎尔尼使团礼仪之争、林则徐虎门销烟、《南京条约》。

（二）确定知识的类型

知识的类型包括：陈述性知识、事实范例、程序性知识和认知策略。

（1）陈述性知识，又称描述性知识，是关于"是什么""为什么""怎么样"的知识，用字母"DK"表示，在知识建模图中用 ▭ 表示。

（2）从本质上讲，事实范例也是一种陈述性知识，如方案、产品、现象、事实、问题、案例、例子，以及命题的推导过程和论证过程，这类知识代表着特定的现实及知识的运用，用字母"FC"表示，在知识建模图中用 ▱ 表示。

（3）程序性知识，又称操作性知识，是关于"怎么做"的知识，这种知识表达的是实物的运动过程或者某种操作的步骤序列，用字母"PK"表示，在知识建模图中用 ⬭ 表示。

（4）从本质上讲，认知策略也是一种程序性知识，但由于其非常特殊，因此单独归类，包括问题解决策略、学习方法、信息加工策略等，用字母"CS"表示，在知识建模图中用 ⬭ 表示。仍以"鸦片战争"章节为例，陈述性知识是近代中国、半殖民地半封建社会、鸦片战争前的中国；事实范例是鸦片战争、马嘎尔尼使团礼仪之争、林则徐虎门销烟、《南京条约》。

（三）绘制知识建模图

使用上述不同类型知识的图例，在 Microsoft Visio 软件中按照知识建模法绘制知识建模图。绘图时，必须标出所有知识点之间的关系，即九种语义关系：各类包含；组成或构成；是一种；具有属性；具有特征；定义；并列；是前提；支持。

绘制知识建模图时，需注意以下事项。

（1）"具有属性""组成或构成"两种关系必须标在最上位概念节点上；"是一种"关

系不能跨越概念层级。

（2）原则上禁止出现孤立节点。

（3）最终的知识建模图是共创和共识的结果。

（4）对知识建模图进行优化与定稿。

每位教师绘制好知识建模图后，交由另外 1～2 位教师进行检查，直到达成共识。该课程的知识建模图绘制完毕后，汇总并输出文档。

参考文献

［1］杨开城．以学习活动为中心的教学设计实训指南［M］．北京：电子工业出版社，2016．

［2］杨开城，陈洁，张慧慧．能力建模：课程能力目标表征的新方法［J］．现代远程教育研究，2022,34(2)：57-63,84．

［3］杨开城，孙双．一项基于知识建模的课程分析个案研究［J］．现代教育技术，2010,20(12)：20-25．

附录 B 专业课外拓展资源

本专业课外拓展资源(含书目、期刊、网站等)

序号	书名/期刊/网页	作者/出版社/网址
1	财务会计理论	威廉·R. 斯科特(作者),陈汉文(译者),中国人民大学出版社
2	美国会计史:会计的文化意义	加里·约翰·普雷维茨(作者),巴巴拉·达比斯·莫里诺(作者),杜兴强等(译者)
3	从报表看企业:数字背后的秘密	张新民(作者),中国人民大学出版社
4	郭道扬文集	郭道扬,经济科学出版社
5	非理性繁荣	罗伯特·J. 希勒(Robert J. Shiller)(作者),李心丹(译者),中国人民大学出版社
6	新制度经济学	卢现祥,朱巧玲(作者),北京大学出版社
7	财务会计理论方法准则探讨	葛家澍(作者),中国财政经济出版社
8	会计准则研究:性质、制定与执行	林钟高(作者)、徐虹(作者),经济管理出版社
9	聪明的投资者	本杰明·格雷厄姆(作者),人民邮电出版社
10	财务是个真实的谎言	钟文庆(作者),机械工业出版社
11	管理世界(期刊)	国务院发展研究中心
12	会计研究(期刊)	中国会计学会主办
13	审计研究(期刊)	中国审计学会主办
14	中国会计视野网	http://www.esnai.com/
15	中国注册会计师协会官网	http://www.cicpa.org.cn/
16	中华人民共和国审计署网站	http://www.audit.gov.cn/
17	中国内部审计协会网站	http://www.ciia.com.cn/
18	中华人民共和国财政部网站	http://www.mof.gov.cn/index.htm
19	上海证券交易所网站	http://www.sse.com.cn/
20	深圳证券交易所网站	http://www.szse.cn/
21	和讯网	http://www.hexun.com/
22	巨潮资讯网	http://www.cninfo.com.cn/new/index
23	中国资产评估协会	http://www.cas.org.cn/

郑 重 声 明